开放边界的
经济社会学

The Expansion of
Economic Sociology :
Toward a More Inclusive Practice

———————— 刘世定

Laurence Roulleau-Berger
〔法〕劳伦斯·罗兰-伯格

———————— 张文宏

等

著

社会科学文献出版社
SOCIAL SCIENCES ACADEMIC PRESS (CHINA)

目　录

导 言

刘世定　劳伦斯·罗兰－伯格　张文宏*

2008 年 5 月 24～25 日，罗兰（Laurence Roulleau-Berger）教授等法国经济社会学家得到法国国家科学研究中心 PICS（科学合作国际计划）项目的支持到北京交流访问，在北京大学中国社会与发展研究中心和中国的经济社会学研究者一起召开了主题为"中法经济社会学新边界"的研讨会，继而又分别于 2009 年和 2010 年在北京大学和上海大学召开了两次研讨会。此后，因这几次研讨会而建立联系的两国研究者又进行了多种形式的交流与合作。本文集的论文主要来自上述几次研讨和交流。

将学科边界作为研讨会的标题，是两国研究者前期交流的结果。如此设定的原因，首先是基于国际范围内经济社会学发展的一个态势。熟悉经济学和社会学这两个学科关系的人都知道，从 20 世纪初期到 60 年代，美国的社会学和经济学曾有过互不关心对方的研究甚至回避和对方的研究产生交叉的一段疏远时期。与此相应，在社会学界，所谓"剩余策略"，即只研究经济学不研究的领域，竟一度广为扩散，产生了深远影响。在这段时间中，虽然有自觉或不自觉跨越这条边界的学者，但在打破原有学科边界方面，并没有产生广泛的实质性影响。这种隔离状态自 20 世纪 70 年代以后被逐渐打破，经济学与社会学之间已经没有原来的边界，经济社会学则是凸显这种变化的学科之一。

其次是会议组织者在初步的交流中意识到，中国和法国的一些经

＊　刘世定，北京大学中国社会与发展研究中心教授；劳伦斯·罗兰－伯格（Laurence Roulleau-Berger），法国国家科学研究中心主任研究员；张文宏，上海大学社会学院教授。

济社会学研究者，在各自的研究中走着和美国的经济社会学研究者不同的发展路径，而这种状况将会使经济社会学的未来呈现丰富多彩的格局。

中国的社会学于 20 世纪 70 年代末 80 年代初在大学和科研院所中被恢复（这一学科曾不幸地在 20 世纪 50 年代初期被从大学和科研机构中取消）后的发展中，并没有循着"剩余策略"的路径发展。从社会学恢复重建时起，社会经济生活就是它的重要关注领域。这种状况的出现，和社会学恢复重建时的引领人物费孝通教授等人的社会学思想与研究取向有密切的关系。在社会学的恢复重建中，费孝通教授不仅在基础教学、学科布局等方面做出了巨大努力，而且亲自带领青年教师和学生进行调查研究。费孝通教授在研究中强调的一个基本理念是基于中国的社会现实提出问题、研究问题。社会学恢复重建后，中国社会进入了改革开放的历史时期，经济制度发生变迁，经济迅速发展。这些都在费孝通教授的研究范围中。中国的社会学者在费孝通教授的带领和影响下，在城乡社会经济结构与发展、各种类型的企业研究等方面，进行了一系列的调查、研究和分析，为经济社会学在中国的发展奠定了一定的经验基础。事实上，如果回顾一下费孝通教授的学术历程就可以看到，对社会经济生活的关心是他在学术生涯早期就已经确立的一个基本取向。社会学在中国大学和科研机构中恢复重建后，费孝通教授的研究工作可被看作他此前研究的继续。

在 20 世纪 90 年代之前，中国社会学者跟随现实的社会变迁过程，自然而然地不受社会学和经济学的历史性疏远而形成的"剩余策略"的束缚进入了经济研究过程。到 90 年代以后，随着社会学学科建设的深化，越来越多的人意识到"剩余策略"对社会学发展的束缚，从而使关注邻近学科的发展更具有自觉性。在这一背景下，中国经济社会学的发展不仅受到现实经济社会变迁过程的召唤，而且获得了来自学科内部的知识积累和系统化方面的新的激励。

对于自 20 世纪 70 年代以来经济学和社会学之间出现的密切互动，中国的经济社会学研究者给予了高度关注。他们从这两个学科互动中发展出来的诸学派（如理性选择社会学、以网络分析为基本工具的新经济社会学、新制度经济学、行为经济学、公共选择理论）中汲取发展经济社会学的营养。在中国的经济社会学研究者中，有不少人对社会学和经济学都有相当程度的理解，这使他们能够在经济社会学的研究中，不仅和已有的经济社会学研究对话，而且以积极的姿态和经济学家的研究展开对话。这构成了当代中国经济社会学的一个特点。这意味着，他们不仅在研究对象和领域方面打破了"剩余策略"的边界，而且在理论建构方面也在试图突破原有的某些学科设定。

法国社会学自19世纪末以来，一直有其独立的传统，走着与美国社会学不完全相同的道路。在某种程度上，它是从劳动社会学、组织社会学中发展出来的。就经济社会学在法国当前的再度活跃而言，和美国新经济社会学的兴起有一定关系。然而，法国的经济社会学家在关注美国的新经济社会学的同时，有着自己独立的思考，并建构与自身的研究旨趣更加协调的概念。由于自身的独立传统，参加PICS项目的法国经济社会学者，大都从事与劳动、职业有关的研究。正是考虑到这种情况，研讨会邀请的中方社会学者中，有的人的研究若按中国社会学学科流行谱系划分，从事的是劳动社会学。我们认为，重要的是实质性的研究，而不是学科名称。

本书汇集的论文旨在从若干侧面展现中法学者在经济社会学研究中的开放性。这种开放性不仅体现为在研究领域方面打破了社会学和经济学之间的边界，而且体现在研究者们在理论和方法方面不囿于原有学科惯例的尝试中。

本书分成两大部分：第一部分讨论学科边界与方法；第二部分是有理论思考的经验研究。

第一部分包括3篇文章。

刘世定的《经济学和社会学：来自关系史的思考》一文通过对经济学与社会学这两个学科相互关系的梳理，为从经济学和社会学互动角度分析经济社会学的发展及学科边界提供了一个理论史的思考基础。论文展现了两个学科在新的互动中导致的领域交叉、假定趋同、学科学派化等动向。在对未来发展的展望方面，作者特别强调打破原有学科边界后新的学术生长点，强调学科边界会随着问题导向的研究而变动，预先划定学科边界是没有积极意义的。

罗兰的《法中经济社会学"新"边界》一文概述了法国当代经济社会学者在一些基础研究视角上的思考，比如在"镶嵌"基础上提出"反镶嵌"、"再镶嵌"研究视角；在"合法性"概念基础上，以不同社会背景的生产合法性高低和行动者能力为依据分析多元秩序；等等。对法国经济社会学研究的新走向，论文归纳出了一些值得中国经济社会学者给予更多关注的概念和论题，如新社会公约、弱势化、空间与经济机制、劳动的身份与承认等。论文还对中法经济社会学者在研究主题、研究方法上的相同点和差异性进行了探讨。

社会互动是社会学的传统研究视角，然而将博弈论与社会学理论相结合作为分析工具则是近若干年中兴起的一个基础研究方向。王水雄的《社会学的博弈论三部曲》一文概述了在这一方向上的重要进展，包括结构博弈、镶嵌式博弈和博弈－结构功能主义，讨论了社会学的博弈论和经典博弈论的异同。论文还就与案例研究相结合发展社会博弈理论的方法进行了探讨。

第二部分收入了 11 篇论文。这些论文是中法学者基于各自国家的现实提出问题、进行经验和理论思考的产物。

中国当代的工业化进程有相当一部分是从村庄中起步的，在 20 世纪 80~90 年代，中国东部、中部的许多村庄中，出现了许多兼生产工业品的农户。刘玉照的《家庭经营的成本核算与经营决策——以白洋淀塑料加工户为例》一文通过对一个村庄中农户经营的调查，概括出具有特殊社会历史意涵的家庭经营的"双生产"模型。对于在经济活动中居于核心位置的"成本"，该论文不是像经济学家通常做的那样去关注其分类，而是考察了社会因素对成本核算的影响。

专业性是现代经济活动中的一个重要范畴。第迪埃·得玛哉尔的《专业人员的处境变迁和专业性的双重逻辑：大企业受薪人员个案研究》是一篇对专业性和专业人员群体进行深入研究的论文。通过对三个不同企业个案的比较，论文考察了在环境变化的条件下专业性标准、规则的变化，以及专业群体的再形成过程。论文虽然是经验研究，但同时涉及有关专业性的基础理论。

在"职业关系"概念下，法国学者的研究囊括了比通常关注的企业内劳动关系更多的内容，其关注范围跨越企业内外、行业、区域乃至整个国家。影响其形态的不仅是雇佣关系中的商业制衡，还有着多种性质不同的力量。米歇尔·拉尔芒的《法国的职业关系、调控和集体行动》一文考察了法国职业关系体系的历史形成和演变、当代的一些特征。虽然指出了法国的职业关系与美国等国家的差异，但作者摒弃了

"国家模式"带来的幻想，特别突出阐述了职业关系在法国内部的多种类型。

李国武的《技术就近扩散与产业空间集聚——中国原发型产业集群的形成机制》一文试图解释中国在改革后的工业化过程中出现的这样一个空间现象，即在资源禀赋和空间区位上并不占明显优势的一些乡村地区却形成了规模庞大的原发型产业集群。除了通常解释产业集群形成时注重的聚集效应和历史偶然因素（路径依赖）外，论文还特别将制度的空间分布差异和技术扩散的社会环境加入分析框架中。

中国以机器生产为特征的工业化进程并非始自今日，而是从19世纪中期就开始了。张茂元的《社会地位、组织能力与技术红利的分配——以近代机器缫丝厂女工为例》一文对19世纪60年代至20世纪30年代间中国长江三角洲和珠江三角洲地区机器缫丝技术的应用和缫丝女工的工资进行了比较研究。研究发现，长三角缫丝女工在技术能力和单位产出方面高于珠三角缫丝厂女工，但前者的工资却低于后者。从这一差异中作者得到的启示是，技术应用形式影响着缫丝女工的社会地位和组织能力，进而影响到技术红利的分配。

埃里克·威尔蒂耶的《新的区域性劳动风险调控》一文从劳动风险的社会性出发，考察了保障措施的变化给就业风险的责任承担带来新的不确定性，而新的不确定性促使社会成员发现新的集体应对措施。在法国，新的集体应对措施创新是从地方开始的。作者考察了建立在公共合同基础上的地方性创新的多种形式。这些新的应对措施预示着新的趋势，作者用救助型社会国家向预防型社会国家的转变概括之。

移民问题为中法经济社会学者共同关注。移民的类型多种多样，张文宏和雷开春的《市新移民社会融合的结构、现状与影响因素分析》一文将主要注意力投向长期被忽视的白领移民研究，以期呈现中层城市移民社会融合的状况。在统计分析指标的选取方面，既考虑了国际移民社会融合的研究思路，也考虑了国内农民工社会融合的研究维度，同时，还考虑了新移民面临的特殊社会问题。

大量农民工的存在是当代中国工业化过程中一个十分引人注目的现象。刘爱玉和刘明利的《城市融入、组织信任与农民工的社会信任——以纺织服装业农民工的调查为例》是对中国农民工的社会信任的定量分析，其中不仅包含对事实的描述，而且包含理论关怀。关怀之一是对中国社会的信任性质的认识。一种比较流行的看法认为中国社会以人际信任为主，而该研究发现，影响农民工社会信任的，除了人际因素之外，制度因素也非常重要。

佟新的《女性私营企业家状况及企业家精神之思考》一文根据抽样调查和访谈数据，对中国女性企业家的类型、经营活动状况及与男性企业家的收入的比较等进行了比较系统的阐述。论文在数据描述和分析中的理论关怀之一是女性在市场经济中垂直流动的社会环境；另一关怀则是在以男性为主的经营氛围中形成的女性企业家的特殊精神气质。

张翔和邹传伟的《信息隐瞒、信息甄别和标会会案——以春风镇标会会案为例》一文关注的是有深厚社会历史传统的金融组织——标会。这是一种设计精致的多人金融合约。有的人类学家曾对这种组织如何控制风险进行过研究。改革开放以后，标会在一些私有经济活跃的省份得到发展，并出现过大范围的倒闭危机。张翔和邹传伟的论文强调了信息互动机制和退出成本在危机发生与解决中的作用，并对一次典型危机的发生和解决过程进行了案例研究。

严俊的《分层艺术品市场与"艺术价值－市场价格"关系的互动分析模型——基于深圳大芬村的个案研究》一文通过对一个艺术村落的田野调查，深入描述与分析了围绕"艺术价值建构"与"市场价格获得"展开的多方从业者的实践过程。作者试图回答的一个问题是：在这个小型艺术世界中艺术品是如何定价的？他并不满足于经济学中的供求关系说明，而将注意力集中在艺术品市场中的核心内容（即艺术价值的不确定性是如何可能被集体建构的）上。

从本文集的论文可以看出，中法经济社会学者们讨论的问题领域非常广泛，生产组织、各类市场、产业集群、社会组织、企业家、技术扩散、迁移、政府行为等，都在他们的研究范围之中。事实上，文集中论文所涉及的，只是经济社会学者研究领域的一部分。可以说，社会科学可以研究的领域，经济社会学者都有可能进入。这反映出相当一部分经济社会学者的这样一种理念：经济社会学不是社会学的一个分支对象领域，而是在经济学和社会学互动中发展着的研究纲领群。

两国学者研究的一个共同点是，虽然他们的经验研究都是从特定的地域获得资料，但是，两国学者都无意使他们的研究成为纯粹地域性的研究，而是力求从资料中提炼出更为一般的要素，从而超越地域，在更具普遍性的层面，和学术界展开对话。这里说的学术界，已经是超越了一个国家的国际学术界。

收入本书的几位法国学者的论文，都是由北京第二外国语学院欧洲学院法语系副教授胡瑜女士翻译的，在此特表感谢。

第一部分

学科边界与方法

经济学和社会学：来自关系史的思考[*]

刘世定^{**}

经济学和社会学之间的互动关系之所以受到关注，并不仅仅是因为现实问题的解释和解决为一个学科所不能胜任。这是一个常识上的真理：要说明或解决任何一个现实问题，哪怕是十分简单的现实问题，用一个学科的知识都是不够的，至少我们需要附加一些尚未学科化的甚至难以明确表达的知识，即 M. 波拉尼所谓的沉默的知识（tacit knowledge）；而遇到复杂些的问题，如果这些问题已为不同的学科从不同的侧面所关注，那么，运用多学科知识自然是必要的。这种外在的需要固然有时会提供学科间互动的激励和机会，但并不必然。各自保持原有学科边界而携手共同为一个现实问题的解决努力，是不乏其例的。只有当不同学科发展的内生逻辑和传统的学科边界发生碰撞时，真正学科意义上的互动关系问题才会出现。经济学和社会学之间正面临这样的形势，这是本文的学术关怀产生的根源。

一　经济学和社会学关系的历史回顾

经济学和社会学之间关系的历史，是一个非常复杂的领域，不仅涉及的文献繁多驳杂，而且在各个国家也不同。这里只是大略地勾画一个脉络，指出几个对后来的发展有比较重要影响的事件或环节。

1. 三个阶段

回顾经济学和社会学之间关系的发展历程，大致可分为三个阶段，

---

 * 本文初次载于乔健、李沛良、马戎主编的《二十一世纪的中国社会学与人类学》。

 ** 刘世定，北京大学中国社会与发展研究中心教授。

即古典时期、经济学的边际革命之后至 20 世纪 60 年代的疏远时期、两个学科互动日益加强的时期。

（1）古典时期

这个时期的特点有两个：一是两个学科之间尚无明确的分野，一些重要的社会科学家的研究包含后来被经济学和社会学分别发展的内容；二是出现了以社会学为旗帜的对经济学的批评。

这个时期终结于 19 世纪末至 20 世纪初的经济学边际革命，而对于其起点，大致可定位在古典经济学形成时期，特别是以亚当·斯密的学术研究为标志。亚当·斯密的《国民财富的性质和原因的研究》（简称《国富论》），不仅是古典经济学的代表作，而且包含许多对后来被社会学家关心的广泛的社会生活的论述。甚至其著名的"看不见的手"，讨论的事实上也是后来的社会学家关注的一个基本问题，即个人和社会、个人利益和社会利益、个人行为和社会秩序的关系。对经济学持严厉的批评态度，并使用了"社会学"一词的孔德，其锋芒直指也仅限于斯密之后的经济学者，而对斯密则保持了景仰态度。某些后来的经济学家、社会学家也指出过斯密经济学中的社会学成分。①

马克思是被经济学家和社会学家都认同为本学科重要学者的人物，不过在他看来，他的社会科学主要是政治经济学，而从未将他自己的任何一部分研究称为社会学，虽然在他所处的时代，"社会学"（soci-

---

① 亚当·斯密的经济学著作，写于社会科学学科初步分化时期。正如罗伯特·海尔布伦纳所说，《国富论》"写在学科的分工还没有进展到我们现在已经习惯的程度的时代"。他认为，"《国富论》是一本一般社会科学的著作。它不自觉地把分析延伸到经济理论、政策以外的世界历史、欧洲历史、社会学和政治学领域"（海尔布伦纳，1982）。经济社会学家格拉诺维特和斯维特博格指出，"《国富论》发表时，经济学论题和社会论题（social topics）之间没有巨大的分离"（Granovetter and Swedberg，1992：3）。可能最早把斯密认同为社会学家的是斯莫尔（A. Small），他之所以把斯密看成社会学家，主要着眼于他的道德哲学。他写道："斯密的社会哲学传统是通过社会学家而不是经济学家继承下来的。社会学家们一直生动地保持着斯密道德哲学的充满活力的火花。"（转引自哈奇森，1992：34）斯莫尔的这个看法发表于 1907 年。较斯莫尔稍晚，经济学家熊彼特在《经济发展理论》一书中也指出了斯密的理论中的社会学成分，但他认为那是一种特殊的社会学，即"经济社会学"，"劳动分工、土地私有制的起源、对自然日益增长的控制、经济自由，以及法律上的安全——这些是构成亚当·斯密的'经济社会学'的最重要的要素。它们显然是同事件的经济进程的社会结构相关的，而不是同事件的经济进程的任何内在的自发性相关的"（熊彼特，1990：67）。显然，在熊彼特那里，对斯密理论中的社会学成分是在经验科学意义上而不是在社会哲学意义上把握的。

ology）一词已经出现。他试图将当时经济学研究中的一个核心即价值理论和对阶级结构、社会结构的演变的研究结合起来。在他那里，被经济学家关注的价值、剩余价值、生产价格、再生产等理论和后来被社会学家关注的阶级结构、社会结构等理论是结合在一个体系里面的。

韦伯最初以经济学家的身份活跃于学术界，继而开拓出一系列新领域，只是在后来才明确意识到自己的许多研究属于社会学。他对社会学研究有着重要影响的几个著名方法理论，均起因于经济学中的讨论，如"价值中立"的提出，起因于德国经济学历史学派内部的争论；"理想型"的提出则与经济学历史学派和理论学派的争论有密切关系，他试图以此来打通两者间的沟壑。至于他的《新教伦理与资本主义精神》，提出的是原创性问题，并未涉及学科。韦伯从事学术活动的时期，从时间上看，处于下面将讲到的第二个阶段的前期，但从学术风格上，笔者倾向于把他归入古典时期。

有必要指出，在这一时期虽然出现了以社会学为语言标记的对当时的经济学（政治经济学）的批评——这是从孔德开始的，但是这种批评主要集中在社会科学一般方法论上，并没有构成真正的学科意义上的分野。涂尔干对政治经济学的批评完全集中在方法论和一般社会科学特征上，他是将政治经济学作为社会学的一个"专门领域"来看待的（涂尔干，1995）。至于他的社会分工理论，不仅可以看到亚当·斯密的影响，而且关于"机械"的分工和"有机"的分工的区别，更和马克思的"简单协作"和基于分工的协作的区分有联系。

"社会学"用语的出现，在当时社会科学学科的分化与统一上，意义是双重的。一方面，它具有强烈的统一倾向，对于当时刚刚开始的学科分化持反对态度，乃至否认经济学有独立成为一门科学的可能性。另一方面，它又为一些系统化和专业化程度较低的研究领域提供了一个归宿，从而为这些领域各自独立发展埋下伏笔。

（2）经济学的边际革命之后至20世纪60年代的疏远时期

社会学的出现，并未抑制经济学的独立发展。特别是经济学中边际革命的发生，更使经济学和当时的其他社会研究领域分离开来。在这一时期，经济学和社会学越来越疏远，相互之间很少关心对方在做什么。关于其缘故，我们后面将进一步论及。

尽管从总体上说，经济学和社会学这两个学科疏远了，却也出现了一些试图打破边界，或开辟出后来被两个学科共同关心的领域的先驱。如帕森斯提出社会系统理论，试图统合经济学和社会学，实现经济学和社会学的"理论耦合"。他认为，将马歇尔和韦伯的著作放在一起研究，可以揭示经济学和社会学之间的亲密关系。而注重两个学科关系的做法，在半个世纪以来不仅没有进步，反而倒退了（帕森斯，1989）。虽然他的尝试并不成功，但在两个学科的沉闷关系中注入了一丝新鲜的空气。西蒙在有限理性假设基础上建构了组织和决策理论，以治疗社会科学研究中严重的"精神分裂症"，即一方面是经济学家赋予经济人以全知全能的荒谬性，另一方面则是社会心理学将一切认知活动归因于情感的倾向（西蒙，1988）。阿罗（1992）讨论了经济学家和社会学家共同关心的社会选择理论，提出了著名的阿罗定理（不可能性定理）。

（3）两个学科互动日益加强的时期

20 世纪 60 ~ 70 年代以来，经济学者进入传统社会学者的研究领域，社会学者进入传统经济学者的研究领域的现象愈益普遍，他们之间的相互影响和沟通也开始加强。80 ~ 90 年代，经济学和社会学之间的互动开始形成一种颇有潜力的势头，并使两个学科间的传统边界越来越模糊。此间出现的一些学者和他们的研究著作产生了重大影响。关于这一时期出现的新趋势，本文第二部分将予以说明。

2. 孔德引发的方法论之争

在经济学和社会学关系的早期历史上，就学术层面而言，有两个事件或环节发挥了较重要的影响，一个是孔德引起的争论，另一个是经济学的边际革命。

孔德在《实证哲学教程》（第 4 卷）中对他那个时代的政治经济学提出严厉的批评，并使用了"社会学"一词，他因此被一些社会学家认为是社会学的鼻祖，虽然从学科实质内容而不是名称来看问题的学者通常不这样认为。

孔德对政治经济学的批评主要有以下几点。

（1）对经济的研究不能和社会其他部分相隔绝。

（2）政治经济学将经济和社会其他部分隔绝开来，是以"形而上学"

（贬义的）为基础的，因而它并不构成一门真正的实证科学。① 他还谈到，（当时的）经济学家通常都是作为律师和文学家来从事经济学工作，没有能力以科学形式来思考。

（3）形而上学基础上的政治经济学在方法上过于抽象和演绎。

（4）经济学家超出常理地仇视国家干预，忽视工人阶级蒙受的痛苦。

孔德的批评最初并没有引起经济学家的多少关注。后来随着他的实证哲学的影响越来越大，一些有影响的经济学家开始回击。首先是约翰·斯图亚特·穆勒，继而约翰·卡尔尼斯、阿尔弗雷德·马歇尔、约翰·内维尔·凯恩斯等都加入了争论。在对孔德的回应中，经济学家明确了以下几点。

（1）在社会科学研究中，学科分工是必要的，经济学可以成为一门科学。比如，马歇尔对于孔德等人认为"对人类社会行为任何有益的研究，其范围和整个社会科学一样广泛"的看法表示反对，对于"他们力劝经济学家放弃经济学研究，而专心致志共同发展统一的无所不包的社会科学"的策略不赞成。他的看法是，"人类社会行为的范围太广太繁杂，是不能单独由一种科学加以分析和解释的"。他认为，孔德等人通过广泛的研究，"在思想上开辟了一个新纪元；但在统一的社会科学的建立上，他们很难说迈出了第一步"。出于对建立统一的社会科学的这样一种慎重考虑，马歇尔对当时在美、英和其他国家出现的"对社会学的趋之若鹜"持怀疑态度，他认为，"社会学这一名词的使用也许为时过早：因为它似乎认为各种社会科学的统一业已在望。虽然在社会学的名义下曾经发表了一些有价值的深入的研究，但是那些协同的研究，除了为我们的后代……创造条件，提供线索外，是否还取得任何其他巨大成就，是值得怀疑的"。他坦言，当时谈论统一社会科学的更高权威性（指孔德的社会学）为时过早，可望而不可即（马歇尔，1981：414～415）。

（2）对社会现象加以抽象对研究来说是必要的、有用的，不懂得抽象也就不懂得实证。演绎方法也是有用的。

---

① 孔德认为："在研究社会和生命体时，由于主体的性质，各种普通的现象都必然是相互依存、有机地联系在一起的，以致无法恰当地用一些现象来说明另一些现象……脱离实体世界进入实际思辨时，除了对社会的过去或现在作智力、道德和政治分析外，可以肯定分析社会的经济和工业这一任务是无法实证地完成的。其结果是这种不合理的分离方法反过来提供了一种本质上是形而上学的理论和无可辩驳的征兆，而这种理论就是以形而上学的性质为基础的。"（阿隆，1988：131）

（3）在科学研究中不应使用道德尺度和政治尺度，应区分对事实的研究和价值判断。约翰·内维尔·凯恩斯（1891/2001）在《政治经济学的范围与方法》一书中区分了"实证的"和"规范的"经济学研究。实证研究关注的是事实，而规范研究是含有价值判断的。老凯恩斯的这部著作被认为是这次方法论之争的结束。而实证研究和规范研究的划分被今天的经济学家沿用。在老凯恩斯之后，韦伯关于社会研究中应区分"应然"和"实然"的看法，关于社会科学研究中"价值中立"的看法，与方法论之争中经济学家们得到的认识是一致的。

根据斯维特博格的研究，由孔德引发的经济学和社会学学科生存边界的争论和摩擦，在两个学科竞争大学位置时有了进一步的发展。在美国，19世纪末社会科学开始走上大学讲坛。为了竞争在大学讲坛上的合法地位，两个学科的学者之间发生了激烈的争辩。这场争辩以社会学家的败北而告终。此后，有关社会学发展的三条思路——担负协调全部社会科学、将社会学视角运用于政治经济学、"剩余策略"（从事经济学研究之外领域的研究）中，"剩余策略"成为社会学在相当长的时间中的主导研究策略，其影响直至今日（Swedberg，1990）。

3. 经济学的边际革命和最大化范式的影响

从19世纪70年代起，以杰文斯、门格尔、瓦尔拉斯著作的问世为标志，经济学的边际效用学派兴起。这些经济学家强调从需求和效用的角度来解释价格（这和古典经济学家是不同的），同时提供了边际概念和数学分析工具。此后，马歇尔将古典经济学从生产角度解释价格和边际效用经济学从效用角度解释价格在边际分析基础上进行了综合（包括边际成本、边际生产力、边际效用等），形成了新古典经济学体系。新古典经济学成为经济学的主流，边际分析成为经济学的主流风格。

伴随经济学边际革命而来的是经济学的精确化。如马歇尔所说，19世纪后期经济学发展中显现出来的一个重要特征，即在于推理和前提表述的精确化。精确化，特别是对假设前提研究的精确化，导致了重要后果，"事实表明，一般理论在以前的许多运用现在是站不住脚了，因为以前没有留心到许多暗含的全部假设以及在所讨论的特殊事例中是否大体可以做这样的假设"。他指出，这种精确化使许多教条被打破，"为我们正在兢兢业业地建立的那种更新更强大的理论机器扫清了道路"（马歇尔，1981：410）。经济学的精确化部分得益于数学工具的利用。边际革命后，经济学和数学的联系越来越密切。经济学的精确化程度及其与数学的联系的发展速度超过了社会学。

"边际"不过是微分学和积分学中"增量"的对应经济学用语。边际分析特别适合使用微积分工具，而这种工具的使用，又进一步强化了经济学家对边际分析的偏爱。微积分的运用，使最大化分析成为轻而易举的，从而推动了经济学中最大化范式的形成。最大化范式的形成使经济学家的视野更加单一，使经济学更像一门技术科学，而不像一门基础社会科学。基础科学试图找到现象间的联系，其典型的语言表达式是：在某种条件下，A 的某种变化将引起 B 的某种变化。技术科学则是在行动者目标设定的前提下，研究并试图揭示怎样的可控手段能达到目标，其典型的语言表达式是：如果怎样行动，那么将达到某种目标。经济学技术科学化的主要标志是：①采用简单假设的办法处理行动者目标，而不再去深入研究行动者的目标究竟如何，为何如此；②满足于说明某种变量发展到怎样的程度，行动者目标便最大化，而不关心那些变量究竟会怎样变化。经济学的技术科学化，当然不能令以经验的、实证的科学自许的社会学家满意。经济学的最大化范式，使经济学家很少注意本学科之外的特别是与最大化无关的研究，而社会学家也很少有兴趣去注意经济学家的最大化"设计"。

总之，经济学和社会学在精确化程度、学术范式上的差别，成为它们之间建立对话关系的障碍。

二 经济学和社会学之间关系的新趋向

自 20 世纪 70 年代以来，经济学和社会学之间的关系出现了一系列新的趋向，此前互不关心的状态有所改变，互动日益密切。而这种趋势目前尚在发展之中。在两个学科的互动中，一些值得注意的现象产生了。

（1）相互进入对方的传统研究领域

经济学边际革命以后，经济学和社会学逐渐形成了各自传统的研究领域。经济学以市场交易为其核心研究领域，而社会学则以婚姻、家庭、犯罪、组织、制度等为其传统研究领域。这种状况正在被改变。

经济学家贝克尔以他自认为的经济学方法——"最大化行为、市场均衡和偏好稳定的综合假定及其不折不扣地运用便构成了经济分析的核心。从这些假定可以推出与经济分析有关的许多原理"——进入婚姻、家庭、歧视、犯罪等社会学传统领域。在贝克尔看来，经济学已经进入其发展的第三阶段。在第一阶段，经济学仅限于研究物质资料的生产和消费结构；在第二阶段，经济学的研究范围是商品现象，即货币交换关系；而在第三阶段，经济学的研究领域扩展到囊括人类的全部行为及有关的决策。"凡是以多种用途为特征的资源稀缺情况下产生的资源分配与选择问题，均可纳入经济学的范围，均可以用经济分析加以研究。"（贝克尔，1993）

交易成本经济学将市场组织、厂商层级组织以及其他组织形式统一到交易成本的基础上来分析，从而进入了自韦伯以来一向被社会学占有的层级制研究领域（Williamson，1975）；产权经济学不仅注意到不同的产权制度对行为的影响，而且特别关注到制度的不完全性以及与此相联系的人们在日常经济活动中对产权的不断建构过程，从而以更为精细的研究姿态进入社会学家关于"结构与行为"的研究领域（巴泽尔，1997）；公共选择经济学对集体行动、政治过程、政府行为进行了独到的研究，从而将传统的政治学和社会学研究中的"公共领域"领地变成了学科的公共领域（布坎南，1992；奥尔森，1995）；新制度经济学以更为精巧的工具实现着韦伯试图将理论和历史分析打通的理想，并将社会学的某些有关变迁的理论视角融入分析框架（诺思，1991）。

以博弈论作为分析工具的经济学，改变了以往的经济学仅仅分析以价格为中介的关系的不足，直接对人际互动关系进行研究，并得出一个又一个有逻辑预测力的模型，这无疑使人际互动不再成为社会学家的研究专利（张维迎，1996）。

新兴古典经济学试图将古典经济学中被新古典经济学忽略的分工、专业化、组织等问题重新整合进经济学体系，这意味着，某些在边际革命之后被主流经济学放弃而为社会学所发展的领域重新受到经济学家的关注。事实上，在这一过程中，某些社会学家的研究（如涂尔干有关分工的研究）确实受到经济学家的关注（杨小凯、黄有光，1999）。

在社会学方面，美国新经济社会学采用社会学的概念、方法和视角，直插经济学的传统分析领域——市场。例如，格拉诺维特针对经济学家斯蒂格勒在市场分析中提出的搜寻理论，提出了供给和需求如何匹配的问题，并以劳动力市场作为入手点，从社会学家熟悉的人际关系网络视角进行了分析，从而得出了信息质量、强关系和弱关系对信息的影响等重要命题，为市场分析开辟了一条新路（Granovetter，1974）。又如，博特以经济学和社会学公认的"市场生产函数"为起点，将影响回报率的机会问题和博弈者的社会网络联系起来，分析了能够带来信息收益和控制收益的有效网络的构造形式，提出了"结构洞"理论（Burt，1992）。

（2）传统的学科边界更加模糊

学科之间本来也没有截然清晰的边界，而经济学和社会学相互进入对方传统研究领域使传统的学科边界更加模糊。1990年斯维特博格编写的《经济学和社会学》一书，记述了对十几个热心于两个学科互动的经济学家和社会学家的访谈，其中讨论的一个主题便是新的学科边界。一些学者预见，未来的发展将表现为各社会科学之间而不仅是经济学和社会学之间边界的普遍模糊（Swedberg，1990）。

边界的模糊不仅外在地表现为领域的交叉，而且内在地表现为研究风格乃至基本假设的转变。有的学者（如林登博格）甚至指出经济学和社会学正在趋同。他认为，传统的分工格局是经济学研究高度概括的抽象理论，而研究复杂现实的重任则落在社会学肩上。但这已经过时了。两个学科正在迅速地趋同，它们的理论基础，即关于人的假设正共同迅速趋向于 RREEMM（足智多谋的、受限制的、有预期的、评价的、最大化的人）。这种"人"类似于社会 - 经济人（Homo Socio-economics）。在趋同的形势下，两个学科将以与以前很不同的方式互动。比如，经济学家必须学会使他们的分析更接近现实复杂性，而社会学家将放弃从最复杂的叙述着手分析的习惯思维方式。也就是说，无论是经济学家还是社会学家，都必须在各自原有的研究基础上扩大，从"尽可能简单"到"必要的复杂"。又如，在旧的分工中，经济学家假定偏好是给定的，而社会学家则探讨这些偏好，这种分工已经过时了。再如，两个学科的旧有核心概念是不同的，经济学强调相对价格的重要性，而社会学则重视环境，在新的趋同中，核心概念的位置和相互适应问题将受到重视（林登博格，1998）。当然，某些方面的趋同，并不意味着这两个学科已可融为一体。

（3）学科分界标准不确定

有关经济学和社会学学科边界的讨论引出一个更进一步的问题：这两个学科之间分界的标准究竟是什么？

按研究领域划分？如上所述，在经济学和社会学各自进入对方传统领域的条件下，按领域划分的有效性无疑会弱化。当然，就目前的状况来看，虽然两学科的研究领域大量重叠，但各自的核心领域仍是不同的。经济学以市场交易机制为研究核心；社会学的研究核心领域虽不如经济学那样集中，但几个主要的聚焦点却不难辨识，比如，社会结构就是其核心领域之一。然而，在学科各自分离的条件下逐渐形成的核心领域，在学科间的互动日益加强的情况下未必不会发生变化甚至转移。这也是弱化领域标准的一个因素。

按方法划分？但哪种方法是哪个学科特有的也很难说得定。一种流行的看法是，经济学注重逻辑演绎，而社会学注重归纳。但这只是传统风格而已。问题在于，经济学有什么内在的学术发展逻辑而拒绝归纳，社会学有什么内在的学术发展逻辑而拒绝演绎。其根据何在，至少需要澄清。数理社会学的出现，是社会学开始注重逻辑演绎的一个征兆；而经济学开始注意案例分析，也说明新的风格正在被接受。

按内在基本假设，比如关于人的基本假设划分？上面已讲到，在经济学和社会学的新的互动中，至少在某些研究群体中，对人的基本假设有趋于一致的迹象。事实上，自新制度经济学崛起之后，对那种认为经济学的"人"是完全独立的原子而丝毫没有社会化的看法（这种看法本来就有误解），已无反驳之必要了。

按基本问题划分？按终极目的划分？按问题所隐含的价值取向划分？……我们还可以写出一个划分标准系列。这里不再做讨论。以上所说，并不意味着两个学科之间已找不出界限，而仅仅表明，在新的日益密切的互动中，经济学和社会学的学科分界标准变得不确定了。

（4）学科的学派化趋向或学科和学派间的界限变得模糊

在学科的边界模糊、分界标准不确定的条件下，学科似乎呈现某种学派化的趋向，或者说，学科和学派之间的界限变得模糊了。特别是当仅以研究方法、风格、文献传统为标志来实现区隔时，学派的意味更强。

（5）跨学科学派出现

和学科与学派间界限的模糊相联系，跨学科的学派在某些领域出现。比如，经济学家贝克尔和社会学家科尔曼，被看作理性选择学派的代表。公共选择经济学的代表人物布坎南也承认，他和某些社会学家比和主流经济学家更接近（Swedberg，1990）。

不过需要指出，注重经济学和社会学之间交流、互动的经济学家和社会学家的活动，形成了一种意向，但并不构成一个学派。

（6）产生了一些有潜力的结合点或对话点

和孔德、帕森斯那种搞大一统式的尝试不同，新的互动趋势是，有更明确的、有实证意义的问题；看似更微观化，实际上有更坚实的基础。一些有潜力的结合点或对话点开始出现，如人际网络和信息、人际网络和市场结构、社会资本和资源配置、经济生活中的信任、关系合同、产权制度和社会认知、经济生活中的正式与非正式规则、交易费用和组织、厂商组织和市场组织、制度变迁、个人效用和集体行动、个人理性和集体理性、偏好和社会环境、不确定性和公平理念等。

三　几点思考

1. 扩展与反思

经济学和社会学之间新的互动关系的出现，主要起因于经济学研究领域的扩展。也就是说，经济学是主动方，而社会学是被动方。正因为有这样的特征，才有了"经济学帝国主义"一说。

仔细考察发现，促使经济学扩展其研究领域的，实为两种不同的甚至可以说是相反的动因。

第一，像贝克尔那样的经济学家发现，主流经济学的一套假设和分析架构用于传统上被认为是经济学之外的那些领域中，仍然是有效的。于是他们尝试把这些假设和分析架构用在一个又一个的其他学科的领域之中，形成一种"横扫千军"之势。这种扩展可以说是机械的扩展，它只是对主流框架的机械运用，当然是用在新的领域中。

第二，另一类经济学家对主流经济学理论的解释力不满意，认为这一理论的假设、前提离现实太远，希望通过增加一些更现实的因素来加强理论的解释力。像科斯、威廉姆森等新制度经济学家（不是所有的新制度经济学家）便是这样（当然，他们之间有程度的差别，像威廉姆森，在这方面走得比科斯更远）。这些经济学家把经济学研究扩展到制度、组织、法律等领域，而这种扩展是伴随他们对经济学基本理论的反思而来的。扩展是反思的产物，是对经济学基本理论的改造。这种扩展，可以被称为反思的扩展。

有的经济学家处于两者之间，像公共选择理论的代表人物布坎南就是这样。在他创立公共选择理论之初，只是意识到"经济人假设"不仅可以用于分析个人选择，而且可以用于分析公共选择和政治过程。但在将"经济人假设"用于制度选择分析之后，他对主流经济学理论产生了深刻的怀疑。他认为，"经济人假设"事实上是适用于制度分析的一个假设，古典经济学家正是在这样的背景下做了这种假设，但这种假设却被后来的主流经济学家不恰当地用于（一般科学意义上的）行为预测性分析中，这是不恰当的。这样，他就从机械扩展走向了反思扩展。

事实上，经济学的扩展不可避免地会引起学术上的反思。试以效用最大化假设的无所不在的运用为例，当效用概念被用于人类一切动机的场合时，它便成为完全空洞的、没有任何解释力的东西，也不再具有可证伪性。以此为基础的经济学有解释力吗？或者说，现实还用这样的理论做多此一举的解释吗？

在社会学方面，面对经济学的积极扩展，最初它只是被动的新现实的接受者。但是，当它开始进入经济学的传统领域时，它便成了扩展者。社会学的扩展，也不可避免地会引起对社会学本身的反思。社会学的特殊解释力在哪里？命题何在？是否接受与经济学的竞争？是否准备采用尽可能少歧义的、科学上通用的语言？这些问题都对社会学理论具有挑战意味。

2. 学科演进与有效学术演进

熊彼特曾论及学科的演进性，他认为，学科专业化的过程从来不是按照任何理智的计划来进行的，所以就整体而言，科学学科从来没有完成一个逻辑上前后一致的结构；各个学科的整体，就像是一片热带丛林，而不是依照蓝图建造起来的一座大厦。从事科学活动的个人、集体，都是追随他们的带头人或遵循已经开创的方法，或者为各种因素所诱发而前进。这种情况的后果之一，就是个别学科的全部或部分疆界总在不断移动，因而试图按其内容或方法给它们下定义是没有意义的（熊彼特，1996）。

影响学科演进的因素是多方面的。来自外部的社会需求对研究者的诱致和激励，学科内的命题在逻辑推导和事实检验中显现出来的缺陷，以及研究者对自身地位、收益等学科外目标的追求等，都会对学科的演进产生影响。从经济学和社会学的关系史中，我们也可以发现影响学科演进的多种因素，内在的学术困难、学术解释范围扩展的冲动、来自其他学科的批评、大学位置的争夺、保护既有的学术领地，等等。这些因素固然都影响学科的演进，但并非都有利于学术发展。因此，有必要将学科演进和有效学术演进区分开来。

学科演进具有很强的路径依赖特征。先前的学科命题、风格等，会通过一系列机制得到强化。强化机制包括以下几种（Arthur，1994）。

（1）规模经济，即在规模扩大中可以得到递增的收益。就学科演进而言，这种递增的收益可能是学术发展内部的，如通过更多的交流可以激发学术创新，也可能是外部的，如更高的社会声望和收入。递增收益会促使人们去扩大最初的选择。

（2）学习效应。比如学生在学习中，学习了教师教给他的套路，因此使教师最初的选择得以强化并传播于后。

（3）协作效应。掌握了同样学术套路的人，按照这样的套路协作，使这种套路进一步扩大和强化。

（4）适应性预期。人们按照传统套路预期来确定行动计划，形成一种自适应的循环。比如学生预期按照老师教的路子走将比较顺利地得到学位，他便去努力适应这种学术路子。

这些强化机制，既可能强化学术积累，促进学术的有效演进，又可能强化无效的学术封闭和摩擦。要避免自我强化的机制导致无效率、锁闭等问题，学术运行的制度环境、学术界的正式和非正式规则，以及在这些规则约束下的竞争（包括学科内部和跨学科的竞争），都是十分重要的。

3. 重温古典

在经济学和社会学之间的互动引起注意的今天，我们同时也发现，两个学科在演进中各自的路径依赖，已导致一定程度的封闭及与此相联系的无效率。当我们以学科间的互动为背景来思考学术生长点的时候，重温古典，即重温两个学科还没有分离或没有过分分离时的古典著作，不失为一种打破分离、获得灵感的途径。

比如，亚当·斯密有关分工、有关财富增长和社会层级结构、有关劳资冲突中地位不对称的论述，马克思有关生产过程中技术层面运行和制度层面运行的关系的论述、有关从抽象到具体的研究策略的论述，韦伯有关世俗智慧和宗教基础上的伦理约束的论述、有关资本主义和科层组织关系的论述，马歇尔有关经济学中简化人类动机的适用领域及局限、关于人性的"不变"和"变异"的论述、关于经济学中使用演绎法的条件、关于长串演绎推理不适用的论述等，都具有重要的启发意义。

4. 跨学科合作与专业化

经济学和社会学之间互动的加强提出了一个跨学科合作和专业化的关系问题。

跨学科合作可以打破封闭，拓宽各自研究的视野，形成新的生长点，在学科发展中，已有很多成功的事例。但是，合作并不总是有效的，跨学科合作有时会牺牲专业化的效率。正如熊彼特谈到经济学和社会学之间的合作时所指出的，"不是说如果有更多的合作他们两方面都会进行得更好。……我们绝对不能肯定更密切的合作总是一件好事，……因为合作会丧失只能由严格的甚至狭隘的专业化带来的效率"（熊彼特，1996）。

不过，合作并非一定牺牲专业化。特别是学科的划分具有外在的、人为组织的特征时，更是如此。这样，被归入某个学科的内容、从事该学科研究的人，有时相去甚远，远不及和其他学科的某些内容、某些研究者更有亲和力，所以跨学科的合作有时会有利于专业化。这里重要的问题是，能否形成新的、有后代的问题。如果可以，那么新的专业领域将出现。

就中国学术界的现状来说，一方面，无论经济学还是社会学，就总体水平而言，专业化水平都较欧美国家低；另一方面，两个学科间也不存在前面所讲的那种历史成见。在这种情况下，跨学科的合作似乎会容易一些。但是，低专业化水平上的跨学科合作，除了可能影响专业化程度的提高外（应该说，提高专业化程度在当前是很迫切的），还可能生产出一批没有学术价值、没有潜力的东西，对此也要有所警惕。笔者的看法是，需要在提高专业化水平的前提下关注两个学科之间的互动和中间领域的发展。

参考文献

阿隆，1988，《社会学主要思潮》，葛智强等译，上海译文出版社。

阿罗，1992，《阿罗定理》，载伊特韦尔等编《新帕尔格雷夫经济学大辞典》（第1卷），经济科学出版社。

奥尔森，1995，《集体行动的逻辑》，陈郁等译，上海三联书店。

巴泽尔，1997，《产权的经济分析》，费方域、段毅才译，上海三联书店。

贝克尔，1993，《人类行为的经济分析》，王业宇、陈琪译，上海三联书店。

布坎南，1992，《民主过程中的财政》，唐寿宁译，上海三联书店。

哈奇森，1992，《经济学的革命与发展》，李小弥等译，北京大学出版社。

罗伯特·海尔布伦纳，1982，《向亚当·斯密致敬!》，载《现代国外经济学论文选》
　　（第 4 辑），商务印书馆。

林登博格，1998，《组织理论的新推动力》，载菲吕博顿、瑞切特编《新制度经济
　　学》，上海财经大学出版社。

马歇尔，1981，《经济学原理》，朱志泰、陈良璧译，商务印书馆。

诺思，1991，《经济史中的结构和变迁》，陈郁、罗华平等译，上海三联书店。

帕森斯，1989，《经济与社会》，刘进等译，华夏出版社。

涂尔干，1995，《社会学方法的准则》，狄玉明译，商务印书馆。

西蒙，1988，《管理行为》，杨砾等译，北京经济学院出版社。

熊彼特，1990，《经济发展理论》，何畏等译，商务印书馆。

熊彼特，1996，《经济分析史》，朱泱、李宏译，商务印书馆。

杨小凯、黄有光，1999，《专业化与经济组织——一种新兴古典微观经济学框架》，
　　张玉纲译，经济科学出版社。

约翰·内维尔·凯恩斯，1891/2001，《政治经济学的范围与方法》，党国英、刘惠译，
　　华夏出版社。

张维迎，1996，《博弈论与信息经济学》，上海人民出版社、上海三联书店。

Arthur, W. Brian. 1994. *Increasing Returns and Path Dependence in the Economy*. The University of Michigan Press.

Burt, Ronald. 1992. *Strucural Holes: The Social Structure of Competition*. Harvard University Press.

Granovetter, Mark. 1974. *Getting a Job: A Study of Contacts and Careers*. Harvard University Press.

Granovetter, Mark and Swedberg, Richard. （eds.）1992. *The Sociology of Economic Life*, Westview Press.

Swedberg, Richard. 1990. *Economics and Sociology*. Princeton University Press.

Williamson, Oliver. 1975. *Markets and Hierarchies*. Free Press.

法中经济社会学"新"边界

劳伦斯·罗兰－伯格[*]

经济社会学诞生于 19 世纪末。它在沉寂了一段时间后，又在 20 世纪 80 年代初重新回到欧洲人的视野之中。在法国，它属于劳动与组织社会学的延伸。在研究真正的经济社会学之前，法国学界的研究对象经历了一系列转移：从劳动者社会学到有劳动能力人口社会学；从企业分析到劳动力市场分析；从工作状况分析到就业运动分析（Maruani & Reynaud，2004）。近十多年来，经济社会学逐渐从经典劳动社会学中脱离出来，其视线转向劳动力市场中性别关系、失业方式、弱势化过程、工作中的种族歧视、劳动力流动加剧等问题。波兰尼提出"镶嵌"这一重要概念后，格兰诺维特又在他的名作《镶嵌：社会网与经济行动》中再度提及。这个概念在欧美经济社会学建构中起到核心作用。但自 20 世纪 90 年代以来，法国经济社会学则认为有必要重新研究"多重镶嵌"假说（政治、制度、网络镶嵌、文化、空间等）、研究各种镶嵌形式间的联系、研究当代社会中的"去镶嵌"和"再镶嵌"。地方和全球的经济规范进入多元化时代之后，上述这些概念的局限性日益凸显，于是越来越多的社会学家开始选用经济民族志的方法，以期更准确地反映当今世界的复杂性。

一 格兰诺维特之后的新兴法国经济社会学

法国经济社会学的复兴与哈里森·怀特发展起来的网络研究之间的

---

* 劳伦斯·罗兰－伯格（Laurence Roulleau-Berger），法国国家科学研究中心主任研究员。

关系密不可分。继怀特之后，格兰诺维特在《找工作：关系人与职业生涯的研究》这部作品中，提出了建立在社会网络和社会资本上的"弱连带"在就业问题中的优势理论——这个理论至今在法国的经验研究中依然被广泛应用。格兰诺维特后来被视作新经济社会学的奠基人。1985年，他结合"网络"和"互动"概念，提出"网络镶嵌"理论。1995年，他关注到制度的社会建构问题：所有制度都是由复杂的人际关系构成的。对此他的论点是：经济制度都是"社会建构"的产物，是由个人建构起来的，这些个人的"行动同时受到他们所处的社会网络的结构和现有资源的便利和限制"（Granovetter，1994）。无论是对制度安排的创建还是对交换的调控，社会网络都起到决定性的作用（Cusin，2006）。

在法国，20世纪80年代后，网络镶嵌成为有关经济活动和社会生活形式间的关系的争论焦点。近十多年来，法国社会学家又尝试进一步明确"镶嵌"这个概念的含义。比如斯坦纳（Steiner，1999）研究发现，若要理解行动者赋予经济行为的意义，必须承认行动者有某种经济自省能力，即必须分析"认知镶嵌"问题。其他学者（Caillé，1995；Laville，Levesque，& This-Saint Jean，2000）则强调"政治镶嵌"的重要性，即经济制度和决策中权力斗争产生的效应。此外，"政治镶嵌"也被应用于有关"交换、再分配和互惠"问题的研究中。

法国新经济社会学的先锋学者对劳动力市场分割理论（Boussard，Sabel，& Piore，1989）和劳动市场巴尔干化理论（Kerr，1954）持有批判态度，他们更偏向于将经济制度视作社会建构的过程。动态地看待经济制度意味着拒绝将市场经济等同于财富的生产，批判一系列已被公认的对立概念——商品经济与非商品经济（Laville，2009）、有合法性的经济与无合法性的经济，挑战稀有财物和服务与富有财物和服务之间的对立，质疑货币与非货币财富间的对立……于是，在与镶嵌有关的领域中，社会网络、强连带与弱连带（Granovetter，1974）、社会资本（Burt，2000；Putnam，2000）这些概念在分析以下问题时显示出强大的理论能量：弹性资本主义中的竞争合作结构、经济活动中在地理上的去本地化现象、经济协调形式、进入劳动力市场过程和职业社会化过程，等等。

同时，面对全球化背景下经济制度败落和重建等复杂现象，镶嵌这个概念似乎也无能为力。随着社会脱裂的蔓延，镶嵌只有与"反镶嵌"辩证使用才能保留其理论价值。但就算这一对概念联合起来似乎也不足以解读法国经济制度的变迁。于是学者又提出了"再镶嵌"概念，认为只有这三个概念共同运用才能解释当代社会中的经济社会交换的性质变化以及经济多元化。明基奥尼（Mingione，2004）认为，所有经济关系都有镶嵌和交织特性，了解这一点有助于理解各种互惠形式及其变化。但他同时又提出这种经济多元化的视角需要补充，还应分别从宏观社会学和微观社会学的角度关注创新和适应的各种表现形式。笔者即采用这种方法，对社会交换进行动态处理，对多种生产世界相互间的重叠、冗余和交错地带进行研究，因为它们对我们理解当代社会中的黏合和割裂起到至关重要的作用。我们认为，应该以不同社会背景的生产世界合法性水平的高低和行动者能力（Sen，2000）为依据划分多元经济秩序。拉尔芒（Lallement，2009）的方法与笔者相近，根据经济事件多元性原则和各种合理化解释（劳动和组织交换等）之间的张力原则，他提出用"制度多元性"概念动态解读制度。

拉泽加（Lazega，2006）认为镶嵌概念流于静态描述，建议通过分析经济关系中的多重复杂性来补充社会交换理论。多重复杂性是指在同一种关系中同时存在多种资源的交换。这一思路有助于超越用礼物和回礼理论分析社会交换的普遍做法（Caillé，2000），能更好地解析多方相互依赖性。我们看到法国经济社会学开始对镶嵌理论提出问题，看到商品关系越来越被理解为一种社会建构，学者关注的重点是支配商品交换的制度条件，也就是说，他们不是要研究市场本身，而是要"找出交换中与商品特点相关联的多种规则进行梳理"（Trompette，2008）。还有学者提出用"机制"补充更稳固的"制度"概念。卡皮克（Kappik，2007）认为，"制度这个概念的确有极强的全面性和纵贯性，但它不足以解释'特殊产品市场'里发生在人、合同、符号、知识之间的不引人注目的那些安排"。市场是嵌入在个人和非个人评判机制里的。

上述理论发展的同时，经济社会学与人类学之间也建立起了一个连接地带。经济民族志不把"经济人的有限理性"作为公设，它的任务是还原商品与非商品交换的多元性，礼物的流转在这些交换中起到关键作用（Weber，1971）。从20世纪80年代起，民族志学者就开始对许多课题进行分析：由流动人口在其"流动领土"（Tarrius & Le Gall，2002）上建构起来的商贸广场（Peraldi，2001）、少数民族商贸和创业、以工人居民为主的郊区里的城市经济（Roulleau-Berger，1999）、商贸广场的多样性——从卖草莓到卖本地产品（De La Pradelle，1996；Trompette，2008）、跳蚤市场（Sciardet，2003）、二手市场（Chantelat & Vignal，2002），等等。在这些研究中，学者们并没有区分商贸领域和非商贸领域，而是认为不同的经济活动和空间组成合法性水平高低不同的连续体，它们意味着对各种资源——物质、技术、社会、认知和符号的运用。与这种动态研究流动性交换的方法相呼应，泽利泽（Zelizer，1992）在对综合市场的研究中也使用了类似的方法。

二 法国经济社会学新走向和研究领域

新经济社会学从上文介绍的理论角度出发，以一些意义重大的研究对象为中心发展了新的研究领域。其中有四大领域可谓是当今最具创新力也是发展得最好的：①产业调控与产业关系；②弱势化与制度的衰落和重建；③空间与经济机制；④劳动与承认。

1. 产业调控与产业关系

从20世纪90年代起，法国社会学家对劳动力市场的调控形式给予了前所未有的关注，包括获得就业过程的变化、劳动中身份建构和受薪人员职业历程建构（Dubar，1991；Francfort，Osty，Sainsaulieu，& Uhalde，1995）、劳动力市场中的男女不平等（Maruani，Laufer，& Marry，2003）、工作内外生活的协调模式（Nicole-Drancourt，2009）等。产业关系分析能解析劳动力市场的调控并呈现经济社会学与政治社会学的联结点。90年代以来学者们已经定位并分析的劳动调控空间有企业、领土、欧洲（Lallement，2007）。在经济社会学家的视野下，劳动和就业世界产生了新的问题：新调控形式、新妥协、新标准、新社会公约（Verdier，2008b）。他们观察到，企业已成为合法的行动者，这就意味着地方和全球行动者在组织的目标和主要管理原则上达成一定的共识并在经济上有一定协调。因此，他们提出假设：企业就是制度。经济制度随着企业内外边界的重新划分而改变，于是以网络方式运营的企业应运而生，要求我们在研究时将劳动和组织分离开来。

通过这方面的研究我们了解到，劳动力市场上新的调控形式不利于就业的稳定，企业的结构政策加大了岗位转移和外包力度从而产生严重的种族歧视（Jounin，2008）。泰勒式劳动组织方式衰退，企业趋向将需要密集劳动力的生产部门出口。雇主将直接成本和间接成本变得弹性化，根据业务需要调整人工数量。应人事管理新政和组织改革的要求，企业严格筛选员工，因此拒绝某些特定人群（Boltanski & Chiapello, 1999）。越来越多的革新型企业选择长期雇用一定数量的弱势员工。革新首先要求弹性，即发展代工岗、临时岗和短期岗。另外，得玛哉尔等还强调指出，劳动变化中最明显的就是对受薪人员要求和业务范围的变化，这些都反映了专业划分和集体归属规则的重新制定（Demazière & Mercier, 2003）。

多项研究表明，所有这些变化都对个人职业生涯产生影响，使其不断分化。多元化过程到底是怎样的？当代的工作不稳定、不确定，并且带有强偶然性，同时"转折点"——各段不同工作经验间的或多或少的断裂点——反复出现（Abbott, 1997），而这就是个人职业生涯建构的基础。许多人的人生轨迹都带有转折点，其数量根据受教育水平、性别、代际地位及民族而变化。例如，受教育水平低的年轻人更受制于职业流动，他们的经历中充斥着转折点，只能使他们进入水平的社会流动。以就职于跨国公司的管理人员或工程师为代表，高学历人群职业流动和转折点却往往能让他们获得社会威望。

在生产重组、工厂去本土化、追求竞争力、竞争加剧的背景下，人们的不确定感日益增强。经济制度的变化影响着劳动者的职业生涯，而他们自己也像个人或集体行动者那样做出回应，在他们与制度的关系中制造安排、冲突、分歧和抵抗。

2. 弱势化与制度的衰落和重建

随着工薪阶层的弱势化，经济社会学又提出了制度衰落（Dubet, 2006）和重建的问题。在当代社会，失业数据虽或有升降但失业现象却成为顽疾，竞争激烈的行业内工作的稳定性大打折扣，非典型岗位却得到发展，传统的工薪关系土崩瓦解，社会因而出现失调。新的工作关系开始显现，与主流福特主义的工薪关系迥异。因此可以说，就业危机加速了传统的集体融入相关做法的崩溃：就业市场的运行、资质的变迁和承认、社会化过程的弱化……受薪人员弱势化引起工作上的衍射效应，促成可视或不可视、商品或非商品等多种形式的劳动及其他多种活动。衍射效应导致经济制度中微型分割的产生。通过临时岗位的多样性和弹性及正式程度不一的特殊工作形式，弱势化参与了劳动合同条件的解体

（Beck，1999）。显然，劳动力的使用规范正在消失，全职工作分化为不同形式的低级工作。因此，越来越多的研究聚焦于代工（Faure-Guichard，2000）、合同工（Menger，2009）、季节工（Têtu-Delage，2008）……弱势化不断地把劳动和工作的形式分化和等级化，在不同类别的弱势劳动者和外国人或移民后代人群中制造差别，并使部分劳动形式失去可视性。衍射效应还揭示了产业关系制度的族群化和劳动中的种族歧视（Bataille，1997；Giraudo，2007），15 年来一直有经济社会学者在研究这些问题。因此，要读懂经济制度里的碎片化和断裂等现象，就必须直面弱势语境中的囚禁、种族隔离等符号暴力问题。

在这种情况下，国家本着互助、公平与社会公正的原则实施了一系列政策。可以说，上述不确定的语境催生了就业和培训部门的制度和公共服务的现代化。就法国而言，一些研究发现政治制度日益背离其合法性的民主来源，背离交流和谈判原则而制造冲突。"中介空间"因此在隔阂中诞生（Roulleau-Berger，1999），其中充满微小多样又个别化的经济行为，展示了个人虽然处于被统治地位但有能力在微型经济组织中创造和发明。在"中介空间"里，我们看到被统治群体的零星又富有智慧的创意行为在社会上表现得十分低调甚至隐形，看到"随遇而安的艺术"，看到"弱者"面对"强者"时的策略。

3. 空间与经济机制

空间这个概念在很长一段时间内都被排除在经济社会学之外，首先开始将空间与经济机制联系在一起思考的是城市社会学研究。而在当今学者眼里，全球化多种进程相互交织，空间与经济机制间互动是一项不可或缺的考量因素。雷米（Remy，1966）在他的著作《城市：经济现象》中首次提出将空间和经济二维结合，成为这种研究方法的先锋人物。他在此书中将空间定义为"制造社会交换不平等的内在决定性因素"。雷米也提到了在经典自由经济中备受轻视的"集聚经济"，认为它是分析城市经济运作的核心因素。库安（Coing，1982）在著作《城市：就业市场》中再次探讨这个问题，他指出城市流通是研究经济运作的最佳切入点，而空间概念在这类研究中有着极大的活力。

研究证明，各种经济互相镶嵌，其原因有许多：结构效应、个人的多重归属、人的流通（地点之间、城市之间、空间之间、流动经济领土之间）能力。以族群属性为首要特征的企业主渐渐进入经济和道德社会学中心地带。格兰诺维特在他那个年代就研究过企业主，为的是厘清不同文化背景下经济行为的不同镶嵌方式，如华人和东南亚移民的创业行为。他认为，要想理解经济和符号产品流通中的互助机制和名声的分配，必须提炼出一个"以道德为商品的经济"。法国的多项研究发现都是对格兰诺维特学术流派的发展和延伸：企业主必须寻找识别多种交易规则间的差异，这就要求他在多种社会世界的交汇处进行自我建构（Zalio，2004）；从不同空间出发，可以找到多国移民的复杂流动方式，这些方式都证明了社会经济生活的各个空间维度间有着紧密的联系（Ma Mung，2000；Tarrius & Le Gall，2002）。笔者在人口流动网络调查中则考量了合法性水平不等的经济机制，它们来源于多种活动和空间的结合，而这些活动和空间又以许多参量为基础得以建构：经济法律制度、可视性模式——相对地方经济制度而言是否独立及独立程度、信任关系、拥有不同数量分支的长短距离协调网络、人口流动过程中物质社会道德资源流通情况等。最后，所有经济机制内都有等级和组织负责在社会、族群、性别分工中分配位置和角色。

经济交换的全球化已经证明空间在领土等级建构中的核心作用。将空间与经济活动相联系能让我们发现多种经济秩序和生产空间，能让流通链以及经济和符号交换链得以显现，而这些链接本身又能梳理地方和全球经济之间纷繁交错的关系。比如，"看护"就可以被界定为一种弱合法性的多级经济机制，它清晰地反映出经济全球化过程中出现的一种新统治方式。"看护"是对经济在跨国空间里去物质化和多元化的最佳例证，体现在这个物质资源和情感资源剥削相结合的过程中，流动妇女所扮演的中心角色。

地方性和全球性的规范、公约和规则产生于不同经济空间，它们之间互相覆盖、重叠或分离。就是由于这些错综复杂的关系，处于不同空间和社会背景的生产世界本身在变化，它们之间的边界也在变化。在资本主义全球化进程中，经济不断地在多元空间内分化，同时制造着汇集和脱离现象（Sassen，2009）。

4. 劳动与承认

西欧社会工薪阶层弱势化现象蔓延，要想获得社会和公众的承认，首先必须获得"给资格"的社会地位和工作，因为承认只在有合法性的经济和社会空间里分发。这就提出了劳动中身份和承认的问题，更广泛提出了社会承认的问题，因为后者的建构是在影响自我形象的职业关系和互动中发生的。

劳动中的承认问题已经成为法国社会的群体性问题。自从霍耐特的论著《为承认而斗争》翻译成法文后，经济社会学和道德社会学中的联结点不断增加。弗拉泽的论述在法国经济社会学里则被频繁引用，他首先提出在劳动的承认问题上应该区分两种不平等：一种是社会经济不平等，表现为剥削、经济边缘化或赤贫；另一种是文化或符号不平等，表现为文化统治、承认缺失、蔑视、污名化和歧视。这两种不平等虽然永远都有互动，但其交织方式和程度随社会背景而变化。面对劳动中的辛酸苦痛、种族和性别歧视、弱势化和失业者的贫穷化，社会学家必须同时提出物质经济和精神符号两类财富的获得问题。

在工薪阶层弱势化过程中，劳动中的承认问题的确揭示了现代性的复杂：不安全感、不确定感、就业情况的可逆性都使人们在投入与不投入间摇摆，因为双重束缚的情况不断增多，个人在矛盾的处境中——一方面是劳动的命令，另一方面又无法按照指令工作——不知所措（Roulleau-Berger，2007）。

三　法中经济社会学的异同

法中两国在这个学科的研究领域有较大的差异，因为中国经济社会学的关注焦点是经济和社会的转型。社会转型指的是现在和过去的社会主义国家近 20 多年来发生的变化，尤其指市场机制的引入所带来的社会转型。不过转型虽然包含现代化和发展因素但不仅限于此（Sun，2008；Li，2008）。在经济、社会和历史变迁的推动下，中国的经济社会学发展速度较快。近 20 多年是中国大陆社会学的恢复重建时期。经济社会学作为主要分支提出了一系列轴心理论和认知问题。自 20 世纪 80 年代起，中国由计划经济走向市场经济，发生了翻天覆地的变化，在此背景下，与社会网络有着密切关系的劳动力市场成为中国学界的研究重点。从那时起，经济社会学成为中国社会学中拥有学者最多的一个分支学科（Roulleau-Berger，2008）。

1. 劳动力市场和波兰尼理论的应用

社会学家在解读社会转型中的重大经济变化时，其切入点是单位这个社会主义的重要符号（Li，1993）。作为计划经济时期的经济社会形态，单位逐渐在转型中淡出，转化为多种经济制度，如私企、合资企业、乡镇企业等。虽然单位在当今本学科领域依然保留其研究价值，但学者的视线已经逐渐转移到中国劳动力市场的建设上去了。20 世纪 90 年代伊始，劳动力市场的形成过程吸引了众多学者。90 年代末，对网络问题异常敏感的中国同行首先重读了波兰尼的"大转变"理论，而后又研读了布洛维关于当代共产主义社会中市场变化的"第二次大转变"理论；当时沈原就提出了"中国处于两次转变交界处"的假设。相关的研究将劳动力市场定义为诞生于这两次大转变的经济制度，并把劳动力市场描述为以社会主义秩序为参照的社会建构过程。根据这些研究，社会分层反映了形成过程中的劳动力市场的分割。另一些社会学家从劳动力市场分割和二元化的角度研究经济制度，以期找出中国劳动力市场的变迁。李强（Li，2006）、李培林（Li，2003，2008）、李春玲（Li，2005，2006）等学者则认为中国劳动力市场分裂成两半：一等市场包括有资历的劳动者，他们享有高工资待遇、良好的工作环境和社会保障；二等市场则属于低资历、低报酬且不享受良好工作环境的农民工。后者在劳动力市场上遭遇严重的歧视和暴力统治后，试图找到个人和集体的抵抗方式（Shen，2006；Liu，2008；Guo，Xin，& Shen，2009）。

2. 经济制度与所有制

中国经济社会学在分析中国经济结构的变化时，区分了农村经济制度和城市经济制度、地方市场和全国市场，还提出了一个重要问题：所有制问题。刘世定（Liu，2001）通过对乡镇企业的分析提供了在研究中联系经济制度与所有制的方法。1995 年之后，各种所有制纷纷转为国有或私有，折晓叶和陈婴婴（2005）指出不同所有制及其调控方式之间的边界日趋模糊，集体所有制深刻依赖错综复杂的社会关系和市场（周雪光，2005）。刘世定（Liu，2006）通过"占有"这个带有中国特色的概念发展了一套所有制理论。狭义的占有是指个人或集体对经济事物的使用或排斥性的控制，可以通过三个维度来定义：占有的排斥性形式、占有方式的选择空间、占有的时限。这三个维度以不同方式结合，产生的形式合法性程度不一。对资源的占有只有被生产承认规范的社会框架认同之后才能真正转变为所有权。法律、行政、官方意识形态、社会通行的规范、关系网络等所有的因素结合在一起才能制造承认形式。

可见，中国的经济制度的社会形式有其显著的特性，不能与所有制问题剥离。另外值得关注的是，中国的经济制度在西欧尤其是法国的劳动力市场上找不到对应。

3. 获得就业机会·社会网络·弱连带

就业问题已成为中国学者普遍关心的课题。在今天的中国，城市失业现象较为严重，改革中的国有企业无力吸纳更多的劳动力，也无法向这部分人提供社会保障，中国社会已无法确保人们稳定就业。失业首先打击受教育水平低的人群，使他们边缘化、脱离社会（Guo & Chang，2006；Xi，2006；Tong，2006）。20 世纪 90 年代末以来，中国社会学家再次研读波兰尼的镶嵌（Sun，2003，2007；Shen，2006）和镶嵌新形式。他们用什么角度分析就业过程呢？他们使用网络、社会联系、社会资本等概念。最近又有学者从性别的角度研究进入劳动力市场的过程（Tong，2008）。他们认为家庭和社会网络是社会化、脱离社会化以及再社会化过程的首要元素。连带概念随着网络概念的使用被提出。法国和中国对格兰诺维特理论的广泛运用都始于 20 世纪 90 年代。格氏的弱连带理论（Granovetter，1974，1994）与费孝通的差序格局直接相关，因此频繁被经济社会学论著引用。但中国学者似乎重视"连带"而对"弱连带"兴趣不大。连带——时间质量、情感强度、亲密程度（相互信任）和互惠服务——理论为联系互动和经济制度提供了良好的工具。

四　结语

法中两国的新经济社会学在其初期都受到美国社会学的深远影响。但随着时间的推移，它们纷纷根据自己的社会背景走上独立发展的道路，各自创建符合国情的学科知识。由于科学发展轨迹、田野研究方向和理论的差异，两国的知识生产过程不尽相同，研究的空间或有交集。在经济社会学国际化进程中，各国学者任重道远，由于社会学知识也在普适性和个性中摇摆，我们既需要发扬各自的科学传统，又应重视知识的交流、借用和移植，还得接受有时会有排斥、遗忘和再输出这些现象，从而不断地对自己的和共同的研究空间下新的定义。

参考文献

折晓叶、陈婴婴，2005，《产权怎样界定———份集体产权私化的社会文本》，《社会学研究》第 4 期。

周雪光，2005，《"关系产权"：产权制度的一个社会学解释》，《社会学研究》第 2 期。

Abbott，A. 1997. "On the Concept of Turning Point"，*Comparative Social Research*，16：85 – 105.

Alter，N. 2006. *Sociologie du monde du travail*，Paris，PUF.

Alter，N. 2006. Don et échange social. in Alter，N. *Sociologie du monde du travail*，Paris，PUF.

Bataille，P. 1997. *Le Racisme au travail*，Paris，La Découverte.

Beck，U. 1999. *World Risk Society. Toward a New Modernity*，Cambridge，Polity Press.

Beuscart，J. S.，& Peerbaye，A. 2006. Histoires de dispositifs，*Terrains et travaux*，2，11.

Boltanski，C.，& Chiapello，E. 1999. *Le nouvel esprit du capitalisme*，Paris，Gallimard.

Boussard，L. T.，Sabel，C. F.，& Piore，M. J. 1989. *Les chemins de la prospérité. de la production de masse à la spécialisation souple*，Paris，Hachette.

Burt，R. 2000. The Network Strucutre of Social Capital，*Research in Organizational Behavior*，22.

Caillé，A. 1995. *La revue du MAUSS*，6，91.

Caillé，A. 2000. *Anthropologie du don. Le tiers paradigme*，Paris，Desclée de Brouwer.

Castel，R. 1995. *Les Métamorphoses de la question sociale*，Paris，Fayard.

Castel，R. 2009. *La montée des incertitudes*，Paris，Seuil.

Chantelat，P.，& Vignal，B. 2002. L'intermédiation du marché de l'occasion. Echange marchand，confiance et interactions sociales，*Sociologie du Travail*，44，3.

Chen Y. Y.，Zhe X. Y. 2005. Ziben zeyang yunzuo-dui gaige zhong ziben nengdongxing de shehui fenxi（Comment fonctionne le capital? -Analyse sociologique sur la mobilité du capital dans les réformes），*Zhongguo shehuixue wang*（*Réseau de la sociologie chinoise*），http://www. sociology. cass. net. cn/shxw/qt/t20050310_5299. htm.

Coing，H. 1982. *La ville，marché de l'emploi*，Grenoble，PUG.

Cusin，F. 2006. La sociologie économique et la sociologie des relations marchandes in

De La Pradelle. M. 1996. *Les Vendredis de Carpentras. Faire son marché en Provence ou ailleurs*，Paris，Fayard.

Demazière, D. , & Mercier, D. 2003. La tournée de facteurs. Normes gestionnaires, régulation collective et stratégies d'activité, *Sociologie du Travail*, 2, pp. 237 – 258.

Demazière, D. , & Gadéa, C. (dir) 2007. *Sociologie des groupes professionnels. Acquis récents, nouveaux défis*, Paris, La Découverte.

Dubar, C. 1991. La socialisation. Construction des identités sociales et professionnelles, Paris, Colin.

Dubet, F. 2006. *Le déclin des institutions*, Paris, Seuil.

Duber, F. 2009. *Le travail des sociétés*, Paris, Seuil.

Faure-Guichard, C. 2000. *L'emploi intérimaire. Trajectoires et identités*, Presses Universitaires de Rennes, Rennes.

Francfort, I. , Osty, F. , Sainsaulieu, R. , & Uhalde, M. 1995. *Les mondes sociaux de l'entreprise*, Paris, Desclée de Brouwer.

Frazer, N. 2005. *Qu'est-ce que la justice sociale*, Ed. La Découverte, Paris.

Giraudo, G. 2007. "Discrimination silencieuse, racisme flottant et gestion de l'indicible dans le travail intérimaire", in *Hommes et Migrations*, n°1266, mars-avril, pp. 142 – 151.

Granovetter, M. 1974. *Getting a Job: A Study of Contacts and Careers*, Cambridge, Harvard University Press.

Granovetter, M. 1994. *Getting a Job: A Study of Contacts and Careers*, 2e édition, Chicago, University of Chicago Press.

Granovetter, M. 2000. *Le marché autrement*, Paris, Desclée de Brouwer.

Guo, Y. H. , & Chang, Aishu. 2006. Life Cycle and Social Security: A Sociological Exploration of the Life Course of Laid-off Workers, *Social Sciences in China*, vol. 26, n°1.

Guo, Y. H. , Xin, Q. , & Shen, Y. 2009. *Analyse sociologique des arriérés et de l'incapacité à réclamer le salaire des travailleurs migrants de la construction*, Communication au Colloque PICS IAO/LEST, Aix en-Provence les 5 et 6 novembre.

Jounin, N. 2008. *Chantier interdit au public*, Paris, La Découverte.

Kappik, L. 2007. *L'économie des singularités*, Paris, Gallimard.

Kerr, C. 1954. The balkanization of labour markets in *Labour markets and wage determination: the balkanization of the labour market and other essays*, Berkeley, University of California Press.

Lallement, M. 2007. *Le travail. Une sociologie contemporaine*, Paris, Gallimard.

Lallement, M. 2009. Le statut de l'institution en sociologie: quelles leçons pour la sociologie économique? In Bourgeois, C. , Conchon, A. , Lallement, M. , Lenel, P. *Dynamiques de la sociologie économique. Concepts, controverses, chantiers*, Toulouse, Octarès.

Laville, J. L. 2009. De Polanyi et Mauss à l'économie plurielle: un cadre d'analyse pour la sociologie économique, In Bourgeois, C. , Conchon, A. , Lallement, M. , & Lenel, P. *Dynamiques de la sociologie économique. Concepts, controverses, chantiers*, Toulouse, Octarès.

Laville, J. C. , Levesque, B. , & This-Saint Jean, I. 2000. La dimension sociale de l'économie selon Granovetter in Granovetter *Le marché autrement*, Descléee de Brouwer, Paris.

Lazega, E. 2006. Echanges socio-économiques et analyse de réseaux in in N. Alter: *Sociologie du monde du travail*, Paris, PUF.

Levesque, B. , Bourque, G. , Forgus, E. 2001. *La Nouvelle Sociologie Economique*, Paris, Desclée de Brouwer.

Li, Chunling. 2005. *Duanlie yu suipian. Dangdai zhongguo shehui jieji fenhua qushi de shizheng fenxi* (*Clivages et fragments. Une analyse empirique sur la stratification sociale de la Chine contemporaine*), Pékin, Shehui kexue wenxian chubanshe.

Li, Chunling. 2006. *Li Lulu, Wang Fenyu: dang dai zhong guo xian dai hua jin cheng zhong de she hui jie gou ji qi bian qian* (*La structure sociale et sa mobilisation dans le processus de modernisation en Chine contemporaine*), Hangzhou, Zhejiang renmin chubanshe.

Li, Lulu. 1993. Zhongguo de danwei xianxiang yu tizhi gaige (Le phénomène de l'unité de travail en Chine et la réforme du système), *Zhongguo shehui kexue jikan* (*Revue trimestrielle des sciences sociales chinoises*).

Li, L. L. 2006, Zaishengchan yu tongzhi: shehui liudong jizhi de zaisikao (Reproduction sociale et dominance: nouvelle réflexion sur les mécanismes de mobilité sociale), in *Shehuixue yanjiu* (*Recherches sociologiques*) 21.

Li, P. L. 2003. Jubian: cunluo de zhongjie. Yiyi doushili de cunzhuang yanjiu (Une mutation considérable: la fin des villages. Recherche sur les villages au sein des villes), in Li, P. L. (ed.) *Nongmingong-Zhongguo jincheng nongmingong de jingji shehui fenxi* (Les paysans-ouvriers - Analyse socio-économique des paysans-ouvriers qui s'installent dans les villes chinoises), Pékin, Shehui kexue wenxian chubanshe.

Li, P. L. 2008. Zhong guo shehuixue de chansheng in LI PEILIN. 2005. *Lingyi zhi kanbujian de shou-shehui jiegou zhuanxing* (*Une autre main invisible - la transition de la structure sociale*), Pékin, Shehui kexue wenxian chubanshe.

Li, P. L. , Li Qiang, Ma Rong. 2008. *Shehuixue yu Zhong Guo Shehui*, Beijing, Shehui kexue wenxian chubanshe.

Li, Qiang. 2006. *Nongmingong yu Zhongguo shehui fenceng* (*Paysans-ouvriers et couches so-*

ciales en Chine) , Pékin, Shehui kexue wenxian chubanshe.

Liu, S. D. 2001. De la préférence individuelle au choix collectif. Un cas de redistribution des terres en Chine rurale, in Thireau, I. *Disputes au villages chinois*, Paris, Editions de la Maison des Sciences de l'Homme.

Liu, S. D. 2006. Zhanyou zhidu de sange weidu ji zhanyou rending jizhi (Trois dimensions du système de possession et le mécanisme de reconnaissance de la possession) , *zhongguo shehuixue*, *Sociologie chinoise n°5*.

Liu, S. D. 2008. Structure du marché du travail et changement institutionnel dans la Chine contemporaine in Roulleau-Berger, L. (dir) *Actes du Colloque La Chine et l'internationalisation de la sociologie.*

Ma Mung, E. 2000. *La diaspora chinoise, géographie d'une migration*, Paris, Orphys.

Maruani, M. , Laufer, J. , & Marry, C. 2003. Le travail du genre. Les sciences sociales du travail à l'épreuve des différences de sexe, La Découverte-Coll. "Recherches", pp. 362.

Maruani, M. & Reynaud, E. 2004. *Sociologie de l'emploi*, Repères, La Découverte.

Mauss, M. 2007. *Essai sur le don*, Paris, PUF.

Menger, P. M. 2009. *Le Travail créateur: s'accomplir dans l'incertain* Paris, Gallimard-Seuil-Éditions de l'EHESS.

Mingione, E. 2004. Encastrement in La Sociologie Economique Européenne, *Sociologia del lavoro*, n°93.

Nicole-Drancourt, C. 2009. La sociologie économique est-elle la " fille " ou la " cousine éloignée " de la sociologie du travail classique? In Bourgeois, C. , Conchon, A. , Lallement, M. , Lenel, P. *Dynamiques de la sociologie économique. Concepts, controverses, chantiers*, Toulouse, Octarès.

Peraldi, M. 2001. *Cabas et containers. Activités marchandes informelles et réseaux migrants frontaliers*, Paris, Maisonneuve la Rose.

Proust, S. 2006. *Le comédien désemparé. Autonomie artistique et interventions politiques dans le théâtre public*, Paris, Economica-Anthropos.

Putnam, R. 2000. *Bowling alone. The Collapse and Revival of American Community.* New-York: Simon and Shuster.

Remy, J. 1966. *La ville: phénomène économique*, Bruxelles, Editions Vie ouvrière.

Remy, J. & Voye, L. 1992. *La ville: vers une nouvelle définition*, Paris, l'Harmattan.

Roulleau-Berger, L. 1999. *Le travail en friche. Les mondes de la petite production urbaine*, La Tour D'aigues, Editions de l'Aube.

Roulleau-Berger, L. (dir) 2007. *Nouvelles migrations chinoises et travail en Europe*, PUM, Toulouse Le Mirail.

Roulleau-Berger, L. (eds.)2008. *La sociologie chinoise contemporaine*, Editions du CNRS, Paris.

Roulleau-Berger, L. 2009. Tradition de l'Ecole de Chicago et sociologie économique en vis-à-vis, In Bourgeois, C. , Conchon, A. , Lallement, M. , Lenel, P. *Dynamiques de la sociologie économique. Concepts, controverses, chantiers*, Toulouse, Octarès.

Sassen, S. 2009. *Critique de l'Etat*, Paris, Gallimard.

Sciardet, H. 2003. *Les marchands de l'aube. Ethnographie et théorie du commerce aux Puces à Saint-Ouen*, Paris, Economica.

Sen, Amartya. 2000. *Repenser l'inegalite*, Paris, Seuil.

Sen, S. 2009. *Critique de l'Etat*, Paris, Gallimard.

Sennett, R. 2003. *Respect: de la dignité de l'homme dans un mode d'inégalité*, Albin Michel.

Shen, Yuan. 2006. Shehui zhuanxing yu gongren jieji de zaixingcheng (Transition sociale et la reformation de la classe ouvrière), *Zhongguo shehuixue (Sociologie chinoise)* n°5.

Steiner, P. 1999. *La sociologie économique*, Repères, La Découverte, Paris.

Sun, L. P. 2003. *Duanlie: Er shi shiji jiushi niandai yilai de Zhongguo shehui (Fractures: la société chinoise depuis les années 1990)*, Pékin: Shehui kexue wenxian chubanshe.

Sun L. P. 2007. Reconstructing the fundamental social order, *Social Sciences in China* vol. XXVIII, n°3.

Sun L. P. 2008. Sociologie de la transition et nouvelles perspectives théoriques in Roulleau-Berger, L. 2008. *La nouvelle sociologie chinoise*, Editions du CNRS, Paris.

Stroebel, P. 1994. Service public et relation de service: de l'usager au citoyen, in *Relations de service et marchés de services*, Paris, Ed. CNRS.

Supiot, A. 1994. *Critique du droit du travail*, Paris, PUF.

Tarrius, A. , & Le Gall, J. 2002. Les nouveaux cosmopolitismes. mobilités, identités, territoires, La Tour D'Aigues, Editions de l'Aube.

Têtu-Delage, M. T. 2008. Travail agricole et "carrières" des sans-papiers algériens dans la Drôme, *Etudes rurales*, juillet-décembre.

Tong, Xin. 2006. Yanxu de shehui zhuyi wenhua chuantong—yixiang guoyou qiye gongren jitixing dongde gean fenxi (La tradition culturelle socialiste maintenue: le cas d'une action collective d'ouvriers d'une entreprise d'Etat), *Shehuixue yanjiu (La recherche en sociologie)*.

Tong, Xin. 2008. *Shehuixue yu Zhong Guo Shehui*, Beijing, Shehui kexue wenxian chubanshe.

Trompette, P. 2008. *Le marché des défunts*, Paris, Presses de Sciences-Po.

Veltz, P. 2008. *La grande transition*, Paris, Seuil.

Verdier, E. 2008 a. Vers une gouvernance territoriale des risques du travail?, *Travail et Emploi* n° 113, pp. 103 – 115.

Verdier, E. 2008 b. Quels régimes d'action collective face aux risques du travail et de l'emploi? in *Flexibilité, sécurité d'emploi et flexicurité: les enjeux et défis*, Diane-Gabrielle Tremblay (ed.), pp. 25 – 47.

Xi, G. H. 2006. Market transition and Laid-Off Workers, *Chinese Sociology*.

Zalio, J. P. 2004. Territoires et activités économiques. Une approche par la sociologie des entrepreneurs, *Genèses*, n°56.

Zelizer, V. 1992. Repenser le marché: la construction sociale du "marché aux bébés" aux Etats-Unis, 1870 – 1930, *Actes de la Recherche en Sciences Sociales*, 94.

Weber, M. 1971. *Economie et société*, *I*, Paris, Plon.

（胡瑜译，北京第二外国语学院欧洲学院法语系副教授）

社会学的博弈论三部曲

王水雄*

随着博弈论在社会科学领域日益广泛的应用，当前博弈论在社会科学中的实践形式值得反思和探讨。本文尝试厘清博弈论在社会科学领域发展的一些方法脉络，并在此基础之上介绍笔者所谓"社会学的博弈论"或者"社会博弈论"，它表现为三个发展阶段：结构博弈、镶嵌式博弈和"博弈 – 结构功能主义"模型。

博弈论均衡概念与社会秩序之间存在一定的距离，为了弥合这种距离，一方面一些重要的社会因素需要纳入博弈论，另一方面博弈论需要纳入社会现实，遵循社会规律来加以考察和发展。结构博弈、镶嵌式博弈及"博弈 – 结构功能主义"作为博弈论的社会学化思路中的一种，为增强博弈均衡的稳定性，弥合博弈均衡与社会秩序之间的距离做出了一定的贡献。

一 博弈论及其社会分析使命

人类社会是由人与自然、人与人之间连绵不绝的策略性互动（我们可以称之为"博弈"）构筑的。自然科学更多地着眼于人与自然之间的博弈，而社会科学则更多地关注人与人之间的互动博弈：它的内涵、意义、结构、影响等。社会中的博弈虽然连绵不绝，但是可以通过截取其中的部分片段、情节、故事，来呈现其一般性模式进而展开分析。博弈论便是这样一种对生活中连绵不绝的人际互动进行抽象，并加以分析的理论

---

* 王水雄，中国人民大学社会学系教授。

工具。

博弈和博弈论的关系可以用如下举例的方式来说明：在社会生活中，人们不断地实践着一系列的故事；与此同时，在特定的时间里，人们也在不断地讲述这些故事。但是，非常明显，故事的实践状态与故事的讲述之间存在一定的距离：讲述是对实践的截取和抽象，即故事的不同讲法，就是对故事实践状态的不同的截取和抽象。这个道理颇有点类似于文学：文学来源于生活，又高于生活。当然从根本上说，博弈论不是文学，它的抽象程度要比文学更高一些。

就一个博弈的描述而言，其要件（也可以说是博弈论的构成要素）包括以下几个方面：参与人、策略、收益、信息、行动、结果和均衡。而其中参与人、策略和收益是最为基本的静态要素（正如人物、时间、地点是记叙文的三要素一样）；信息和行动则是引入的变动性因素；博弈研究者（或建模者）的目的在于从众多可能的结果中确定均衡——一种相对稳定的结果。

1. 经典博弈论及其均衡的社会含义

根据对博弈的抽象程度不同，我们可以将博弈论划分成不同的类型。

博弈论在诞生的最初实际上是一种数理模型，这种数理模型在经济学中的应用渐渐形成了我们这里所谓的"经典博弈论"（或者解析博弈论、数理博弈论）。经典博弈论指的是具有特定目的和效用的两个或多个参与人之间存在策略上的相互作用，以及在这一背景之下，他们效用（收益）最大化的理性行为所可能造成的行为特征与后果——这种后果有可能是非理性的，或者出乎参与者的意料之外的。

经济学一度备受批评的一点是：在个人行为和集合行为之间进行简单的推演，认为个人行为加总便可以构成集合行为。现如今博弈论在经济学中的应用大大地改变了经济学这一易受攻击的软肋，并且使经济学的解释力得到增强——特别是对一些非理性社会现象和后果的解释。这样也就不难理解博弈论在经济学领域如日中天的现象。几乎每一本新出版的西方微观经济学教科书都有介绍博弈论的章节，而有的经济学家更是试图用考虑了人与人之间相互影响的博弈论来重写经济学领域的一切重要问题（泰勒尔，1997），进而形成新的教科书体系（马斯 - 科莱尔、温斯顿、格林，2001）。

博弈论的发展，是在其最基本的逻辑框架之中逐步加入时空条件和信息因素的过程。在经典博弈论的发展中，冯·诺伊曼与摩根斯坦于1944 年出版的《博弈论与经济行为》被公认为是其起步阶段，在短短的数年时间里，塔克、纳什、夏普利等人的工作基本上奠定了非合作博弈与合作博弈论（后文将提及，这一对博弈的划分也许并不怎么恰当）的基石。不过，此后近 20 年博弈论的发展相对沉寂。直到 20 世纪 70 年代，经济学家们开始关注信息问题、行动步骤与信息的引入，使博弈分析中拥有了更丰富的结构，从而可以进一步得出一些有趣而始料不及的结果（拉斯缪森，2003）。

正因为这样，经典博弈论（主要是所谓的"非合作博弈"）可以区分为完全信息静态博弈、完全信息动态博弈、非完全信息静态博弈、非完全信息动态博弈等类型。经典博弈论依然保持着作为数理模型的博弈论解析求解的特性，这就有了各种各样的博弈论的均衡版本，与上面的类型对应，分别为纳什均衡、子博弈精炼纳什均衡、贝叶斯纳什均衡、精炼贝叶斯均衡（弗登博格、梯若尔，2002；张维迎，1996）。显然，如果给定的条件不一样，那么均衡点也会不一样，而博弈论也相应地归纳了一些求均衡解的方法，包括剔除严格劣战略、逆向归纳法等。

经典博弈论的核心形式是数学模型，所以就其纯粹形式而言，经典博弈论是价值无涉的。博弈论在经济学中的应用设想是：行为者的效用能够用一定的函数形式来表达，受到他人行为影响的理性行动者在弈局的约束条件下单方面最大化他们自身的效用。所以基本上可以说，在经典博弈论中，研究者对博弈参与人如果有某种倾向性往往通过条件（比如效用函数形式）设定隐约地加入。

博弈论作为一种工具的最为主导的含义就是在给定这些条件的基础之上求均衡解。纳什均衡被看作博弈论中最为核心的概念，它是博弈参与人的策略组合，在该组合形成的局势（博弈结果）中博弈参与人的任何一方都没有单方面改变自己策略的动力。

博弈论强调求均衡解，因为均衡意味着在给定的预设条件下，行为者的行为是稳定在一个特定的状态之中的，所以均衡解在本质上是对博弈结果的一致性预测。因此，博弈论常常被用来预测（解释）一些以单个行为者为分析对象所难以预测（解释）的社会现象。也就是说，经典博弈论（特别是其中的非合作博弈）常常用来预测（解释）理性的行为者在缺乏（不能或不愿）有效沟通的情况下，如何通过各自的策略性选择形成一个大家都不愿意看到的结果。

博弈论与现实生活之间较好的亲和性，有利于提供独到的不同于传统理论的视角，让人们看到现实生活困局中的一些内在原因。所以，作为一种"干净"的理论模型，博弈论及其涉及的均衡也常常被用来构筑现实生活的参考框架，以便提出问题并解决问题，特别是进行制度设计。

博弈论目前在社会科学领域中正被广泛地应用，不同的应用表明了不同的现实关怀。概而言之，博弈论特别关注信息、知识、制度等对人类生活的重要性，并尝试解释一些制度或共同知识的形成，以及建立较好的机制来解决一系列人类社会生活的困境，包括社会秩序问题。

2. 作为社会秩序探讨的一个理论平台

博弈论的均衡概念及其在社会科学中的运用不仅意味着对社会现状的描述与解释，而且直指社会科学的核心关怀：社会秩序问题。这就不免使众多的社会科学家对博弈论的均衡问题（或类似问题）孜孜以求。不过毋庸置疑的是，经典博弈论的均衡概念与社会秩序之间仍然存在不小的距离。

18～19世纪"两次伟大的革命"期间，社会学奠基人直面"社会秩序何以可能"这样的元问题，形成了一系列经典理论，其对秩序的探讨启迪颇多。

马克思的政治经济学分析（马克思、恩格斯，1973）用一种经济规律来表明社会秩序的问题——生产方式必须与生产关系和交换关系相适应的问题。亚当·斯密（1994）关于"看不见的手"的论断，就是揭示个人追求利益最大化的自利行动，完全可能增进社会的公共利益。涂尔干（2000）认为，要解决社会秩序的问题就必须回答是什么样的联系使人们整合成社会的，他研究的起点是要考察个人人格与社会团结的关系问题。马克斯·韦伯（1987）强调现代社会的标志是出现在从政治到宗教再到经济行为等越来越多的生活领域的合理化（这也就是一种新秩序的建立过程）——虽然他对这样的合理化不持乐观的态度。

在经济学领域，随着边际革命和经济学模型化的推进，由秩序问题简化而来的市场机制，被新古典经济学进一步简化成了均衡价格的达成问题，这事实上将许多现实性的秩序考虑排除掉了。不过，新制度经济学家通过对交易费用的考察，越来越多地看到了制度是如何在经济生活中发挥作用的。比如道格拉斯·C.诺思（1994b）除了强调正式制度，也像社会学家那样，强调非正式制度的作用，甚至还将意识形态作为社会秩序的补偿机制放在他的分析之中。公共选择学派则试图将分析深入政治领域的决策行为之中，来揭示社会秩序问题。

经典理论表明社会秩序问题的解答是一个复杂的理论体系。不过，笔者以为博弈论及其在社会科学中的运用所形成的框架是分析社会秩序问题的一个不容忽视的起点和平台。这是因为社会秩序问题的探讨最终需要落实到人与人的关系问题上；即便是强调生产关系与生产方式的矛盾、看不见的手、社会团结、理性化、价格均衡、制度问题、公共选择等，也需要将其纳入博弈论的框架中，才能让社会秩序问题的探讨变得更加有效。随着社会和学术的发展，对社会秩序问题的探讨必然越来越专业化，也就是说，一方面越来越抓住一个个具体环节问题来展开分析，另一方面在方法上也需要越来越精良。包含一定数理逻辑优势的博弈论便是该探讨不可或缺的一个重要工具和组成部分。

秩序问题最直接和最关键的是要了解人与人之间的互动，这种互动所投向的各种不同领域和趋向的不同结果，以及它们之间的关系。这自然要求我们利用一定的工具将社会秩序机制问题分解，而博弈论也恰恰能够满足这一要求。何况，在新的历史时期，博弈论自身的发展及其在一系列社会科学领域中的实践，更使从这一理论路径解答该问题的前景异常光明。

二　博弈论困境的已有解决路径

在过去的 50 多年里，博弈论逐渐成为经济学的一种标准语言。序数论革命之后，当今微观经济学的前提假设已经越来越建立在行为人禀赋的一组最基本的、容易做真实性检验的假定之上，越来越脱离微分最大化的传统，这与博弈论带来的影响不无关系（马斯－科莱尔、温斯顿、格林，2001）。

不过，博弈论方法和理论模式在与社会科学融合的过程中，仍然存在一定的困境：均衡的存在性和唯一均衡的确定难题，以及在通过数理化的方式解决该难题时所带来的过度形式化及其与社会现实脱节的问题。

为了让博弈论摆脱其在社会科学运用中可能会出现的此类困境，一些社会科学研究者从不同的角度做出了尝试，带来了博弈论发展的一些不同于经典博弈论的趋势。

1. 均衡的理解及其修正

博弈论要想实现对社会现实的良好解释乃至预测，就需要解决博弈论中的均衡唯一性和均衡存在性问题。对均衡唯一性及均衡存在性的追求也透露了理论研究者对纯策略均衡的偏好，以及对混合策略均衡，乃至纳什均衡本身的不同理解。

既有纯策略均衡，又有混合策略均衡的一个著名博弈例子是"性别战"。这是一男一女试图决定安排一个晚上的娱乐内容，两个参与人希望在一起，但他们在去听歌剧和看职业拳击赛上意见不一：男的喜欢拳击，女的喜欢歌剧。在两人一起娱乐的情况下，参与人能够看到他或她喜欢的节目得到效用为 2，如果去看另一方喜欢的节目则得到效用为 1；而如果两个人不能达成一致从而留在家里或单独去看就得到效用 0。表 1 给出了他们的博弈格局（收益栏中前一数值为女参与人的收益，后一数值为男参与人的收益）。

表 1　性别战博弈

男 女	歌剧	拳击
歌剧	2, 1	0, 0
拳击	0, 0	1, 2

在这里博弈具有三种均衡。两种是纯策略的，分别具有收益（2，1）和（1，2）；还有一种是混合的：男参与人以概率 2/3 选择拳击（而以概率 1/3 选择歌剧），女参与人以概率 2/3 选择歌剧（而以概率 1/3 选择拳击）。

在高度数学化了的经典博弈论中，哪一种纯策略均衡被选择"有赖于存在某种机制或过程导致所有参与人均预期到同样的均衡"（弗登博格、梯若尔，2002：15）。相对于对这里的"某种机制或过程"的探求而言，经典博弈论者更感兴趣的是如何看待混合均衡。其理解有多种，一种是认为混合策略表示有大量参与人在使用不同纯策略时会呈现一定的比例。海撒尼（Harsanyi）提出了另一种理解，"完全信息博弈的混合策略均衡可以解释为不完全信息'微扰动博弈'纯策略均衡的极限"（弗登博格、梯若尔，2002：200）。具体地说，在性别战的这个例子中，由于

"混合"可以解释为参与人收益上微小的不可观测变动的结果，所以，参与人可能有时更偏好于在看拳击项目上度过夜晚，有时又相反。

在解决均衡存在性的问题上，保罗·魏里希尝试提出一种新的均衡概念——策略型均衡来替代纳什均衡，并且试图表明"满足并不严格的特定约束的任何理想标准型博弈均存在策略型均衡"（魏里希，2000：1）。在魏里希那里，纳什均衡所谓"没有单方面改变行动的动机"原则被概念化为"动机防止性"原则，而动机防止性原则在魏里希看来并不是作为纳什均衡之基础的理性决策的必要条件，因为某些选项并不满足动机防止性原则，参与人也不会为了眼前的利益而去做无益的追求，从而陷入死循环。在否定了动机防止性原则之后，魏里希代之以自我支持原则——应避免特定类型的自我击败和达成特定类型的自我支持，也就是说，"应选中你完全缩减动机结构中没有开始终止动机路径的选择"（魏里希，2000：123）。"完全缩减动机结构"指的是，"首先消去行为人只要有机会就会理性追求动机时也不会追求的动机，而后消去行为人如果理性放弃某些动机的追求时不会追求的动机"（魏里希，2000：121）所剩下的那部分动机结构。魏里希所谓某些动机的追求是无益的，以及选择完全缩减动机结构中"没有开始终止动机路径的选择"等说法，事实上暗示着行为人在收益问题上有长远预期，并且具有了反思性。

魏里希这一理论尝试的主要意图是解决某些理想博弈没有解（没有纯策略纳什均衡，甚至是没有混合策略纳什均衡——在随机化不可用或者行为人具有预知能力的情况下）的问题。事实上其所提供的更弱的均衡概念的确解决了均衡存在性问题，当然它不仅对均衡唯一性问题无能为力①，而且可能使该问题更为严重。

2. 聚点理论和演化博弈

与魏里希修改理性假设、放宽自我支持概念、论证均衡存在性不同，博弈论中的聚点理论和演化博弈模型更多地关注均衡的实现过程中所可能带入的知识和文化因素，通过明确这些因素，增强均衡的确定性乃至唯一性。这使在探讨均衡实现问题中，原来被假设掉的博弈参与人的社会背景和特定知识，被带回到了问题分析的中心。

---

① 魏里希更多地将这一问题归结为均衡的实现问题，他提议将均衡存在性问题和均衡实现问题区分开来。并且指出，要解决后一问题，需要对理性和理想博弈行为人的知识进行更宽泛的了解（魏里希，2000：7）。

谢林（2006）关于"聚点"的理论认为，在一些"现实生活"局势中，参与人可能能够使用标准式博弈表述省略掉的信息以在特定均衡上协同。比如，假设隔离的两个参与人被同时通知，要求某一天在纽约某个地方会面，却不给定确切的会面时间和具体地点，如此，"中午 12 点"就是聚点，"下午 1 点 43 分"就不是；"纽约中央火车站"往往被选择，而"某某街 69 号"则不会被留意。由于这种策略均衡的"聚点性"取决于参与人的文化和以往经验，经典博弈论常常略去这些考虑，而演化博弈论则专注于此（弗登博格、梯若尔，2002：17）。

除了向博弈论中引入参与人的文化和以往经验之外，谢林还在一定程度上意识到了非合作博弈中的合作性问题。谢林对博弈进行了类型学上的划分：零和博弈和非零和博弈。谢林关注"冲突与共同利益并存的行为战略（非零和博弈）研究"，认为在这里互动是其逻辑结构不可或缺的一部分，并且要求双方某种程度上的合作和互谅。而这种非零和博弈又包含混合博弈和完全合作博弈。混合博弈等同于经典博弈论框架中的非合作博弈，就是在此类博弈中，谢林明确指出非合作博弈中往往存在合作基础。

谢林并不特别迷信数理结果，他对纳什等人的一段评论非常精彩："纳什等人的结论只是来自他们的经验释义。与美学属性、历史属性、司法和道德属性、文化属性以及其他属性一样，博弈的数学属性有助于某些博弈选手预期判断某些结果。如果选手双方本身就是数学博弈的理论家，他们可能都会认识到这一点，并受到具有数学属性的潜在解决方案的影响。双方都会努力排除偶然因素的干扰，并明白对方也会这么做；而其他非数学家的博弈选手往往过分地关注这些影响双方预期判断和结果的偶然因素。"（谢林，2006：97）

3. 实验法路径

谢林的名著《冲突的战略》事实上开创了用实验法来研究博弈论的先河。实验法如今越来越成为博弈论研究中被寄予厚望的方法论路径。正如肯·宾默尔在为《纳什博弈论论文集》一书所写的序言中所说的那样："该书（指摩根斯坦和冯·诺伊曼的《博弈论与经济行为》一书）出版于 1944 年，并且在当时引起了强烈的反响，使人们对通过博弈理论把经济学变成像物理学一样可预测的科学寄予很大的希望。现在看来，这种希望显然是天真的，就像在 70 年代，当隐含在纳什发现中的东西首次被充分发掘而引发博弈论的复兴时，人们对之寄予了同样的希望一样。现在人们不再期望博弈论会使经济学在一夜之间发生根本的变化。但是随着我们殚精竭虑地逐渐学会把博弈论的预测结果与从心理学实验中得出的互动学识的数据联系起来，任何理论家都不会怀疑博弈论最终将会取得这一成就。"（纳什，2000：2）

博弈论的实验法路径可能带来与数理博弈论路径不同的结果和理论取向。

博弈论的实验法路径带入了更多值得研究者考虑的因素，比如双方之间的社会认知和互动程度。谢林对此颇有体会，对于博弈论的发展方向他总结道："结论之一，结果导向的数学结构分析方法不应成为博弈论的主导研究方法。结论之二，研究过程中，我们不应当将问题过于抽象化。如果我们改变博弈场景具体变量的数量，那么，我们有可能改变了博弈的特性。因为其中有些变量可能具有重要价值，如博弈双方对彼此价值观的无知等。在一般情况下，这些具体语境中的变量能够引导博弈双方实现明确结果，至少是双赢的结果……结论之三，当沟通方式具有某种优势，博弈双方对彼此价值观或战略选择缺乏了解，特别是博弈结果依赖于博弈双方的一系列行为和举动时，经验因素往往成为混合博弈研究的关键因素，也是最适应的方法。"（谢林，2006：135）这样一来，有关经典博弈论路径和博弈论的实验法路径之间的差异就变得一目了然，"尽管完全标准的沟通理论可能推导出理性选手应该得到的最低的有效沟通标准，但是双方选手能否得到更好则是经验问题。双方如何理解暗示和什么样的暗示容易被理解完全是社会认知问题，或许必须经过实验研究"（谢林，2006：137）。

在行为经济学的影响之下，科林·凯莫勒（Colin F. Camerer）将实验法路径的博弈论归结为行为博弈论。凯莫勒（2006）认为，经典博弈论过于数学化，限制了其在经济学领域之外的传播，而且失于对人们在实际博弈中如何行动的细致观测。而行为博弈论则通过加入情绪、错误、有限预见力、对他人聪明度的质疑以及学习来扩充经典博弈论的理论。具体地说，在笔者看来，行为博弈论在将博弈论和心理实验结合的方面大概做了三个层面的工作：第一，以经典博弈论框架为基础，设计实验；第二，用相对社会生活更具控制性的实验事实来印证或反驳经典博弈论中的数理结论；第三，在对大量实验结果进行统计描述、比较和分析的基础之上，凸显其中存在的社会和心理因素。①

三 社会学的博弈论三部曲

无论是海撒尼着眼于"微扰动博弈"针对混合均衡策略的解释，魏里希诉诸内针对博弈论均衡存在性的追踪，谢林等人诉诸外针对博弈论均衡实现问题的求索，还是博弈论的实验法路径对社会和心理因素的分析，都直接或间接地在博弈论的框架中引入了一些新的、经典博弈论没有足够重视的社会性因素。这些思想成果对于博弈论在社会科学中的发展方向无疑具有重要启发。

要想让博弈论在社会分析中扮演更为重要的角色，摆脱前文所述的困境，我们需要沿着这种发展方向对博弈论进行适当的改造和改善。这一方面需要将社会因素系统性地引入博弈论的框架之中，另一方面需要将博弈模型妥善地放置于社会系统分析框架之中形成融合。这样改造和改善所得的博弈论，可以称为社会学的博弈论或者社会博弈论。根据笔者所做的一些工作，社会学的博弈论有三部曲：结构博弈（王水雄，2003）、镶嵌式博弈（王水雄，2009）和博弈 – 结构功能主义。它们肇始于对经典博弈论前提预设的现实批判。

1. 经典博弈论的前提预设问题

经典博弈论的最初形态基本上是数学逻辑，当它仅仅作为一种数学逻辑时，可以说基本不存在什么前提预设的问题。不过，它在经济学和

---

① 基于最后通牒博弈进行的一项实验能够较好地说明这一博弈论的理论路径。这个博弈的大概意思是：实验者拿出 10 美元，让其中一个被试（设为 A）分配一定的数额给另一个被试（设为 B）。如果 B 接受了，那么 B 得到 A 所分配的金额，而 A 得到自己留下的那部分金额。如果 B 不接受，则 10 美元被实验者收回，A 和 B 什么也得不到。通常人们给出的比例平均数在 30% ~ 40% 的水平。有趣的是 Schweitzer 和 Solnik 的实验。他们让 70 个迈阿密大学的学生先做出最后通牒出价并设定最小可接受出价，然后把他们中最具吸引力的 10% 和最不具吸引力的 10% 的照片展示给另一组实验对象，并让该组内的人与他们所看到的照片上的学生进行最后通牒博弈（给出自己给予对方的出价，以及考虑是否接受对方的出价）。令人吃惊的结果在于，男性对吸引力较强的女性并未表现出特别的慷慨，而女性对更具吸引力的男性要比对不具吸引力的男性多支付一些。实际结果是，女性对漂亮男性的平均出价是 5.07 美元，这是西方世界的相关实验中所发现的唯一的一次其平均出价居然超过了总金额的一半！之所以会产生这样超出公平（一人一半）的结果，是因为极少的女性对漂亮男性给出了低于一半的出价，而有 5% 的女性甚至给出了几乎全部的金额（8 ~ 10 美元）。

其他社会科学中的广泛应用表明它越来越多地用来指导社会生活，于是融入了实质生活内容的经典博弈论也就带入了一系列前提预设，这些预设是经典博弈论进行理论建构的重要基础，但往往缺乏社会现实基础。

概括而言，经典博弈论大概主要包含以下前提预设。

第一，经典博弈论基本上将博弈参与人看作平等的。即便是博弈参与人之间存在一定的不平等的结构性关系，这种关系也被视为是外在给定的。或者是在效用函数中通过数值，或者是在博弈的步骤中（谁先行动）展现出来，而并不试图去较多地关注和内生博弈参与人的结构性关系，以及强调这些关系的社会属性。

第二，博弈参与人的效用及效用函数往往先在地给定，并且遵循冯·诺伊曼－摩根斯坦期望效用函数的逻辑。冯·诺伊曼－摩根斯坦期望效用函数指的是，如果我们可以赋予 N 个结果一组数值（u_1，$\cdots$，u_N），使每一个概率组合 $L = $（$p_1$，$\cdots$，$p_N$）（其中 $p_N \geq 0$，代表结果 N 出现的概率；$\sum_1^N p_N = 1$），都有 U（L）$= u_1 p_1 + \cdots + u_N p_N$。与效用函数的先在给定和预设相对应，经典博弈论预设博弈参与人有着周全的注意力，能在博弈的最初阶段就预判和关注到博弈进行中才会涌现的现象及相关的影响。

第三，经典博弈论通常将博弈分析抽离于社会系统背景之外，在较大程度上忽略了时间、空间、博弈的社会内容和交易成本等问题。虽然一些经典博弈论强调博弈参与人行动的先后对于博弈的结果有着相当重要的影响，但是它们在一定程度上忽略了对时间争夺技巧的探讨，顺带着，经典博弈论框架中对于空间、权力、合法性等的争夺技巧问题也忽略了。虽然一些博弈模型可以用来诠释交易成本的内生问题，但是它基本假设决策可以在瞬间达成、毫无枝蔓，而即便某些决策是有成本的，也多是通过修改相应决策实施者的收益值来实现模型建构的，决策成本的特殊性、不确定性甚至它的不可知性以及决策过程中存在的谈判、威胁、承诺等问题被忽略。

2. 结构博弈理论

正如谢林所说的那样："与博弈论研究通常使用的对称性等方法不同的是，人为地将非对称性、先例、行为次序、非完全沟通结果以及各种隐含因素引入博弈论将有助于博弈理论的发展。"（谢林，2006：142）结构博弈理论建立在对上文经典博弈论第一个前提预设突破的基础上，所做的工作正是要将非对称性的社会结构因素引入博弈论，推进博弈理论的发展。

　　社会是一个不断结构和再结构的过程，制度安排作为人们共同接受的制约彼此互动行为的规范，其变革是在特定的结构背景下进行的。这个过程中起决定性作用的是人们的博弈活动。人们在现实社会的博弈是在特定的、充满社会各层面因素的结构背景下进行的，同时累积下来的固化的博弈模式又影响后续的博弈活动。这里所说的结构背景往往具有非对称性的特点。

　　结构博弈理论预设在社会系统中的博弈参与人之间存在非对称性和不平等性，这一点是与互动双方之间的博弈地位直接相关的。博弈地位（博弈参与人之间的相对地位）可以通过博弈参与人除"服从对方"之外的几个行为维度的能力（博弈地位维度）来度量。首先，武力或强力对比：越是强有力的人，强力越稳定，其博弈地位也就越高。这一点也是决定博弈地位之高低所最终可能追究到的。其次，参与人所需要之服务的可替代性选择的范围：越是有许多可替代的服务摆在参与人面前能够取代他所要的对方的服务，该参与人的博弈地位也就越高。简而言之，参与人博弈对象的选择范围越大，其博弈地位越高。再次，对能够建立起平等性交换的资源的占有：占有量越大，博弈地位也就越高。最后，硬撑着不与对方交往维持生存的资源量：资源量越大，其博弈地位就越高。

　　虽然博弈地位是影响博弈结果的重要因素，但并不是唯一的因素，也可能并非在博弈中会直接触及的因素。事实上，博弈地位维度的切实运作（比如口头表达、实际展现、时空操控之类），以及结构运作对博弈结果的影响也是十分重大的。结构运作（structure-operating），指的是行为者通过各种方式引入某种结构（人与人之间的关联模式），以标定自身与行为对象在其中的相对位置的活动。结构运作主要表现为肢体语言的暗示、特定社会空间的导入和直接的话语表达。结构运作可以将与之相应的行为规范和制度引入博弈活动中来，从而对对方（其实也可能会对自己）的行为产生框定作用，减少相关的不确定性。现实的博弈活动中存在大量通过结构运作争抢对己有利的规则的行为，以及努力从对方运作的结构中挣扎和摆脱出来的行为。一种结构的运作一旦生效，就是说被参与人一致认同或者暂时认同，这就为后续活动明确了规则，人们就会在其中展开权利占有或划分活动，并确定不同的收益，这才算是切切实实地进行了经济学所谓的博弈活动。

结构博弈运用于人们的社会资源或权利争夺与占有活动之中，可能改变人们的资源占有状况和社会地位。其逻辑可以这样表述：由于两个人之间存在各种可能的关联模式或结构，它们可能是不同构的，即 A 结构可能对甲有利，B 结构则可能对乙有利。由于结构运作可以限定对方行为的选择范围，所以甲、乙就可能运作不同的结构。某种结构一旦生效，或者说达成了结构博弈的均衡，向上可以获得更好的博弈地位，向下则可以获得更多的占有物。

3. 镶嵌式博弈

镶嵌式博弈尝试在博弈论的表述形式上有所突破，其所针对的是前文所述经典博弈论的第二个前提预设。

经典博弈论预设博弈中参与人拥有比现实场景中更多的共同知识和周全的注意力，有着与博弈理论研究者相同的对问题的思考。问题是这种假设是不现实的。所以根据经典博弈论研究者的标准，参与人会在博弈中常态性地"出错"，一旦"出错"该怎么办？有两种方案：一种是经典博弈论的——这是一种规范性解答，它告诉参与人如果（再次）碰到这种情况该怎么办（它潜在地假设这样的博弈是可以多次重复的）；另一种是镶嵌式博弈的——这是一种实质性解答，它是睁开眼睛去看参与人随后究竟做了些什么。后一种解答显然更具现实意义，因为现实生活不同于经典博弈模型：如果不考虑行为者生命的结束和被结束，在现实生活中，时间是绵延的，似乎没有起点，也没有终点。正是因为这样，博弈模型所指向的事件就不是孤立的、断裂的，而是延续的、有前因后果的，是一环扣一环镶嵌在一起的。

动态地看，镶嵌式博弈指出：依据经典博弈论的标准，现实的博弈"出错"是一个常态，如果经典博弈论框架中的活动不能达成均衡，或参与人所想要的结果，或者有意无意地破坏了作为其基础的合作，参与人或部分参与人原来没有留意（而经典博弈论者也没有将其模型化）的效用产品就会凸显出来，经过这些参与人的持续努力，原博弈框架也就可能被重置、抛弃，或者被突破，而纳入另一层次的博弈框架中。

镶嵌式博弈的前提假设比经典博弈论更为现实。它关于博弈参与人的假设是有限理性的。这意味着博弈参与人的策略集合在镶嵌式博弈模型中并不是一次给定的，而是有一个不断发现和改善的过程，而参与人的效用空间也有一个不断改变和修正的过程，其注意力可能会不断转换。

同时，镶嵌式博弈还认为，博弈是在现实的时空条件之下进行的。这就意味着，博弈论需要切实地考虑参与人的效用产品多样性问题、相对地位问题、"事后诸葛亮"问题以及参照群体问题，等等。

就现实的互动和博弈而言，镶嵌式是常态的，具有普遍性。而博弈论要在社会科学的分析中发挥更大的作用，镶嵌式作为一种表述形式是必要的。不过镶嵌式博弈所连接的博弈就不再仅仅是一种理想化（收益对应动机）的标准博弈，这是因为这种博弈观实际隐含地假定了：在任何一个标准博弈框架中参与人除了拥有常规策略之外，还拥有许多可能是暂时未知的可以具体改变博弈框架的行动。这意味着博弈过程中收益（效用）平衡会衍生和指导动机，参与人将有限理性地采取自我支持的方式来推动博弈结果的实现。也就是说，参与人在得到某一特定的结果之后，如果对这一结果并不满意，那么他就常常会在这样的结局下，寻找新的效用产品向量或者效用产品新的排序——对应于社会实践，也就是寻找新的改变这种状况的体系（比如宗教体系）空间（该空间可能是虚拟的），并将整个博弈纳入其中，以获取收益（效用）平衡。这种行为对应的心理活动类似于心理学常说的心理调适理论。

静态地看，镶嵌式博弈意味着：任何一个（可以被经典博弈论模型化为）非合作的标准博弈都是镶嵌在一系列合作（可能是合作博弈）的基础之上的。博弈的顺利进行必然意味着这一系列合作的实现；相反，要想让博弈顺利进行，必须时时提醒人们正在进行的、作为基础的一系列合作。

4. 博弈-结构功能主义

结构博弈更多的是将社会因素纳入博弈论框架；镶嵌式博弈更多的是尝试放宽博弈论的表述方式以更好地容纳和形式化地处理不确定性因素；而博弈-结构功能主义则更多的是突破经典博弈论的第三个前提预设，将博弈论（包括结构博弈和镶嵌式博弈）纳入社会系统中，在现实的基础上改造博弈论，展开社会分析，探讨社会秩序问题。

博弈-结构功能主义模型认为，帕森斯、斯梅尔瑟（1989）所强调的社会系统各子系统交换媒介本身是稀缺的，可能成为各个层面参与人争夺的目标和对象。这意味着社会博弈至少可以划分为货币、权力、影响、价值或者承诺四个层面的博弈活动，加上最为基本的围绕物资展开的博弈，我们可以在社会系统得出五个层面的博弈。这些不同层面的博弈之间的关系是复杂的，镶嵌至少是其中的一种（这样构筑的一种可能的逻辑链条和博弈模型如图1所示），并且在各个博弈层面（注意它们是结构博弈，在此参与人的地位未必平等）都存在其他变数的可能性。而博弈在均衡路径中的展开，或者说不同博弈层面的彼此镶嵌和跃迁，本身意味着社会秩序的维持过程。

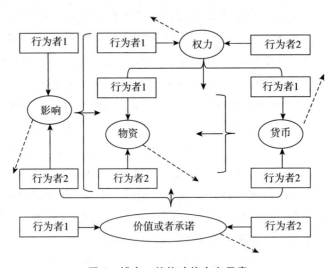

图1 博弈－结构功能主义示意

对于图1构筑的博弈－结构功能主义框架中所包含的逻辑关系的阐释，我们可以从中心位置的物资开始看起，围绕物资，图1中列示了两类行为者——行为者1，行为者2（注意图1中行为者1和行为者2在不同的博弈层次中出现，但这并不意味着在不同层次中他们都必然是同样的个体），由他们出发的箭头都指向物资，其意为他们为争夺物资的权益而展开博弈活动。其右侧的"|"表示的是如果无法就物资分割达成共识，博弈可能行进的一种方向是：通过引入货币来解决物资博弈的困局。

诉诸货币解决物资博弈困局主要有三种可能的路径：第一，基于货币的一般化和数量化能力，对物资权益难以分割从而难以解决其归属的部分进行折算，由权益获取方向丧失方提供货币补偿；第二，基于货币在行为者中的分布构筑的结构，判定物资权益的归属，这可能带来马太效应；第三，基于货币的流通性和国际货币兑换中汇率的不确定性等资本运作，获取货币的好处，而让渡部分物资权益，从而使货币好处与物资权益之间形成一定的交换。第一种货币解决的路径，比如两人争夺一台电脑，委决不下，可能会由电脑归属方给另一人提供一定的货币补偿，以让其放弃相关权利。第二种货币解决的路径，比如对于一块土地的权属争夺，财大气粗、拥有较多货币的一方可能最终胜出。第三种货币解决的路径，比如在国际贸易中，中国购买日本的织布机，约定以日元结算，这本身对日方来说就是有利的；如果日元有相对人民币升值的趋势，则对日方来说就有早点达成交易协议的动力，因为过一段时间，中方会觉得按照人民币来计算，织布机变得更贵了；为了早些用日元结算达成交易协议，日方甚至愿意让渡一些物资的权益空间。

由物资争夺出发伸向右下方的虚线箭头，表示的是物资博弈除了内在均衡及外在引入货币解决方案之外的其他变数：第一，双方博弈中断，或退出博弈，不再往来，博弈争夺的物资权益或灭失或谁也没有得到；第二，一方对另一方的完全征服、全面兼并，甚至是肉体消灭，物资权益或灭失，或被征服者获得。

由于货币权益的稀缺性，围绕货币权益仍然会有争夺，由此展开的博弈与物资博弈类似，虽然有内在均衡的结果，但也有委决不下之时。这就需要进入权力体系的层面，通过诉诸权力来解决问题。"权力决定产权"的逻辑在此会展现出来，这里所谓的"产权"既涉及物资权益也涉及货币权益。

诉诸权力来解决物资博弈和货币博弈困局也有三种与上文类似的可能路径。以此类推，同样的博弈逻辑也会围绕权力展开。如果内在均衡难以达成，一种可能就是摄入影响体系的内容进行评判。诉诸影响来解决物资博弈、货币博弈特别是权力博弈的困局也有三种可能的路径。再以此类推，同样的博弈逻辑也会围绕影响展开。如果内在均衡难以达成，一种可能就是摄入价值或者承诺体系的内容进行评判。诉诸价值或者承诺来解决物资博弈、货币博弈、权力博弈特别是影响博弈的困局也有三种可能的路径。最后是围绕价值或者承诺展开的博弈活动，由于价值或者承诺具有终极性，在这一体系中的博弈活动如果委决不下难以达成内在均衡，则可能直接进入其他变数的逻辑。

博弈－结构功能主义模型表明，博弈是具有层级性的，这种层级性的生成与人们特别是既得利益者试图维护其既得利益而有意识地建构的社会保护膜不无关系。为了维护物资体系，需要建构货币体系；为了维护货币体系，需要建构权力体系；为了维护权力体系，需要建构影响体系；为了维护影响体系，需要建构价值体系。相应地，价值体系为影响体系提供了支撑，影响体系为权力体系提供了支撑，权力体系为货币体系提供了支撑，货币体系为物资体系提供了支撑。当然，在特定的历史时期，某一体系的作用会特别突出地展现出来。比如战争年代，如果没有基本的物资体系作为保障，那么有再好的价值体系也是白搭，因为可能会被对方从肉体上消灭。

博弈除了具有层级性之外，还存在一个体系向另一个体系跃迁的问题，当然，这种跨越在现实中并不一定按照物资博弈、货币博弈、权力博弈、影响博弈、价值博弈的顺序依次进行。现实生活中的博弈活动完全有可能从物资层面的博弈直接跃迁到价值层面的博弈，也可能直接从权力博弈开始，向下跨入货币博弈、物资博弈的层面，向上跃迁至影响博弈和价值博弈层面。

值得注意的是，博弈越是进入围绕价值或者承诺展开的层面，其他变数发生的可能性也就越大。正是因为这个缘故，在冲突的问题上，如果冲突的层面已经步入价值层面，那么其对社会体系的冲击力更大、范围更广。

四　小结：社会博弈论的发展方法

对经典博弈论的前提预设站在现实的立场进行批判和修正，是社会博弈论能够保证理论发展的正确方向的一个必备条件。从结构博弈、镶嵌式博弈到博弈-结构功能主义无疑都是这样做的。

社会博弈论比较强调模型加个案推进理论发展的研究方法。这一研究方法与行为博弈的实验法颇为相似，但是其取材所在不是实验室，而是社会生活中活生生的事实，特别是一些类似于纠纷的事件。

社会博弈论在实施模型加个案的研究方法时，大致要进行这样一些工作：第一，从外部观照和考察一个社会事件，了解该事件的大致脉络（时间、地点、人物、情节等）；第二，将该事件特别是就其一个环节能够模型化的部分用博弈论工具模型化，即归纳其相关的参与人、收益、策略、信息、行动步骤、均衡路径等；第三，看特定假设条件下数理博弈模型中的均衡路径是否与现实中的均衡路径（或者均衡实现过程）相合；第四，基于进一步的个案调查，分析镶嵌于经典博弈模型中的社会因素，看这些因素如何导致经典博弈模型中均衡的固化或脱离原有轨迹；第五，基于进一步的个案调查，分析未被纳入经典博弈模型中的因素，以及后续的均衡路径。

参考文献

埃米尔·涂尔干，2000，《社会分工论》，渠东译，生活·读书·新知三联书店。

艾里克·拉斯缪森，2003，《博弈与信息——博弈论概论》，北京大学出版社、生活·读书·新知三联书店。

安德鲁·马斯-科莱尔、迈克尔·D. 温斯顿、杰里·R. 格林，2001，《微观经济学》，刘文忻、李绍荣译，中国社会科学出版社。

保罗·魏里希，2000，《均衡与理性》，黄涛译，经济科学出版社。

道格拉斯·C. 诺思，1994a，《经济史中的结构与变迁》，陈郁、罗华平等译，上海三联书店、上海人民出版社。

道格拉斯·C. 诺思，1994b，《制度、制度变迁与经济绩效》，刘守英译，上海三联书店。

科林·凯莫勒，2006，《行为博弈——对策略互动的实验研究》，贺京同等译，中国人民大学出版社。

马克思、恩格斯，1973，《马克思恩格斯选集》（第2卷），人民出版社。

马克斯·韦伯，1987，《新教伦理与资本主义精神》，于晓、陈维刚等译，生活·读书·新知三联书店。

塔尔科特·帕森斯、尼尔·斯梅尔瑟，1989，《经济与社会——对经济与社会的理论统一的研究》，刘进等译，华夏出版社。

泰勒尔，1997，《产业组织理论》，马捷等译，中国人民大学出版社。

托马斯·谢林，2006，《冲突的战略》，赵华等译，华夏出版社。

王水雄，2003，《结构博弈——互联网导致社会扁平化的剖析》，华夏出版社。

王水雄，2009，《镶嵌式博弈：对转型社会市场秩序的剖析》，上海人民出版社。

亚当·斯密，1994，《国民财富的性质和原因的研究》，郭大力、王亚南译，商务印书馆。

约翰·纳什，2000，《纳什博弈论论文集》，张良桥、王晓刚译，首都经济贸易大学出版社。

张维迎，1996，《博弈论与信息经济学》，上海人民出版社。

朱·弗登博格、让·梯若尔，2002，《博弈论》，黄涛等译，中国人民大学出版社。

第二部分

经验与理论研究的对话

家庭经营的成本核算与经营决策[*]

——以白洋淀塑料加工户为例

刘玉照[**]

一 问题的提出

在关于家庭经营的研究当中，有两个最经典的理论模型，一个是恰亚诺夫的"家庭农场模型"，另一个是贝克尔的"家庭生产函数"。

恰亚诺夫的"家庭农场模型"主要包括两个方面，一个是边际主义的劳动－消费均衡论，另一个是家庭生命周期理论。在这个模型里面，家庭农场是一个利用家庭劳动从事农业生产的经营组织，在这个组织当中，劳动力是最具有决定性的生产要素，生产经营的均衡取决于边际劳动耗费的辛苦与对劳动所得价值总量的边际效用的主观评价相等（恰亚诺夫，1996）。恰亚诺夫的"家庭农场模型"成立需要具备四个条件：第一，没有劳动力市场；第二，存在产品市场，农场的产出既可以用于家庭消费也可以在市场销售，具有市场价格；第三，土地是可以自由获得的；第四，在一个社区当中，每个人、每个家庭都有一个最低的消费水平（Ellis，1988：107）。

* 本文是刘世定教授主持的"中国乡村组织与制度变迁研究"课题成果之一，是在笔者的博士论文《乡村工业组织与成本核算的社会条件》第一章的基础上修改完成的，中国农业大学教授赵旭东与笔者一起进行了绝大部分田野调查，淀村的赵文祥主任为本文的调查研究提供了很大的帮助，在此表示感谢。本文的修改和补充调查得到了上海高校社会学E－研究院（上海大学）建设计划项目、国家社会科学基金青年课题（06CSH005）的资助。

** 刘玉照，上海大学社会学院教授。

贝克尔的"家庭生产函数"是一个利用商品与时间来进行生产的组织,它使用购入的物品和自有的劳动,加上家庭的其他资源,生产具有直接消费效用的产品(Becker, 1965)。他把消费看作利用商品和时间生产能够直接带来效用的"商品"的过程。在他的模型中,引入了竞争性的劳动力市场,虽然家庭生产的这些商品没有市场价格,但是有等于生产成本的影子价格。"如果把商品效用函数最大化纳入这个完全收入约束中,那么,一组均衡条件就会使不同商品的边际效用率等于其影子价格的比率。"(贝克尔, 1998: 26)

根据西德尔的研究,家庭的社会形态演变的背景就是"基于家庭经济的社会是如何变成家庭不复构成劳动力组织基础的工业社会"(西德尔, 1996: 1)。在这一过程当中,家庭的社会形态由农民家庭过渡为产业雇佣工人家庭,从一定意义上讲,恰亚诺夫的"家庭农场模型"与贝克尔的"家庭生产函数"基本上分别对应了传统与现代这两种家庭形态,但是在这一演变过程中,还曾经存在一种家庭的过渡形态——从事家庭经营的家庭,西德尔称之为"家庭工业工人家庭"。"家庭工业工人家庭,是农民和行会手工业者家庭同工业时代出现的、以工资为生的工人与职员家庭之间的过渡形式。"在这种家庭下面,居住与劳动的统一是其基本的特征。"商品的生产是在家庭工业工人家中或住宅中进行的,通常情况下家庭全体成员或绝大多数成员共同劳动。"(西德尔, 1996: 57~83)

在中国乡村工业化过程中,过渡形态的家庭在很大程度上是一种非常普遍的现象。对于这种家庭来讲,它的产品主要是贝克尔所讲的"市场产品",主要用于市场销售,并换取收入。这一产品的生产形式在很大程度上采取了恰亚诺夫所言的"家庭经营"模式,而劳动力市场则基本上处于两个理论模型假设的中间状态:一方面拥有一定的竞争性,另一方面,这个市场是非常不发达的,很多劳动力的价格很难用市场价格来测量。对于这种家庭的经济核算,实际上就涉及现代经济学中关于农户研究的一个基本假设——可分性原理,也就是说,"在存在完全市场的条件下,同一个人可以把他的生产决策与消费决策作为两个独立的问题分开解决"(文贯中, 1989: 152)。在生产决策当中,"解决最优的投入与产出组合,以使从生产中获得的收入(包括劳务收入与利润收入)极大"。在消费决策当中,"解决效用极大问题,即在收入给定的情况下,解决自产品、市场商品和闲暇的最佳消费组合"(文贯中, 1989: 155)。

满足可分性原理需要具备两个条件：一是迭代性，农户首先决定最优生产问题，然后在收入极大的前提下再决定最优消费；二是完全市场，要素价格与商品价格完全由市场决定，在农户的决策过程中，农户仅仅是价格的接受者。如果这两个条件不能够满足的话，可分性原理就不适用了。农村从事经营的家庭，生产决策与消费决策实际上是不可分的，在这种情况下，他们对生产要素是如何进行核算的呢？他们的经营决策又受到哪些社会条件的约束呢？

二 个案基本情况介绍

本文的调查对象是一个位于白洋淀中央的水区村庄，本文称之为"淀村"①。长期以来，村民们主要依靠打鱼和编制苇席为生。从 1988 年开始，该村发展起了塑料袋加工业，截至 2001 年底，该村 362 户家庭当中，直接从事塑料袋加工与销售的家庭就达到了 221 家，拥有各种加工机器 120 台，销售网络遍及北京、天津、河北、山西、山东、内蒙古、河南、甘肃、宁夏、东北等周边各省区市的大小城市与乡村。

在淀村的塑料加工行业当中，大部分生产加工过程都是在原来的一个个渔家小院当中进行的，每个家庭的生产规模都不大，大部分只有 1~2 台机器。他们依靠自己家庭当中的劳动力，在吹膜、印花、制袋、销售等整个生产经营过程中，承担 1~2 个环节，凭借与其他家庭之间的协作来从事生产经营。对于这些在家庭当中进行的生产加工来讲，他们使用的大量要素投入都直接来自家庭，包括住房与劳动力。

本文的调查从 2000 年 4 月开始，到 2002 年 4 月结束，先后进行了 6 次田野工作，累计历时一个半月（46 天）。经过数次田野工作，我们先后获得了大量的田野资料，主要包括 20 多万字的田野笔记，大量的文献资料、图片资料和部分录像资料。在这些资料当中，包括对 100 多人的访谈，其中 58 人属于深度访谈，35 人经过两次以上的访谈。

本文首先结合调查研究当中的案例，看一看人们在生产经营过程中，对住房和劳动力这些要素是如何使用的；在使用的过程中，他们主观上

---

① 按照学术规范，本文的研究对象为化名，后面涉及具体的地名和人名，也都做了技术性的处理。

是如何进行成本核算的。在塑料加工行业当中，从事生产性经营一般情况下需要具备以下四个方面的要素投入：劳动力、住房、设备、资金。在这四个方面的要素投入当中，对设备与资金的投入，家庭经营与一般的企业没有太大的差异；但是在住房与劳动力两个方面，家庭经营与一般的企业经营存在很大的差异。下面本文将结合调查当中获得的具体案例重点对这两个方面进行说明。

三 家庭经营中的要素使用与成本核算

在家庭经营当中，住房与劳动力是两个最基本的生产要素，对于有些家庭来讲，是否拥有可用于生产的空闲住房和劳动力，往往是他们能否进入生产经营活动，以及从事何种生产经营活动的决定性因素。并且，在进入生产经营的过程之后，绝大部分家庭在对生产经营情况进行经济核算的时候也并不是像新古典经济学企业理论所描述的那样，自然而然地就把这些要素投入直接纳入生产成本的核算。我们在调查中发现，他们计算生产成本的时候，更看重的是在生产机器上的投入，生产经营过程中所投入的原材料成本、消耗的电费，以及必须缴纳的被管理部门征收的各种税费。而对于他们用于生产的住房，以及在生产过程中付出的劳动力，他们通常很少考虑。按照一般的核算办法，他们首先从单位销售收入当中扣除原材料的成本、消耗的电费，计算每月或者每年的税前利润，再根据每年缴纳各种税费的情况进行扣除，计算出一年当中所能赚取的总利润，然后比较从开始生产加工以来设备投入的回本情况[①]：如果还没有实现回本，就是还没有赚钱；如果已经实现了回本，那么从实现回本的那一天起，再赚取的就是利润了。

（一）住房的使用与经济核算

对于从事生产加工的家庭来讲，拥有一定面积的生产用房是一项最基本的条件，尤其是在住房租赁市场还极不发达的情况下，仅仅因为住

---

① 当然，对于上述三个层面的核算，人们在观念上也不一样，大家最认可的是原材料费用与电费开支，觉得这是最理所应当的，但是对于国家的税费支出，大部分人的感觉是不合理，但是没有办法。机器设备属于固定资产，其核算的方式与前面两种也不一样。但是这三个方面的情况，与一般企业相比，基本的逻辑差不多，在此不予讨论。

房问题就把很多家庭排除在了从事生产加工的范围之外。在我们的调查当中，很多目前在跑业务的家庭都有购买设备从事生产的打算，但之所以还没有付诸实施，就是因为没有空闲的住房供生产使用。

目前，家庭经营对于住房的利用主要分为两种情况：一种情况是在主人居住、生活的院落当中进行生产，这是最典型的家庭经营；另一种情况是利用腾空的老房子进行生产，经营活动与家庭生活出现一定程度的分离。具体来讲，这两种情况又分为九种具体的类型。在每一种类型下面，由于人们需要追加的投资不一样，对生活的影响也不一样，所以人们在生产经营中对住房因素的考量也不一样。下面对于这九种类型分别进行分析。

首先看第一种情况，在主人居住、生活的院子当中从事生产，生产与生活较紧密结合在一起。这种情况具体包括以下五种类型。第一，利用原有院落当中的空闲住房。这种情况的特点是：不需要新的投资；生产经营活动对生活空间的影响很小，生活与生产两个方面比较容易兼顾，生活方面的机会成本很少。第二，挤占原有的居住用房。对于这些家庭来讲，本来居住空间就比较紧张，也没有空闲的房子，但是为了从事生产加工的需要，不得不在生活空间上做出一定程度的牺牲。这种情况的特点是：不需要新的投资；生活空间的压缩是生产用房的机会成本。这个机会成本是该家人均居住面积与对生活空间需求偏好的函数，人均居住面积越小，生产的机会成本越高；对生活空间的要求越高，生产的机会成本也越高。第三，利用原来院落当中的空地建新房。有些家庭虽然没有空闲的房子，但是院落比较大，建造厂房之后对于生活空间的影响很小，生活居住方面的机会成本很小。并且在这种情况下建造的住房利用的是原来院子当中的空间，不受住房政策的影响；一般建造的住房比较简易，需要追加的投资也不多。第四，挤占原来院落当中的空间建新房。对于这些家庭来讲，本来院落就很小，生活空间比较紧张，但是为了从事生产经营，在一定程度上压缩了生活上的需求。在这种情况下，对生活空间的影响比较大，有些家庭几乎把整个院落都盖成了厂房，使原有的院落变成了一条窄窄的胡同。在这种情况下，虽然也不受住房政策的影响，一般情况下需要追加的投资不多，但是生活居住方面的机会成本很大。第五，投资建新房，在投资过程中考虑到生产的因素。对于这些家庭来讲，可能正好是因为生活上的需要盖新房，比如儿子准备结婚等。当然，也有的家庭是因为在生产当中积累了一定的资金，急于把这些资金尽快转化为住房等有形的家庭财富，生产方面的考虑有时候是一种催化剂。这种情况的特点是：受到住房政策的影响；投资的规模比较大，包括生产与生活两个方面，但是很难分清楚，在这种投资当中，生产性投资与生活性投资的关系包括两种，一种是时间上的关系，另一种是空间上的关系。前者指住房本身的所有设计都是为了生活居住用的，但是由于大部分投资所考虑的期限都比较长，往往在很大程度上是为了将来孩子结婚居住，所以在短期内没有用处，可以作为生产用房；后者指本身在房屋的设计当中就留出了一定的专门为生产使用的空间。

第二种情况就是利用原来居住的老房子。在改革开放以后的中国乡村中，经过了几波建房高潮之后，很多村庄不同程度地出现了"空心化"现象，原来的老房子由于地基比较小，交通也不方便，有很多被逐渐废弃了，但是在淀村，由于家庭工业的发展，大部分老房子都被利用了起来。村落尤其是村落核心地区有很多很破旧的院落，虽然房屋破旧，院子也很小，但是里面却机器轰鸣。目前，村落当中的老院落，除了继续居住，或者被翻新之外，真正空闲的并不多，大部分变成了生产用房。具体可以分为以下四种类型。第一，直接利用空闲的老房子。这种情况的特点是：不需要新的投资；生活居住方面的机会成本很小；会对生产与生活的协调造成一定程度的不便；老房子如果可以出租的话，还存在一个机会成本问题。第二，在原来的老房子中建新房。有些家庭随着生产的发展，原来老房子的空间已经不够了，于是追加了投资。在淀村，仍然居住的院落被完全占满的案例并不是太多，但是在那些用于生产的老院落当中，完全占满的情况却是非常普遍，对于这些家庭来讲，几乎整个的院落全部变成了加工车间，仅仅留下一条很窄的过道。这种情况的特点是：生活居住方面的机会成本很小；会对生产与生活的协调造成一定程度的不便；老房子如果可以出租的话，还存在一个机会成本问题；一般情况下需要追加的投资也不是很多。第三，投资建新房，把空出的老房子作为生产用房。这种情况的特点是：受到住房政策的影响；投资的规模一般比较大，但是生活性投资；生活居住方面的机会成本不大；会对生活和管理带来一定程度的不便；老房子如果可以出租的话，还有一个机会成本问题。第四，借用或租用别人的房子。在淀村，有些人家中没有空闲的房子，新建造房子也不值得，并且在与他关系比较好的家庭当中，正好有闲置的老房子，在这种情况下，他就可以采取借用或者租用的方式，利用别人家的房子进行生产了。

对于住房，很少有人会把这方面的开支纳入生产经营的成本核算当中。在住房问题上，人们的考量往往主要包括以下几个方面。

1. 对生活的影响

对于从事生产经营的大部分家庭来讲，如果利用的是院落当中已有的空闲的房子，或者在院落当中空闲的位置建造一些简易的用于生产的房子，本身对于生活的影响并不是很大，则生产经营活动对生活的影响基本上不用考虑。但是如果生产经营活动对生活空间挤得太厉害了，给生活带来了太多的麻烦或者不方便，很多家庭就要考虑生活的代价问题了。在目前仍然单纯从事跑业务的家庭当中，很多人之所以没有上机器进行生产，很重要的一个原因就是住房紧张，他们不愿意为了多赚点钱而把全家人的生活空间挤得没了地方。对于这些家庭来讲，他们往往对生活质量的要求比较高。

　　案例：村民 ZSD 是一个专门跑业务的人，他家的住房和院子相对于生活在村中心区的家庭来讲，也算是比较宽绰了。两间半正房，两间南房，中间还有一个小院，安装 1~2 台机器是没有问题的。但是 ZSD 并不愿意这样，因为他觉得那样就住得太紧张了。现在他已经在村民 ZLM（他的姐夫）家的院子前面要了一块宅基地，5 间正房的地方，准备到时候再上机器。在调查期间，有一件事情让我们感觉到他对于自己的生活空间是多么的在意。2000 年暑假，在我们准备离开该村的前一天，ZSD 专门来找我们去他家做客，他家的院子当中种了一排绿油油的芋头（秧苗），让他觉得很自豪，他认为这是一种南方植物，不好养，但是种在院子当中很好看，希望我们给他们全家与芋头照些相，留作纪念。

其实，对大部分家庭来讲，生产与生活的空间问题在很大程度上是与时间相联系的，在生产任务比较重的时候，人们更多的是关注生产方面的问题，房间当中堆满了塑料制品也没有问题；但是，在家庭生活当中有重大事件的时候，人们则更加关注生活方面的要求，让生产经营活动让路。平时人们考虑更多的是生产的问题，生活空间紧张一点是可以忍受的。但是到了节假日期间，尤其是春节前后，人们往往会停止生产，并把被生产占用的生活空间清理干净，营造一个比较整洁、舒适的节日环境。

2. 投资问题

在人们的观念当中，已有的住房与新建的住房是不一样的，大规模的投资与小规模的投资也是不一样的，专门的生产投资、专门的生活投资、生产与生活的混合投资在人们的观念当中也是不一样的，另外，用自有资金投资与用贷款投资也是不一样的。在人们的观念当中，自有住房是一种积淀成本，闲置也是浪费，所以对于那些拥有空闲住房的家庭来讲，他们在对生产经营进行核算的时候，住房不但不计入成本，而且是促使他们从事生产经营的重要条件。在新追加的住房投资当中，如果新建的住房在空间上并不影响人们的生活，并且在生产结束之后仍然可以作为生活用房，那么这种投资基本上也不纳入经济核算。

对于大规模的投资，则要进一步分成专门的生活投资、生产与生活的混合投资、专门的生产投资。对于专门的生活投资，虽然有的家庭腾空了老房子，为生产提供了空间，但是很少被纳入生产经营的成本核算当中，因为这种投资在很大程度上是出于生活的需要，生活方面的回报已经足以弥补房屋的投资，至于为生产提供的方便，同前面讨论的空闲老房子是一样的。对于生产与生活的混合投资，比如在建造住房的时候，出于生产经营方面的考虑，多出资购买一块比较大的宅基地，多建造几间简易的住房，在生活还不急需住房的情况下提前建房（比如距离儿子结婚的时间还早），这几种情况下的住房投资一般也很少被纳入生产的经济核算当中。为什么呢？一方面在于这种混合投资当中，出于生产的考虑与出于生活的考虑是密切结合在一起的，很难分得清楚；另一方面在于从两种角度来看，出于生产的考虑毕竟是投资当中比例很小的一块，有些仅仅是在短期之内的临时借用，从长期的预期来看，这些住房还是要用于生活的，所以也没有必要单独进行成本核算。在农村，住房并不仅仅是一个居住的空间，更是一个家庭富裕、有地位的象征，在这种情况下，即使不为了生产的需要，能够获得更多的宅基地，建造新的住房，本身就是一个人一生当中最重大的一个成绩，至于多付出的投资，"既然拿得出来，留着又有什么用呢？"（言外之意，还有比盖房子更重要的事情吗?)。至于专门的生产投资，这已经不是家庭经营所讨论的范围了。

3. 住房的机会成本

按照经济学的基本原则，影响人们决策的是要素投入的机会成本。严格来讲，上面讨论的两个方面都是关于住房的机会成本问题，但是对于大部分经济学家来讲，最关心的机会成本还是市场机会成本问题，也就是说，把闲置的住房用于出租或者建房子的资金用于其他经营性项目所能带来的收入。一般来说，在家庭经营当中，这两个方面的影响都不是很大。

在乡村社会当中，住房并不是一般意义上的商品，是不可以自由出售与租赁的，尤其是住户自家院落当中闲置的住房，出租给别人的可能性是很小的。虽然有些闲置的老院子是可以出租的，但是这种出租行为更多的是由需求拉动的，而不是由供给推动的，也就是说，是有房客需要这样的房子才来找房主的，不是房主因为房子闲置而出去找房客的，这一点导致了虽然闲置住房可以通过出租获得收入，但是在实际的出租行为发生之前并不能构成人们预期的机会成本。当然，目前出租住房的收入还是非常少的，所以对于住房的出租来讲，更多的是一种互助行为，而不是一种营利行为，租金仅仅是象征性地表示一下罢了[①]。至于住房的投资问题，人们在观念上根本不把它看作与经营活动可比较的事情，只要生活上需要，生产经营的事情只能靠后。

当然，人们也不是把所有的与住房有关的要素投入都不计入成本核算。比如在购买机器的时候在院落当中专门建造的厂房，如果这些厂房在很大程度上挤占了人们的生活空间，一旦生产结束就要扒掉。在这种情况下，住房的投资仅仅是从事生产期间的一个权宜之计，那么这个投资在一定程度上就可能被计入经营成本。还有那些靠租用别人的住房进行生产的家庭，虽然对于出租方来讲，即使不出租房屋，一般也不计算闲置住房的机会成本，但是对于租房的一方来讲，房租就如同

---

① 目前，该村住房当中公开向外出租的只有 ZSJ 一家，他们家只有几个姑娘，已经全部出嫁了，家里也没有什么收入，仅仅依靠出租一所老院子为生。外地来当地做生意的常常住在他们家，在笔者调查期间，先后两次遇到一个湖南过来打造金银首饰的手艺人住在他们家。按照这个人的说法，他就在白洋淀附近做生意，一般每年来该村两次，每次大约居住一周，都是住在 ZSJ 家。

企业生产过程中必须支付的电费与原材料费用，也是计入生产经营成本的。但是，在前一种情况下，住房的投资一般是伴随机器的引进进行的，相对于机器投资来讲，数额非常少，因此大部分被放到了机器投资里面，很少单独进行核算。而对于后一种情况，这种现象还很少，并且房租的数额也不大，因此对于整个家庭经营的核算影响还不明显。

（二）劳动力的使用与核算

在塑料加工行业，劳动力的使用情况在过去几年发生了很大的变化。在塑料加工行业发展早期，也就是在生产机器引入之前，实行手工烫袋与"盘乡零售"①。当时年轻的男人们都外出跑销售，每个人骑着自行车驮上3~4包货，200斤左右，大部分奔北京、天津和石家庄，也有一些去更远的内蒙古、山西、山东、河南等地，一般每次出门7~15天，不算每天盘乡零售的路程，总行程都在500千米以上。在我们的调查当中，行程最远的2000多千米，从白洋淀出发，到太原，然后沿着大同、呼和浩特、张家口、天津一路下来，最后绕道济南、开封回家。在青壮年男子纷纷外出跑销售的同时，家中他们的亲人也是没日没夜地劳动，手工烫制塑料袋。在这个阶段，老人、妇女、小孩，几乎家庭当中的每一个成员都是干类似的事情，当年他们所付出的辛苦在很大程度上并不比外出跑生意的人少②。

> 案例：STQ，1986年开始跑生意。当时自己当兵刚刚回来，出门做买卖还是第一次，把塑料袋弄好之后，弄了辆自行车，一边驮一包，边走边卖，第一次的目标是天津，那是1986年秋天，与同村另外两个人结伴而行，跑了120千米。从霸县，经堂二里、新安、杨柳青，到了天津，整整一天，累坏了，腿已经从自行车上下不来了。100多斤的货物，中间没有卖掉。第二天早饭之后，他们开始出去推

---

① 盘乡零售，是指销售者每天骑着自行车，通过走街串巷销售。

② 目前，老人、小孩和家庭妇女干活的人已经很少了，尤其是家庭妇女，除了简单的家务劳动之外，每天大部分的时间就是打麻将，对于这一点，很多男人，尤其是30多岁的男人觉得特别理解，因为在他们的记忆当中，这些妇女有特别辛苦的经历，所以他们觉得，现在经济水平好了，享受一下也是应该的。

销，主要是副食店、市场，一天下来，没有卖多少。第三天决定奔塘沽，50千米，半天就到了，转了一圈，又没有卖多少。第四天奔唐山、宁河县，又转了一天，还没有卖多少，最后返回天津，终于推销完了，行程7天，赚了50~60元，骑车回到家，已经是晚上12点了。进门一看，父母已经连夜把第二次出门的货全部备好，当时就发愁了。

后来，随着机器的引入，生产过程对于劳动力的要求变了，即对于整劳力的需求增加，半劳力的需求减少，于是小孩、老人、妇女绝大部分从直接的塑料生产当中解放了出来，甚至成年的男人，很大一部分除了跑业务、负责管理之外，也从直接的生产过程中退了出来，而从下学到结婚之前这个年龄阶段的男孩和女孩成了生产劳动的主力军。在机器生产阶段，家庭经营当中生产组合形式主要有三种：第一种是以户主与成年子女之间的搭配为主，以家庭主妇与老年男子为辅；第二种是以夫妻之间的组合为主，以老年父亲为辅；第三种主要依靠户主个人，以家庭其他成员为辅。目前，在全村38家以家庭经营的形式从事生产加工的家庭当中，吹膜企业3家，其中两家依靠父子之间的组合，另外一家依靠夫妻的组合。印花企业11家，6家依靠父子组合，2家依靠夫妻组合，其余3家以户主个人加工为主。制袋企业26家，10家依靠父子组合，9家依靠夫妻组合，其余7家依靠户主个人的劳动。在这些家庭当中，拥有制袋与印花两个生产环节的家庭2家，连同另外两家分别拥有2台吹膜机、2台印花机，拥有2台以上机器的家庭有4家，全部是依靠父子之间的组合（见表1）。

表1　家庭经营的劳动组合形式

家庭经营类型	户数	劳动力组合类型		
		父子组合	夫妻组合	户主个人
吹膜	3	2	1	
印花	11	6	2	3
制袋	26	10	9	7

家庭经营类型	户数	劳动力组合类型		
		父子组合	夫妻组合	户主个人
印花＋制袋	2	2		
总计	38	16	12	10

在这些家庭当中，大部分家庭在进行生产加工的过程中或多或少都会外出跑一些业务，完全依靠给别人加工的家庭实际上是很少的，其中有4家在外地有柜台。还有一些家庭，由于家庭生产能力有限，劳动力过剩，因此还有部分家庭成员给别人打工，这样的家庭有9家。在这些家庭当中，共有劳动力77人，其中9人外出打工，在剩余的68人当中，包括户主38人、家庭主妇14人、年轻子女16人。

在这个阶段，人们的生产已经不像过去那样紧张了，尤其是像过去那样不断地向人的生理极限挑战的劳动没有了，休闲活动更多地进入了人们的日常生活当中。当加工任务比较繁忙的时候，人们往往把整个家庭的所有力量都调动起来，包括许多已经很少参加劳动的家庭主妇也要加班加点。当加工任务不重，或者没有加工任务的时候，包括家庭户主在内，也会拿出更多的时间来玩牌、打麻将，年轻人则去打游戏、上网、打台球，或者几个朋友凑在一起喝酒。尤其是生活当中有某些事情需要处理的时候，比如邻居家或者亲戚有盖房上梁、温锅、结婚、小孩过三天、死人等事情①，即使人们正在进行生产加工，如果不是很紧急的话，他们也会停下手中的加工活动。

笔者在调查期间，除了对打工人员的访谈一般要在他们下班之后进

---

① 按照村里的风俗，结婚、死人、盖新房、生孩子，村里家庭与家庭之间都是要随礼的。结婚，一般村民是20～30元/人，同学、战友、盟兄弟就多了，200～300元/人。死人，一般村民是30元/人，主要是女儿花钱，摆帐子、请乐队都要女儿花钱，其中摆帐子花钱最多，要用100元或者50元的人民币缝制成不同的字，钱多的可以写四个字，如"永垂不朽"，钱少了，也可以就写一个"寿"字，一般要几千元。盖新房有两次：一次是封顶上梁，50元/人；另一次是乔迁新居，村里称为"温锅"，主要是比较亲近的，100元/家。生孩子要庆祝三次，三天是一次，20元/人；满月又是一次，20～100元/人；如果是第二胎，孩子出了满月，当母亲的就要去做绝育手术，大家也要慰问一次。在这些仪式当中，结婚、死人、封顶上梁都是要礼房写礼单的，并且除了绝育手术之外，其他的都是要摆酒席的。笔者在调查期间，就先后参加过两次封顶上梁、一次温锅、一次小孩过三天的仪式。

行外，对从事家庭经营的家庭成员的访谈基本上就是在他们工作期间进行的。对于从事家庭经营的人来讲，如果不是因为没有了加工业务，一般情况下是很少有"没有事情"的时间的。当你到他们家时，他们或多或少都是在忙事情。但是这并不意味着他们整天都是在非常紧张地工作，其实在大部分时间当中，他们还是很清闲的，所以当你到了他们家的时候，他们一般都能够拿出 1~2 个小时来与你聊聊家常，并且很多人也喜欢这样。

在家庭经营当中，对于劳动力的投入与住房一样，在大部分情况下也是不进行核算的。对于一个企业来讲，对劳动力投入进行核算的目的主要有两个，一个是计算生产成本，另一个是进行收益分配。而对于家庭经营来讲，这两个方面都没有太大的意义。

1. 劳动力的机会成本问题

在经济学对劳动力成本进行核算的时候，强调的是劳动力的机会成本问题，也就是家庭经营当中劳动力投入的影子价格。对于家庭自有劳动力来讲，计算影子价格有两种方式。一种方式是计算劳动力的成本，也就是说，计算维持一个劳动力所需要的生活成本。这种方式存在两个问题：一个问题在于家庭生活成本计算的困难，对于一个人的生活来讲，并不是所有的东西都可以从市场获得，即使家庭生活所需要的所有商品都可以通过市场购买的方式来获得，那么把这些商品转化为效用还需要一个家庭生产过程，对于这个过程当中的经济投入，基本上是回到了这个问题本身；另一个问题在于，在家庭经营当中，维持劳动力所需要的生活成本基本上是一个不变量，即使这个劳动力没有从事生产经营活动，他照样需要消耗，需要吃饭和睡觉。家庭不同于企业，如果一个企业不需要工人的劳动，就可以把工人辞退，但是一个家庭不会因为家庭成员不从事劳动而把该成员的生活费用给断掉。

计算劳动力影子价格的另一种方式是计算该劳动力在市场上的机会成本。对于这个问题，需要分两个阶段来分析。在加工行业发展的早期，传统的渔业和农业生产都没有了，外出打工与做其他生意的机会都很少，在这个阶段，劳动力的市场机会成本非常低，可以说几乎接近于零。在当时的情况下，很多家庭从事家庭经营的目的，就是解决劳动力的就业问题。

案例：ZM 是该村从事塑料加工行业年纪最大的一个，也是比较早的一个。1990 年前后，他购买过一台印花机，当时主要就是为了几个孩子的就业问题。ZM 有三个女儿和两个儿子，两个儿子还小，都在上学，但是三个女儿都下学了，如果不想办法让她们都工作的话，紧紧依靠他自己的收入是很难维持这样一个大家庭的。于是他就购置了这台印花机，干了大约两年。

到了后期，随着塑料加工行业的发展，人们的就业机会越来越多了，内部的劳动力市场也获得了初步的发育，但是这并不意味着家庭劳动力的影子价格自然而然就出现了。在这个阶段，不同类型的家庭劳动力在市场上的意义是不一样的。对于有些类型的劳动力来讲，比如年轻子女，他们可以通过被雇用的方式在市场上获得相应的收入，可以根据市场价格来计算自己的机会成本。但是对于有些类型的劳动力来讲，比如家庭主妇和一些年龄比较大的户主，当生产在家庭经营当中进行时，可以利用他们的劳动，但这些劳动力是没有办法进入市场的，因此利用市场上的机会成本来计算是没有意义的。目前，从事家庭经营的主要劳动力包括三部分。第一部分是户主。由于受到乡村社会家庭之间社会地位的影响，他们一般很少给别人打工，如果不从事家庭经营的话，大部分就是在家闲置，机会成本是很低的。第二部分是家庭主妇。她们需要定时做家务工作，因此，她们进入市场的可能性就更小了。这两部分占了全部家庭经营劳动人口的 3/4。第三部分才是这些家庭当中的年轻子女。

2. 收益分配问题

在家庭经营的条件下，收益分配与家庭成员的劳动力付出是没有关系的。与一般的企业相比，家庭的分配原则既不是按资分配，也不是按劳分配，而是按需分配，在这种情况下，从收益分配的角度对于不同成员的劳动力投入情况进行核算也是没有必要的。

3. 模糊性问题

在家庭经营当中，即使经营者试图对劳动力投入进行核算，那也是非常困难的。在家庭经营当中，生产经营活动与家庭生活是紧密结合在一起的，不但不存在严格的上下班制度，而且生产经营与家庭生活往往就在同一个院落当中，试图把二者分开，并对生产经营过程中的劳动投入单独进行核算是非常困难的。俗语说得好，"清官难断家务事"，把家庭当中每个人的劳动贡献，以及每个人在不同事情上的劳动投入完全分清楚是不可能的。

4. 劳动与闲暇的观念

在关于劳动力成本的核算当中，实际上还涉及了人们关于劳动与闲暇观念的转变问题。根据研究劳动问题的历史学家的发现，在前工业时代的西方社会，在工作和娱乐之间并没有制度化的区分，人们过的是一种相当整体性的生活。在那个时代，闲暇是在两种而非一种意义上被认为是"剩余的"——劳动之外的剩余和生活必需之外的剩余。现代社会把一天分割成工作时间和非工作时间，从而把劳动与闲暇对立起来的做法是随着工业化的发展逐渐产生的（Biggart，1994）。"对于工人们来说，现代化和工业化带来的最明显的结果，就是各生活领域的分隔。家庭、工作、教育、宗教和玩耍变得日益分裂了。以提高生产率为名，也由于工业化劳动过程的需要，工人们在工作中再也不能歌唱和欢笑。人们离开家是去上班，也只是去上班；在工作中从事非工作的活动变成是越轨的，是'逃避职责'。借用 Stanley Parker 的术语来说，闲暇这一生活空间，由于现代对工作的组织安排以及带薪假期的出现，就不但变成可能，甚至成为必需的了。"（Biggart，1994）在家庭经营当中，劳动与闲暇并不是对立的，对于缺乏收入来源与就业机会的人来讲，现代意义上的闲暇是不存在的，同样，劳动的异化程度也没有这么高。从这个角度来讲，适度的劳动投入带给劳动者的可能不仅仅是收入，同时还有直接的正效用。

四　家庭经营成本核算的特点

在家庭经营当中，经营者进行经济核算的逻辑与一般企业很不同，这种不同直接的表现是，在经营者的生产经营决策中绝大部分不把住房、劳动力等方面的投入纳入直接的成本核算。但是从根本的意义上讲，真正的问题在于家庭经营当中对于这些要素投入的考核方式与一般的企业不同。这种差异主要表现在以下两个方面。

（一）要素投入中的主观均衡

在恰亚诺夫的"家庭农场模型"当中，对劳动力进行经济核算的边际主义"劳动－消费均衡理论",实际上是一个主观的效用均衡模型。也就是说,在只有产品市场而不存在要素市场的情况下,人们对于要素投入的经济核算不是该要素的直接投入与产出,而是对获得该产出的劳动投入的主观评价与对该产出所带来的效用的主观评价的均衡。恰亚诺夫的这一模型需要非常严格的前提假定:不存在劳动力市场,生产经营中的其他要素可以自由获得,劳动产品可以在市场上自由出售等。虽然他的理论模型建立在上述一些在现实中非常矛盾的逻辑假设之上,但是明确地指出了一个道理:在非市场的条件下,人们对于要素投入的核算不适用新古典理论的边际价格分析,而是适用主观的边际效用模型。在本文所研究的家庭经营当中,大部分要素投入都是在一种市场非常不完善的条件下进行的,在这种情况下,不但劳动力的投入在很大程度上适合于主观效用均衡模型,而且在住房方面,人们在很大程度上也是遵循了这一逻辑考量。

在家庭经营当中,人们并不计算自己的劳动成本和住房成本,而仅仅比较把不同的劳动时间与住房用于生产经营和社会生活时所带来的主观效用。当生活方面对住房和劳动的需求比较大的时候,比如需要房子用来结婚,或者春节期间,把劳动力和住房用于生活的效用上升,人们就会把更多的时间和住房用于生活。反过来讲,在生意比较红火时,生产经营对劳动时间与住房的需求增加,在这种情况下,人们可能更多地牺牲掉生活的时间,甚至连最基本的休息时间也放弃,连夜加班进行生产,并且把更多的住房空间腾出来用于生产经营。正是由于这个方面的原因,对于人们来讲,生产要素在生产与生活之间的转换成本的高低才变得如此重要,因为在转换成本比较高的情况下,当一方面的边际效用上升,而另一方面的相对边际效用下降时,一个家庭不能迅速地实现生产要素的灵活配置,就会导致整个家庭总效用的下降①。

(二) 成本核算中的总均衡

根据西德尔对农村家庭工业当中家庭形态的研究,"家庭工业者家庭

---

① 按照村民 SCB 的观点,能够在家里享(赚钱的意思)1 万元,不去外边享 2 万元,主要是在家里,老婆、孩子的日子好受。按照他的观点,男人不在家,家中没有主心骨,遇到什么事情也不好处理,好多事情只能让亲戚邻居们帮忙,一两次还可以,时间长了就不行了,因为你不是外出干别的,是出去赚钱了,谁也没有这个义务。

经济一个基本的标志就是：这里不是个人的劳动收入决定了人们的行动，而是家庭集体长时间的收入决定了人们的行动；并不是劳动的付出与它可得到的每件产品的价格的比例和每工时的收益构成家庭经济的合理性，而是整体的收入构成了这种家庭经济的合理性"（西德尔，1996：57～83）。也就是说，在家庭经营当中，影响经营者理性决策的不是家庭某个成员的个人成本收益，也不是特定时期的成本收益，更不是简单的资金或者劳动力一种要素的收益问题，对于他来讲，最理性的核算方式是把这几个方面综合起来，计算总的成本收益。具体来讲，包括三个方面。

第一，对于一个家庭来讲，单位劳动的收益或者单位工时的收益并不是最重要的，重要的是在一段比较长的时期之内的收益问题。在白洋淀的塑料加工行业当中，被人"甭"①、"挨罚"的现象是非常多的，在跑订单的生意当中，由于采取的是"货到付款"的方式，虽然大部分有明文的合同，但是如果加工之后对方赖账拖欠，他们往往也没有办法，还有很多是因为对方企业垮掉了，这样欠账就更成了无头的官司，根本没有办法收回来。并且，由于最近几年倡导环保，有关塑料包装行业的政策处于摇摆当中，各个地方在具体执行过程中把握的松紧度也不一样，在这种情况下，如果遇到所谓的"严打"，可能几万元的货物就被没收了，这样一两年的生意就白做了。上述两个方面的情况，白洋淀的人们好像已经习以为常了，他们并不会因为出现一两次这样的事情就变得特别沮丧，"吃一堑，长一智"是他们经营过程的真实写照。他们知道，这种现象在每个人的生产经营过程中都是免不掉的，如果你幸运，或者比较灵活，可能遇到的会少一点，但是无论多少，生意还是要照做，只要从长期来看能够赚钱就行。

第二，在家庭经营当中，单个人的收益并不重要，重要的是家庭的整体收益。对于一个家庭成员来讲，所有的收益都是归整个家庭来支配的，个人的收入并不能决定个人的收益，只有全家整体的收益才能最终决定他个人的收益水平。对于很多从事家庭生产的人来讲，仅仅从他个人的收益来看，可能还不如给别人打工挣钱多。问题就在于，如果他外出打工的话，家庭的其他成员就只能闲置；如果他们一起进行生产的话，虽然平均到每一个劳动力头上的收入并不是很多，但是比家庭的某

———————————

① 指被人欺骗了。

个成员单独外出打工挣钱要多。在这种情况下，他理性的选择是家庭经营而不是自己外出打工。还有这些外出摆案子的年轻人，对于他们的父母来讲，替他们照顾孩子是很重要的一项劳动负担，如果没有（外）孙子女的拖累，一个上年纪的老年人每天外出捞蛤蜊，基本上也能有3~4元的收入，对于维持自己的老年生活也可以了；但是如果这样的话，子女就只能在家工作，相对于外出来讲，收入可能少的不是3~4元。在这种情况下，老人往往会选择照看（外）孙子女，而子女们则外出干活。

第三，在家庭经营的核算当中，并不是把生产中投入的各个要素的收益分别进行核算，而是计算总的收益。对于这些从事生产经营的家庭来讲，促使他们进行决策的有可能是资金的因素，也有可能是劳动力的因素，还有的仅仅是因为空房子闲置，于是就买上一台机器进行加工。对于这些家庭来讲，他们可以为了给自己家庭的劳动力寻找出路而贷款买机器，也有的会因为劳动力不足而把大量的资金放在家中。不管出于什么原因，只要几种要素实现了生产组合，他们关心的就不再是每一个要素的收益问题，而是总的收益问题。在家庭经营当中，他们不需要，也没有必要单独为某一种要素投入计算成本。

五 家庭结构对经营决策的影响

由于家庭经营独特的核算方式，拥有不同生产要素和不同生活要求的家庭在家庭经营中的相对优势是不一样的，这一点影响了他们在不同时期的生产经营决策。而一个家庭拥有生产要素的差异，往往与这个家庭的家庭结构和家庭生命周期直接相关。

在恰亚诺夫的"家庭农场模型"当中，还有一个非常重要的理论——家庭生命周期理论。按照这一理论，处于不同生命周期的家庭，家庭的人口规模不同，家庭内部的人口结构也不同，家庭的人口规模决定了家庭的消费水平，家庭的人口结构决定了家庭当中劳动力的抚养系数，由此决定了他们在劳动付出中的辛苦程度，在"劳动－消费均衡"的逻辑下面，正是这两个方面决定了家庭的生产经营状况（恰亚诺夫，1996）。

恰亚诺夫的这一模型在揭示了家庭经营基本逻辑的同时也忽视了家

庭经营当中一些非常重要的信息：第一，在家庭当中，不同的劳动力状况不仅仅是家庭劳动力人口数量、年龄与性别的线性函数，不同年龄、性别的劳动力在很大程度上是不可化约的，劳动力的数量与结构必须与生产经营过程中的分工相联系来进行分析；第二，家庭的消费状况也不仅仅是家庭人口数量、年龄与性别的线性函数，尤其是住房作为一项重要的生产要素引入之后，由于住房建设又与人的婚姻联系在一起，所以，在婚姻年龄前后，无论是从消费的角度来看，还是从劳动要素提供的角度来看，都是一个非常大的转折点。

在本文当中，首先对恰亚诺夫的家庭生命周期理论进行修正，分析不同年龄、性别与社会角色的劳动力在塑料加工这一特殊行业中的分工，以及随着家庭生命周期的变动，家庭的消费与住房的变动情况；在此基础上，比较分析处于生命周期不同阶段的家庭所独有的家庭结构对于家庭经营中决策行为的影响。

（一）家庭人口状况对生产经营活动的影响①

本文首先对不同年龄的人口进行简单的界定，其中，根据目前最一般的人口统计模型，把 14 岁及以下 65 岁及以上的非劳动年龄排除在外，然后把劳动年龄人口根据家庭生命周期划分为四个阶段：15～24 岁，从下学到结婚，称作少年劳动力，属于劳动能力积累的阶段；25～39 岁，从结婚到孩子成年，称作青年劳动力，属于抚养孩子的阶段；40～49 岁，从儿子成人到结婚，称作壮年劳动力，属于帮助子女成家的阶段；50～64 岁，称作老年劳动力，从孙子出生到成人的阶段，属于帮助子女抚育第三代，并逐渐退出生产活动的阶段（见表2）。

表 2　人口年龄、性别与社会身份分类

	0～14 岁	15～24 岁		25～39 岁		40～49 岁		50～64 岁		65 岁及以上
	儿童	少年劳动力		青年劳动力		壮年劳动力		老年劳动力		老人
性别 身份	孩子	男性 成年	女性 成年	男性 父亲	女性 母亲	男性 父亲	女性 母亲	男性 爷爷	女性 奶奶	老人

① 由于不同的性别、年龄与社会角色不仅仅影响劳动者在家庭经营当中的选择，所以为了保持分析的完整性，本段在分析当中，同时包括劳动者对其他职业角色的选择。

续表

	0～14 岁	15～24 岁		25～39 岁	40～49 岁		50～64 岁		65 岁及以上
	儿童	少年劳动力		青年劳动力	壮年劳动力		老年劳动力		老人
劳动折合	0	1/2	1/2	1	1/2	1	1/2	1/2	0	0

注：根据目前的情况，该划分忽视了因多子女的出生而引起的家庭生命周期变动（由于计划生育政策的影响，这个问题已经变得不重要了），而突出了劳动力的变动情况。劳动折合以青壮年男性劳动力为标准单位，在这里，1/2 并不代表劳动力可以折合为青壮年劳动力的一半，而仅仅表示劳动力的非完整性，0 代表非劳动力。

在一个乡村社区当中，不同年龄、性别与社会身份的劳动者，在对于他们的职业进行选择时所面临的约束条件不同，他们所能承担的职业角色也不一样，相互之间的通约程度①也是不一样的。

从年龄角度来看，14 岁及以下，无论男孩与女孩，基本上都在上学，还不属于劳动力，只有少数的几个人提前下学打工了。对于这些孩子，无论是社会还是家庭中的其他人，对他（她）的期望一般是这样的：学点东西、不要惹祸、能干多少是多少。他们自己也没有什么更明确的打算，主要是不愿意上学了，只要不上学，干什么都行。

过了 14 岁，上学与不上学基本上就成了一种选择性行为：如果选择继续上学，将来的目标就是上大学；如果选择工作，将来的目标就是赚钱、盖房子、结婚。目前，上学对人们的吸引力已经越来越小了，这里有各个方面的原因。从学生本身的角度来讲，由于本地教育水平有限，特别优秀的学生并不是很多，将来真正能够考上大学的寥寥无几，大部分成绩比较好的学生将来也只能上中专院校。从学校教育制度的改革来看，收费体制与分配体制极大地改变了学生和家长的成本收益预期。目前，各个学校都实行收费制，虽然这些收费对于该村大部分农民家庭来讲并不是完全承担不起，但关键的问题在于学生毕业之后的出路，如果不能上名牌大学或者读比较好的专业，毕业就意味着失业。如果孩子学习的东西可应用性不强，那么他们真正打工的时候与不上学的同龄人相比基本上没有太大的优势。另外，该地区经济的发展也提供了大量的就业机会，基本上任何一个下学的小孩都可以在短期之内找到一份打工的

---

① 指不同年龄、性别与社会角色的劳动者在社会职业选择中的可替代性，比如，从打工的角度来讲，年轻男孩与女孩差不多，尤其是看制袋机，但是在外出跑业务上，只有男孩可以，女孩则不行。

工作，收入并不比学生毕业之后的收入少。在这种情况下，权衡利弊，上学的人就越来越少了。

对于工作的孩子来讲，女孩比男孩的压力小一点，或者帮助父母干点活，或者给别人打工，反正自己手中有一点零钱花就行了。对于男孩来讲，则要考虑如何赚钱盖房子、娶媳妇，这种压力将随着年龄的增长越来越强烈。按照一般家庭对他们的期望，"先让他们给别人打打工，毕竟年龄还太小，等20岁左右了，还是要自己出去闯荡，老跟着别人干没有意思"①。

对于淀村这个年龄的男孩来讲，他们面临的职业选择包括：出去跑业务、自己办企业、帮助家里人干活和给别人打工。对于他们来讲，20岁之前，基本上选择的都是后两者，主要是跟着家里人练习，或者通过给别人打工来练习。在这个时候，无论出去跑业务，还是自己办企业，他们都面临社会经验不足、缺乏社会信誉的困扰，不但别人不信任，而且父母往往也不放心。20岁之后，有一部分人开始走自主发展的道路。通过几年的工作，他们对于这个行业的基本情况已经了解，并且在人们当中树立起了一定的信誉，在这种情况下，跑业务或者开企业的父母就会开始有意识地把自己的一些业务往他们的手中进行转移。比如，一些父母会带着儿子到原来自己联系的业务口走一圈，把进一步联系的任务转移给自己的儿子，或者把企业管理上的一些事情逐渐让儿子来做，锻炼他们的经营能力。还有一些父母，虽然自己没有这些条件，但会尽量让自己的儿子跟着叔叔或者哥哥等比较亲近的人外出跑业务。在这个年龄阶段，他们最多的是选择外出跑业务、给自己家干活或给别人打工。实际上，20～25岁，收入还不是最重要的，关键是在职业上开始出现分化。在这个阶段，对于他们来讲，最核心的任务不是赚钱，而是解决自己的婚姻问题。

25～29岁，绝大部分都是刚刚结婚，并逐渐从原有的大家庭当中分离出来，逐步获得独立的社会地位②。在这个年龄阶段的女性，大部分刚刚来自其他家庭或者社区，并迅速承担起养育后代的责任，在这个阶段，她们的主要职责就是生儿育女。男性青年在这个阶段变化非常大，他们

---

① 这是我们在调查中听数个家长讲过的一句话。

② 按照对于该村人口资料的分析，户主人员的连续性年龄分布从28岁开始，非户主已婚人口的连续性年龄分布为22～32岁，获得户主身份的中值年龄大约为30岁。

要逐渐脱离对原生家庭的依赖，独立承担起建设一个家庭的任务。他们在就业方面进一步分化，并逐步稳定下来。在这个时期，增加收入与确立自己在社区当中的地位都是非常重要的。对于他们来讲，有的家庭条件比较好，在结婚之前已经拥有了新的住房，有的在结婚的时候还没有自己单独的住房，仍然与自己的父母居住在一起，住房情况比较紧张。在这种情况下，他们还要为建新房做准备。在这个阶段，他们一个比较明显的职业变动特征是逐步从打工职业中退出。一方面，他们经过一段时间的工作积累，已经具备了单独从事经营业务的能力与社会身份；另一方面，成家立业之后，经济方面的压力也迫使他们必须从打工的身份当中退出，从事单独的经营，以赚取更多的收入。此外，打工的身份还在很大程度上制约了他户主身份的确立，影响了他的家庭成为一个独立平等的单元。

30～39岁，这个时期是家庭最稳定的时期，孩子上中小学，开支也不大；父母年龄一般也不是很大，基本上还可以从事劳动，至少在很大程度上可以自理。这个时期家庭的负担最小，独立性最强，他们在经营活动中的自由度较大，这也正是大部分家庭财富积累的主要阶段。其间，家庭主妇逐渐从家务劳动中适度解放出来，如果愿意的话，可以在家庭经营当中充当半个劳动力。她们这个年龄的人，有的与丈夫一起外出做生意，有的在家里面帮助丈夫管理企业、参加生产。当然也有一部分并不参与家庭经营活动，仅仅从事家务劳动。这个年龄段的男人，职业与社会地位基本上比较稳定了，每个人在同龄人当中的位置和角色也基本上固定了。对于这个年龄阶段的人来讲，当年塑料加工行业开始发展时，他们正好刚刚从学校出来，大部分都从事了这一行业，并且成为这一行业最有实力的一个人群。这个年龄段的特点是：办企业的人多，跑业务的人多，外出做生意的人多，但是打工与从事传统行业的人少①。按照目前的生活水平，虽然大部分家庭都比较富裕了，但家庭经营的目的基本上还是局限于简单的家庭消费，他们很少为了扩大生产而影响家庭生活。因此，许多在结婚之前没有住房的家庭，在这个阶段往往都会建造起新

---

① 这是年龄对于职业选择影响最明显的一个表现，目前，赵庄子村的主要企业都是处于这个年龄段的人开办的。记得村内一个办企业比较成功的人士在评价现在打工的小孩时说了这样一句话："现在当老板的就当老板了，现在还没有当老板的就永远打工了。"他对塑料加工行业发展之初确立的分工格局对于今天家庭的就业格局的影响很有感触。

的住房。处于这个阶段的家庭，闲暇时间是最多的，他们一方面没有必要为了生计耗费掉全部的精力，另一方面也没有更好的办法获得更多的经济收入，进一步扩大再生产的投资欲望也不是很强。他们的劳动时间与收入水平基本上都限定在一定的范围之内。这个阶段的家庭正好处于一个分化的阶段，家庭与家庭之间的差距就是在这个阶段出现的。

40~49岁，在这个年龄阶段，从妇女的角度来讲，与上面一个年龄阶段差别不大，大部分从事家务，少部分人协助自己的丈夫进行经营活动，从男性角度来讲，从事塑料加工行业的人数在比例上减少了，从事传统行业的明显增多，因为在塑料加工行业最初发展时，这个年龄阶段的人基本上都有了比较稳定的职业。如果把这个阶段的人口与30~39岁的人口做一个比较的话，应该这样说是比较合适的：对于30~39岁的男人来讲，不干塑料加工行业的是因为他没有本事，干不了，因为他们这个年龄的人都是干过的，凡是不干的，都是干得不成功的；而对于40~49岁的男人来讲，不干塑料的并不意味着没有本事，因为他们本来就从事着其他行业的工作，但凡是干塑料加工行业的，确实是很成功的，是他们这个年龄阶段的佼佼者。

对于这个年龄阶段的家庭来讲，家庭的负担明显加重，但单纯从抚养比的角度来讲变化不大，因为他们的父母虽然由于年龄的原因而逐渐退出了劳动力市场，但是他们的子女却逐渐从学校出来，参加了劳动。对于一个家庭来讲，年轻人达到劳动年龄并不意味着家庭负担的减轻，主要的原因在于，达到这个年龄阶段的孩子只有两个发展方向——上大学和参加工作，上大学需要交学费，参加工作需要盖房子、娶媳妇。无论走哪一条道路，对于家庭来讲，都是一项非常大的开支。但是对于这个阶段的家庭来讲，进一步社会分化的可能性已经不大了，经过了10年的发展，凡是有能力的基本上都积累了足够的资金，面对随之而来的压力，一般也能够比较从容地应付。但是对于那些没有能力的家庭来讲，在这个阶段再努力，改变的可能性也不大了。如果说前一个阶段是家庭与家庭之间分化的阶段，那么这个阶段就是这个分化过程的显示阶段，当子女们面对婚姻市场，家庭之间的贫富差别与社会地位差距立即呈现出来。

50~64岁，这个年龄阶段的人基本上都已经当上爷爷奶奶了，从劳动力年龄的角度来看，他们还可以算作劳动力。对于这个阶段的人来讲，他们基本上已经从为子女的操劳中初步解放出来，终于可以松一口气了。这个阶段的家庭开始向三个方向分化。一是一部分经济条件比较好的，子女事业比较成功的家庭，已经不需要他们再操劳了，他们已经可以退休了。但是达到这种情况的老年人往往都是事业上比较成功的，已经有了自己的一份事业，因此会在一定程度上继续他们的工作，但是来自生活与社会的压力已经不再是他们工作的原因了。二是在另一部分家庭中，他们则主动承担起了帮助子女抚育第三代的责任，他们的子女或者忙于生产，或者夫妻双双外出经营，把孩子留给他们照顾。三是在子女经济条件比较差，或者不孝顺的家庭中，虽然年龄已经比较大了，但是他们仍然需要依靠进一步的工作来维持自己老年的生活。这一部分人大部分从事传统的农业、建筑业等。从性别的角度来看，这个阶段的女性已经完全从生产经营当中退出了，成了专门从事家务劳动的家庭主妇；而男性当中，从事塑料加工行业的已经很少了，大部分从事的是一些辅助性的工作，是传统的、收入比较低的工作。

65 岁及以上，这个年龄阶段的人基本上进入了养老阶段。在这个阶段，男性已经没有什么事情可干了，聊天、打麻将等休闲活动成了他们生活的主要内容。相反，这个年龄阶段的女性却还是保持了她们的职责，如做饭、洗衣服。由于大部分老人并不与子女生活在一起，即使生活在一起，这些事情也往往都是自己来干，所以，这个年龄阶段的妇女还是很辛苦的，但是与本文所讨论的家庭经营已经关系不大了。

（二）家庭结构对家庭经营决策的影响

处于生命周期不同阶段的家庭具有不同的劳动力结构，他们对住房投资的需求也不一样，这一点在很大程度上决定了家庭的职业选择。下面从家庭结构的角度，根据家庭生命周期对不同的家庭进行分类（见表 3）。

首先是核心家庭，基本上分为三类：老年家庭，基本上是儿女全部结婚独立之后形成的老年夫妇家庭；壮年家庭，基本上是由夫妇两人与已经成年但是尚未结婚的子女们构成；青年家庭，基本上是由青年夫妇与未成年的子女构成。

其次是主干家庭，基本上分为两类：老年家庭，由一对老年劳动力夫妇与他们刚刚成家的儿子，以及儿童时期的孙子女组成，老年夫妇为户主；壮年家庭，由一对老年夫妇（或者一方丧偶）与一对壮年的夫妇，以及他们成年但是尚未成家的孙子女组成，壮年夫妇为户主。

最后是联合家庭，基本上也分为两类：一类是一对老年夫妇（尚有劳动能力，户主）与两到三对年轻夫妇及他们未成年的子女组成；另一类是一对老年夫妇（失去劳动能力）与两到三对壮年夫妇及他们成年的子女组成，由其中的一对夫妇（一般是老大）担任户主。在目前的情况下，后面这种情况已经很少见了，基本上可以忽略不计。

表 3　家庭结构分类

	核心家庭			主干家庭		联合家庭
	1. 老年家庭	2. 壮年家庭	3. 青年家庭	4. 老年家庭	5. 壮年家庭	6. 老年家庭
家庭结构	△=○	△=○ △=○	△=○ △=○	△=○ △=○ △○	△=○ △=○ △○	△=○ △=○ △=○ △○ △○
家庭人口	2	4	4	6	6	10
劳动人口	2	4	2	4	4	6
劳动折合	0.5	2.5	1.5	3	2.5	3.5

注：每个家庭以一对子女为准；打框的为户主夫妇。

在塑料加工行业发展的过程中，一个家庭面临的职业选择有这样几种。

首先是第一阶段，塑料加工行业发展初期，选择是否跑业务。在这个阶段，进入这个行业的主要是 20 ~ 30 岁的人，是少年的后期与青年的前期。这个阶段的青年人正在选择职业的阶段，外出闯荡的劲头比较足，家里没有什么负担，也没有什么固定的职业需要他们放弃。所以进入这个行业的基本上是在当时存在这个年龄段男性劳动力的家庭，包括 2、3、4、5、6。

到了第二个阶段，选择就多样化了，首先在业务当中选择外出摆案子，还是跑业务；其次是选择跑业务，还是搞生产；还有在生产当中选择需要资金比较多的吹膜，还是需要资金比较少的制袋或者印刷。在第一种选择当中，相对于单纯跑业务，外出摆案子的家庭需要额外具备两个条件：一是家庭当中能够长期脱开身；二是一定的协作关系。适合外出的家庭主要是这两种情况：一种是青年劳动力后期，也就是 30 ~ 40 岁的青年夫妇，他们所具有的条件是，一方面孩子稍微大了，可以让爷爷奶奶照顾了，另一方面在他们这个年龄，父母一般年纪还不是很大，不但可以照顾自己，而且可以帮助他们照顾小孩，从这个角度来看，适合的家庭类型是4、6；另一种就是壮年劳动力，一般的情况是父子一起外出，剩下妻子在家照顾上了年纪的老人，适合的家庭类型是2、5。

第二种选择是外出跑业务还是搞生产。这种选择主要是跑业务的家庭是否选择上机器的问题。在一个跑业务的家庭当中，青年男性劳动力一定是外出跑业务的人（当然他们在跑业务的空间也从事生产与管理），那么是否能够选择生产就要看除了这个人之外其他家庭成员的劳动结构。如果从事生产，不但需要具体的生产人员，而且需要专门的管理人员和基本的厂房，按照一般的规律，中青年主妇与老年男性劳动力适合从事管理工作，但是不适合从事直接的生产，适合从事专职的直接生产的是少年男女与青年男性劳动力。这样说来，在上述家庭当中，最适合转向生产的家庭类型是2、5、6，因为这些家庭一般情况下不但有充分的生产劳动力，而且有基本的从事管理的人员，并且处于这个周期的家庭，住房相对来讲也比较宽敞。家庭类型3、4的特点是，管理人员充分，但是劳动力不足，并且从住房的角度来看，往往比较紧张，可以实行雇佣劳动。

第三种选择是生产当中的选择，这种选择主要取决于家庭的资本积累。从这个角度来考察，有资本积累的家庭应该是需要在生活上进行积累，但是还没有付诸消费的家庭，主要是有青年劳动力的家庭，也就是从子女下学到子女结婚这个阶段的家庭。在这个阶段，子女大部分已经下学，成为劳动力，但是父母年纪还不大，因此还没有太大的开支，正是家庭消费最小的时候，并且家庭需要为了子女的婚嫁准备大量的资金，所以这也是积累动机最强的时期。在这个阶段，一般是家庭资金最为宽裕，同时也是劳动力最为宽裕的时间，最适合从事吹膜行业，适合的家庭类型是2、5与3、4、6后期。

六 结论：家庭经营的"双生产"模型

在中国农村的家庭经营当中，产品已经不是恰亚诺夫时代的"既能出售也能自己消费"的农产品，而是新古典经济学企业理论所讲的一般性的"市场产品"。但是由于这种经营采取了家庭生产的组织方式，生产与生活紧密结合，竞争性的劳动力市场和住房租赁市场也不成熟，所以在这种情况下，家庭经营的成本核算和经营决策既不同于恰亚诺夫的"家庭农场模型"，也不同于贝克尔的"家庭生产函数"。

在工业化过程中从事家庭经营的中国农村家庭，在从事生产经营和家庭消费的过程中，并不能满足现代经济学所讲的可分性原理。在某种意义上讲，家庭的生命周期决定了家庭的劳动力结构和住房、资金等资源的拥有情况。在面对一个新兴的工业产业引入时，这种劳动力、住房和资金的不同组合结构决定了他们的进入选择与经营决策。这种决定因素的背后是从事家庭经营的农户所独有的"成本核算"逻辑。如果把这个"成本核算"与"经营决策"逻辑进行总结的话，可以称之为家庭经营的"双生产"模型，当然，这个模型并不是恰亚诺夫"家庭农场模型"与贝克尔"家庭生产函数"的简单加总。

参考文献

加里·斯坦利·贝克尔，1998，《家庭论》，王献生、王宇译，商务印书馆。

赖因哈德·西德尔，1996，《家庭的社会演变》，王志乐等译，商务印书馆。

马鸿运等，1993，《中国农户经济行为研究》，上海人民出版社。

恰亚诺夫，1996，《农民的经济组织》，萧正洪译，中央编译出版社。

文贯中，1989，《发展经济学的新动向——农业租约与农户行为的研究》，载汤敏、茅于轼主编《现代经济学前沿专题》（第 1 集），商务印书馆。

邹树林，1988，《近年来关于农户经济行为的论争》，《经济学动态》第 4 期。

Becker, G. S. 1965. "A Theory of the Allocation of Time", *Economoic Journal*, 75.

Biggart, N. W. 1994. "Labor and Leisure", in *The Handbook of Economic Sociology*. Edited by Neil J. Smelser and Richard Swedberg. Published by Princeton University Press.

Ellis, F. 1988. *Peasant Economics*: *Farm Households and Agrarian Development*, Cambridge University Press.

专业人员的处境变迁和专业性的双重逻辑：大企业受薪人员个案研究

第迪埃·得玛哉尔[*]

在生产物质产品或大规模提供服务的大公司中，劳动方面最突出的变化就是对受薪人员要求的变化。他们需要面对各方面的变更：业务范围、工作内容、业绩评估标准以及效率的定义。这些变化波及国企、私企或行政部门，直接影响到以某个特定工种为参照而建立起来的劳动群体。当然这里所说的影响并不能被简单地理解为（或多或少）同形同质的能使工种和劳动集体失调或解散的力量。它们更多地表现为多种动态过程，其作用是重新制定职业分类规则和重新分配集体归属。

本文将从两个层面探讨这个问题。第一个层面是理论层面：我们将推广性地运用一个经典学说。此学说认为，长期被用作规范和理论模型的自由职业的专业模式（Carr-Saunders & Wilson，1933；Wilensky，1964）不只存在于狭小的自由职业圈，还延伸到了现代大公司中的中等受薪阶层（Larson，1977）。根据这个学说，大企业中受薪人员最为普遍的特性——管理人员当然除外——就是具有"专业性"及被承认具有"专业性"。第二个层面是经验性的：我们将尝试描写一些各有特性的劳动情景，同时它们又有足够的普遍性以便于进一步理论化。因此，我们特别关注了至少有两个共同点的法国大企业。一方面，在它们内部存在有劳动团体，他们的存在基础即他们的工种需要有战略性生产活动的性质，在企业内部已经获得强劲而公认的地位，并且被视作公司盈利和成功的标志。另一方面，由于市场竞争的加剧和经济效益要求的提高，这些企业刚刚经历

* 第迪埃·得玛哉尔（Didier Demazière），法国国家科学研究中心主任研究员。

了内部的重大波动，后者足以动摇甚至摧毁原有专业人员团体的稳定性。正是由于上述特性，我们才能将有关"劳动世界中专业人员力量的上升"的讨论放置到准确、多样化而又有可比性的背景中去。

本文研究三家企业中发生的变化：失去邮件分发垄断地位并面对各种竞争的公共邮政服务公司；进入私有化进程并以盈利为新目标的传统国有电信公司；还有一家计算机制造商——这朵昔日的民族工业之花在今天却由于错误的技术战略而濒临倒闭。我们在这三个案例中的分析重点始终是：传统上占企业中心象征地位的工种——承担信件分发的邮递员、安装电话线的技术人员和从事技术革新的工程师——在劳动性质上所发生的变化。虽然这三个工种差别较大，但从劳动社会学的广泛比较的经典视角（Hughes，1952，1970）来看，他们未来面临同样的问题。

通过比较，我们观察到在大企业不同层级工作的专业人员经历的变化：现代化、市场竞争、提高效益等政策究竟在何种程度上推动了专业分类规则的改写和集体归属的重新定义？这些现代化要求是否对专业人员构成威胁？为了解答这些问题，我们借用 Freidson（2001）的差异理论。这位学者认为，根据不同的模式，有三种不同的人群在定义工作、限定工作范围并控制其运行方式上起关键作用。他们分别是：专业模式内的专业人员、行政或组织模式内的经理和管理人员，以及市场模式内的客户或消费者。

根据三个案例提供的数据，我们首先论述在生产企业中专业性强的人员的地位以不同的方式得到强化。在文章的第二部分，我们的描述重点是：在所谓的现代化时期，被挤在企业和市场二者之间的专业人员地位尴尬，企业内部专业这个模式被污名化，变为贬值和过时的代名词。文章的最后提出新的专业模式正在形成，标志着专业定义由内部定义即取决于劳动者本人向自上而下定义即取决于管理层或客户的转移（Evetts，2003）。第二种专业定义模式历来都带有自身的特点：它与团体归属无关而更多地建筑在企业身份认同之上。当然它的具体形式根据情况而变，因此新的专业定义有很大的多样性。

一 专业人员……在企业中

相比"职业"这个更常用的名词，（企业中的）"专业人员"这一概念所指的劳动力类群的特征更为明显。它们的定义要素不仅仅是姓名、专业、劳动分工中的位置,除此之外,专业人员对他们的工作内容实施掌控甚至垄断这种掌控,他们自己确定工作方法,熟知本行业的培训方式,在企业中占据中心象征地位。此外,这些特权并不是不成文安排的结果,相反法律确凿保证他们的特殊地位(Abbott,1988)。让我们来观察三个案例的具体情况。

1. 邮递员:邮政服务的象征

相比其他类群,承担将信件分发到信箱任务的邮递员是邮政服务中人数最多的一类。他们的足迹每天都遍布法国所有市镇乡村的大街小巷,因此自然成为邮政服务一个多世纪以来的橱窗。直到20世纪90年代,从事这一职业需要遵循特殊标准:应聘考试不要求应试者有任何文凭,但后者需要接受品德调查。另外,邮递员需要经过一种专业宣誓仪式,尤其保证遵守行业秘密。这些特点共同体现一条"信件宗教"原则,即人们视信件为神圣的私人财产。这条原则成为邮政服务可信性的基础并为邮递员带来组织内部的崇高地位(Cartier,2003)。

邮递员以集体为单位掌控了他们工作的方式,同时也保证个体的高度独立性。之所以独立,主要是因为每个邮递员都负责一条专门的信件分发路线,他可以随意组织。此外,这份工作主要在企业外完成,也就是说远离管理层而与居民有近距离接触,这样更加强了上述独立性。而集体掌控的缘由则是管理层无法介入路线分配机制:分配过程掌控在地方(在邮局层面)专业团体手中,分配规则是将优先选择权留给工龄长的邮递员,这样一来专业团体在分配路线的同时也圈画了"水平职业路线"(Becker,1952),因为选择范围随着工龄的增长而扩大。

由于邮递员保持他们相对于组织的独立性并且与居民接触频繁,他们中的大部分认为自己的工作中包括一种人际关系层面(Demazière & Mercier,2003):他们的工作不仅仅是分发一定数量的信件,同时还包括或者说更是为民众提供服务。这方面的做法有很多,有人愿意多为老幼病残提供微型社区社工服务,而其他人则选择以交换服务或小型投资的形式帮助社区商家。这些做法的共同点是通过提供服务而获得尊重、物质或货币利好等个人利益。

而且,对"水平职业路线"的集体掌控弥补了组织内"竖直职业路线"机会的稀少。这里的专业典型就是终身的邮递员工作,邮递员永远承担同样的职务但工作条件逐渐得到改善：他从老邮递员挑剩的路线中开始学习本行，然后逐渐在一条适合他工作方式的路线中稳定下来。因此，邮递员这种专业人员随着工龄的递增逐渐掌握他们的工作。

2. 线路员：电信的奇葩

传统上，"线路员"这一叫法在本行业内指的是电信行政业中的一类特殊人群：在 20 世纪 70、80 年代国家工业新政指导下，他们被大批录用，安装了覆盖全法国的电话网。到 90 年代初，他们的人数占到法国电信人员的一半以上。他们中的大部分在录用后受到高水平的专业培训，被视作电话网络专家，成为该项工业新政取得成功的功臣。他们凭借自己的功绩在组织内获得了中心地位，而他们也自视为电信的奇葩。他们就是得益于这种中心位置，获取了专业人员地位，其工作受特殊规则支配。

由于他们在技术中心工作，与企业其他部门尤其是行政部门（主管互联网包月或票据的部门）甚少往来，他们内部逐渐形成一种特别的专业文化。具体表现是，相比管理层的评估，他们更看重同行的互评；管理人员中，他们只认可出身技术人员的那部分人的权威——这种逻辑近似于行会主义现象（Segrestin，1985）。管理层对他们的控制较弱，只负责检查他们是否按时完成任务，而且只要他们保证安装的技术质量，管理层并不关心他们用什么方式完成任务。在技术人员看来，评价他们工作的标准是行话所说的"干净漂亮"。新老技术人员间非正式技术和个人诀窍的传承确保了工作技巧和方法的延续。

从许多方面可以看到这个同行群体的存在：有人愿意加入捍卫公共服务的工会和提出异议的组织（它们还在技术人员严格范围内发行报刊），提出特殊待遇的诉求（艰苦工种奖金等）——这些待遇一旦得到肯定则适用于全体技术人员，不论职务差异。态度和着装也体现这种群体性：在这个男性世界里，不修边幅的着装方式和对上级的防范态度都是他们区别于其他工种的表现。

在多个工会的支持下，技术人员或者说线路员确保自己在组织中的特殊性，使这种特殊性得到承认，同时掌控着他们的工作。如果他们中有人离开技术职务上升到管理层，他们得到的位置会是技术部门的管理职位，并且不会质疑技术人员群体对其工作的集体掌控。

3. 创新人员：计算机生产业的骄傲

从 20 世纪 70 年代到 90 年代中期，法国最大的计算机制造公司研发部门的工程师代表另一类专业人员。为了捍卫法国在计算机生产这个战略行业的实力，国家大力支持这些工程师所在的工业企业。企业的核心任务关系到国家利益：设计制造计算机。最初制造大型的中央系统，而后随着 80 年代微型信息技术的出现，设计制造个人电脑。这个使命的完成质量直接取决于承担研发技术方案人员的知识与技艺，因此这部分人员在生产活动中占有战略性的地位。

相比客户（最初是银行和企业）模糊的要求，制造公司对市场的供应对于这个产业更具有决定性。在这样的公司里，设计人员扮演着关键角色（Breton，1987）。作为技术革新人员，他们在定义自己的工作时享有很大的自由空间，逐渐形成了特有的职业标准和模式。他们重视高端技术水平和机器（或程序）的美感。由于远离使用者，他们对美感的重视甚至多过对实用性的重视。因此，研发大型系统通常都是时间跨度较大的项目，从而为成立并巩固稳定的工作团队创造了条件。

他们就在稳定的环境中发展起一套专属于他们的习惯，进而加强这个专业团体的独立性。他们遵循特殊的专业标准：崇尚技术，不懈追求机器性能的提高，与机器亲密"对话"，重视实验和实践，不断创新，互相交流窍门，成立非正式或地下研究项目，等等。这种"自己人"的氛围使研发人员逐渐脱离企业内其他部门，使这些从事"隐秘"业务的专业人员成为独立的一部分。

导致上述封闭现象的原因中也有外部原因，尤其是信息技术人员的相对缺失。在这个处于扩展中的劳务市场上，他们就是依靠这种频繁发生的人工荒（Zune，2003）去谈判，对工作条件、工资和职业发展前景等方面提出要求。虽然在不同企业间的流动是信息技术人员职业生涯的一大特点，但这些"革新者"却得以在这家大制造公司中稳定自己的位置，他们的流动更多的是在企业内部进行（Stevens，2007）。这些专业人员的职业发展限制在研发工作之内，遵循特殊的规则，并依赖他们所参与的项目：如果项目成功，那么他们就有可能迅速升职。

如上所述，信息技术工程师这一团体特有的共同标准成为他们的工作观的基础，而他们的工作观反过来又有助于保持这种特殊性。这种特殊性不仅针对具体的任务，而且包括完成任务的方式、考核方法，以及由此衍生的职业发展组织方式。

二 面对专业人员的市场和企业

在上述三家企业中，特殊类群之所以成为专业人员，是因为他们不仅有特殊的分工，而且通过不同方式不同程度地掌控了自身工作其他方面的决定性因素。然而这些企业在 20 世纪 90 年代经历了重大的变化，通过不同的"剧本"引入竞争要求。接下来的问题就是市场模式是如何通过企业这一中介影响到一直很强势的专业人员团体的。

1. 提供服务还是出售服务

邮政业务在 90 年代经历巨变：独立的国企宣布成立，信件分发垄断地位消失，私营竞争对手飞速增长。于是，为了应对竞争局面，降低生产成本，强调商业化方向，动员全体员工向效益看齐，新成立的"法国邮政"公司进行了多次改革。直到 90 年代，这些变动基本都不涉及邮递员。

但此后企业的重心转移到商业转型和效益目标上，于是邮递员就成为这种主流话语的靶心。具体表现为：首先，企业屡次尝试改变信件分发的路线以提高工作强度，由此控制他们的工作；其次，公司的商业方针要求邮递员做相关工作。两类新任务就此落到了他们身上：第一类是市场开发，即为金融顾问找到潜在客户；第二类则是在分发信件的同时售卖邮政产品（预付邮费的信封等）。邮递员的确有向部分客户提供此类服务的传统，但现在对他们的要求是售卖有偿服务而不是提供方便。工作内容的转移改变了工作定义：原先邮递员认为属于他们个人决策范畴、公司不加过问的内容现在却成为上级规定必须完成并纳入考核范围的内容。不过这些商业业务依然占绝对次要地位，因为在工会的反对下，它们还未被列入职位定义表，也不属于年度考核面谈内容，相应的奖金份额也很低。

尽管邮递员对分发路线制定进而对水平职业发展的集体掌控没有受到质疑，但公司却创造了替代性或竞争性的竖直发展可能。公司开设了一个新的职位——区域邮递员，薪酬更高而且更容易获得实质性的升迁，但职位的性质却是在 15 条路线范围内代替请假的邮递员。虽然公司高层将这个职位说成是打破邮递员职业发展屏障的一个机会，但大部分邮递员却对此举表示不满，因为这意味着他们个人不再拥有对每条路线的掌控，失去独立组织自己工作的可能，更重要的是地位的下降（因为邮递员最重要的专业标志是拥有自己的路线）。这个职位的设立开创了新的可能，即不遵循邮递员集体捍卫的专业模式而照样完成信件的分发。

新模式的成功与邮递员招聘模式的变化以及新邮递员的特点有紧密联系。在就业市场不景气的大前提下，应聘人员学历变高，而择才标准则向高学历倾斜：像学校里一样的笔试和侧重发掘"商业头脑"的面试。同时招聘合同中的行政约束减弱，公司录用有潜力或符合其新方针的人才。对这些新录用的人员来说，邮递员职位相对于他们的学历是一种降级，因而他们向往有发展前景的职位，于是区域邮递员这个职位对他们有相当的吸引力。社会和教育背景都不同的新一代代表着邮递员的新形象：对分发路线没有特殊的感情，向往升职，关心销售业绩，等待离开现有职位而就任公司内的其他职位。

老的专业模式没有消失，但随着老公务员退休和新合同的签订，它逐渐被取代。它经受的是一种蚕食，影响着专业的实践、员工的职业观、与企业的情感联系和他们面对商业转型的态度。

2. 做漂亮活还是做业绩

电信行业在 20 世纪 90 年代经历了相似但更深刻的变化：它先从行政部门转变为国有企业，再于 1996 年进入股份制，在垄断终结的同时私营服务商开始涌现（电话或互联网包月）。在这样的语境下，为了适应竞争和效益的压力，企业内部重组频繁。企业的重点由电信网络的建设转移到客户群的扩大上，因而技术人员成为内改的重点对象。

在重组过程中，技术人员失去了中心地位和独立性，他们成为被管理层。在新的组织结构中，各技术部门被归到一个大的"网络"系统，其职责是为另外两个销售系统（个人客户和企业客户）提供服务。于是，技术部门成了销售部门的外包者，两者的关系成为"客户－供货商"的合同关系。从此，销售部门主管售卖电话线，而技术人员则负责提供必要的技术咨询和服务。

重组还包括技术人员在企业内部的再分配。过去他们都属于专门的技术中心，现在他们中的一部分，尤其是专门为客户提供技术服务的那部分，被调出技术中心转而纳入销售队伍中去，而他们的日程则由销售人员根据与客户签署的合同来安排。因此，习惯于以提高电话网络质量为工作目标的技术人员直接沦为商业指标的附属品：效益取代质量成为工作目标。对网络的评价不再参照技术标准，而是参照客户的满意程度。

同时，企业逐步开展"转岗"政策，这主要意味着大力促进技术人员向销售人员转型。在这个政策指导下，新的奖惩制度终止向技术人员发放特殊奖金，目的是推动他们积极参与职能转型。这一政策受到了技术人员的抵制：他们组织了几次罢工；抗议性工会得到的投票增多。尽管如此，他们中成千上万人（根据人事部门提供的数据：15000 人）最后转职为销售人员。新制度为了推进部门的合并而削减技术岗位，同时又提出三条转岗道路。在这个极具限制性的新政扶持下，内部流动市场逐渐成长。

技术部门本身的重组也不利于技术人员团队的内部统一与和谐。新的组织方式区分了两个级别的技术人员。一类被称作"设计"和"主管"，他们的职责是保证网络的正常运行。由于使用了新的远程监控设施，他们无需到现场工作。另一类是真正的技术人员，他们服从于经理的销售任务和主管的技术需要，从而失去了一部分专业独立性。当然一些技术人员也能找到让他们满意的职位，就是那些能让客户要求及销售业绩和他们对工作的定义兼容的职位。尤其对负责为企业客户安装的那部分人员来说，他们所了解的客户需求与他们对高质量工作的理解吻合，因此与企业客户的工作关系渐渐地得到了他们的特别重视。

当然，随着工作的深度重组和客户重要性的日益显现，线路员神话中的技术人员的统一与和谐遭到重创。原有的专业模式只能在有限的几个特殊工种（如技术主管）内部得以苟存。

3. 追求美感还是追求实用

计算机生产领域的竞争环境在 80 年代发生了巨变。此前不同的计算机系统之所以能够分割市场，是因为它们各自的机器只能与自己的软件相容。不同技术方案间互通性的缺乏有力地保证了各公司锁定自己的客户。但是个人计算机和统一标准的出现打破了卖方市场的控制：虽然顾客群得以扩大（尤其是扩大到个体用户群），但竞争中的价格因素却在一定程度上取代了技术革新因素。于是买方市场逐渐成熟，迫使厂家内部进行深度重组，从而对技术革新人员即工程师产生了直接的影响。

不管是工业计算机还是个人电脑，各种产品的标准化进程都使技术人员设计的产品骤然间失去了意义。他们原来之所以有存在价值，是因为他们是保证企业技术发展的专业群体，而这种价值现在也遭到打击。

他们原先主持的许多项目遭到放弃后——创新发明的要求减少，取而代之的是产品向标准化升级的要求，他们的工作内容发生了变化。除技术转轨外，工作意义本身也变了：研发部门的信息技术人员此前忠实的宗旨是技术的美感，而现在他们却必须服从于使用者的需要，必须将实用性和效率与自己的工作相结合。

在企业内部，销售和业务开发部门则变身为潜在客户的代言人；此外，在激烈的竞争中，设计生产必须提高速度才能适应产品寿命缩短这一事实，这些都大大地削弱了技术人员对自己工作的意义和方式的控制。从1979年（那时研发周期为三年）到1990年，产品的研发周期缩短了三倍。"忠实的客户"既已成为历史，技术人员再没有权利告诉顾客"什么是好产品"，同时他们也不再有时间可以按照美感逻辑设计产品。他们很多人都给人一种马虎了事的感觉，对新的工作评价标准产生敌对情绪。标准不再是以美为上，而是以实用为上。

上述原因使技术人员的工作变得非常不稳定。首先，他们需要学会在不同的项目间迅速过渡，这一点对他们的团队建设极为不利。其次，为了满足客户（企业）的要求，他们中的很大一部分人必须实现真正的职业转轨：要么向软件研发转变，这就要求他们学习程序语言，要么向提供和维修定制服务转变。90年代初，为弥补新产品销售利润的下降，企业决定将一半以上的研发人员调整到客服部门。这样一来更加速了职业转轨进程。由此，他们的工作条件发生了质的变化：现在他们必须提供上门服务，工作环境界定不明确，与同行隔绝，工作时间不固定，客户需求模糊，等等。对于转型为服务人员的原技术人员而言，变化还不止于工作内容、节奏和环境的不确定。他们还感觉到双重的依赖性：一方面，他们依赖销售部门，因为后者负责（根据能力）分配任务并事先制定服务合同；另一方面，他们还依赖客户，因为他们需要向客户详细解释收费细则直至其满意为止。通常原技术人员都很难顺利地适应这种职业领地的转移和工作自由的消减。

经历这些变迁后，工程师不仅逐渐失去了内部的职业市场，而且必须面对年轻人的竞争。后者拿着信息技术专业的大学文凭，受到过服务方面工作的训练，还对服务所要求的职业流动做好了心理准备。不管从工作的层面还是完成这些工作的人员本身来看，信息技术工程师群体的内部差异呈日益增长的趋势。

三　专业性的两种定义

在大型劳动组织中，某些特定的劳动群体并非处于高层但拥有专业上的独立性，也得到其他人对这种独立性的承认，他们以自己的工作为核心成为有组织的专业群体。但对不同企业的调查数据却显示另一种的专业定义正在出现，这种定义所衍生的生产逻辑本身带有矛盾性。

1. 自下而上的专业定义和专业人员主动寻求的以工作为中心的身份认同

我们在不同的企业内部观察到两种不同的过程，它们分别在特有的语境下界定什么是专业性，规定专业人员的评判标准，给予或收回这种资质。第一种是由劳动者内部为了掌控自己的工作和工作的管理标准而自发形成的。第二种则是为了向劳动者施加限制，制定新的管理规范、工作组织和任务分配方式，而由外部形成的定义方式。

这一发现促使我们重新审视专业人员、组织和市场间的关系。在自由职业领域，专业人员与市场组织之间的对立关系相当明显（Demazière & Gadéa，2009）。而我们在一些远离自由职业的劳动组织中看到专业人员也能够在大型生产组织中形成群体，并在其中获得由特殊规则支配的属于他们自己的领地。

我们观察过的每一个企业的生产都有强大的组织结构，专业人员的身份和合法性都十分明显。这些群体在企业内部人员类别划分中属于专门的一类，他们曾经获得很大的自由去定义一系列内容：自己的工作及其完成和评估的方式。从这个意义上说，他们的自由不能被简单地等同于源于规定工作和实际工作间的差别的自由，也不是以职业秩序为中心而成立的自由职业中的制度性自由。这些专业群体之所以能够获得深层的自由、优越的工作条件、强加他们自己对工作的定义，是因为他们把自己看作组织的支柱，而且别人也同意这样的地位诠释；还因为他们在特定的历史语境中成为企业的象征、企业的骄傲。

在这些劳动语境中，掌握一门工种就成为一种资源，劳动者借此寻求获得专业人员的身份。在相似的条件下从事同样的工种、与同事建立互动关系、互相传授技艺和窍门、对工作的象征意义拥有同样的理解，这些都是铸成专业群体和专业身份认同的元素。但这种专业模式也离不开组织。它的持久性和合法性取决于它与企业间的匹配度、企业的发展策略和目标、企业的内部政策。因此这种专业模式也深深地依赖它所处的官僚模式。

2. 自上而下的专业定义和企业强加的以企业为中心的身份认同

但三个企业中，产业和管理政策的变迁都动摇了历史上沿袭下来的专业模式。虽然每个组织都有其特性，但我们还是观察到了一些共同现象：竞争出现和激化、效益逻辑上升、服务类工作重要性提升、客户成为工作调控的中心。市场逻辑进入企业，成为打破原有平衡并达到新平衡的杠杆。

组织变迁中会达成一些妥协，这些妥协又会促成专业群体。然而这些妥协受到了不同方式的破坏，虽然结果不尽相同，但每个个案中这个破坏过程都通过一系列杠杆将内部差异化的因素导入专业群体内部：工作的内部承包改写了部门间和员工群体间的关系，工作效率和销售指标的完成情况成为评估标准进而开辟了新的职业发展机会，专业市场和职位流动壁垒减少，效率跟踪个人化，员工在部门间流动加速，新招聘的年轻人拥有不同背景和职业理想，等等。

面对历史上形成的相对独立的专业人员，企业也拥有了一些控制工具，更有力地配合上述这些变化。同时，这些变化也催生另一种专业定义，与自下而上的专业定义不同。首先因为它是自上而下形成的：它是来自决策层和管理层的命令，贯穿所有工种，以客户为中心，以销售业绩为重。这种专业定义与原有定义有两点本质区别：第一，它自上而下，而原有模式则是从事某一工种的劳动者联合的产物；第二，它将效率推崇为普遍规范，而原有模式则以职业认同为中心。

职业认同是铸成专业群体的基础，是区别于组织中其他成分的依据。而新的专业模式恰恰不以员工内部对职业认同的寻求为中心。新的专业模式是由外部强加于内部的，以企业文化为共同身份，鼓励员工奉行客户和效益至上的原则为公司的业绩做出贡献。市场运行依靠客户和消费者，企业运行依靠管理和等级制度，市场的模式被"翻译"到企业内部后，产生了新的专业模式，与过去的专业归属无关，甚至与其对立。

专业模式的变化并非简单地表现为特殊工种人员的消失，而是反映为内部发展轨迹和专业归属的多样化。也不是说大型组织中出现了一种新的模式替代原有模式，而应理解为专业归属判定问题上发生了多种意义迁移。但有一点是明确的：以工种为依据的归属与新的专业归属完全不同。因为与自由职业的情况相左，新的专业性不以劳动者的行业归属感为依据，与任务类型或工种内容的界定无关。

因此，根据不同语境——自由职业或受薪领域，"有专业性"的含义可以大相径庭，甚至可以说自上而下的专业定义与自由职业的专业定义是对立的。如果企业在定义劳动的意义时经常引用"客户"这一形象，不是为了定义客户的位置并赋予其"外行"的角色（Freidson，1986；Abbott，1988），而是为了给管理层找一个代言人去提出效率和责任至上的原则。

在受薪领域，专业性是个模糊和多义的概念。一方面，它是一种劳动者寻求的目标，因为他们希望提升劳动的价值、掌控自己劳动的标准、寻求外界对他们的知识技术的承认、提高自己的合法性、掌握自己的发展；另一方面，它又是企业的指令和政策，其目的是调动员工的积极性、提高业绩、加强责任心、鼓励竞争、改变工作内容。

在我们调查的有限范围内，我们看到大企业中新的分工和专业归属呈多元化趋势。如果将研究扩大到国际范围，这种现象可能更加明显。但分析不应由于多样而变得过于分散，因此我们认为，当代专业性的两种定义可以成为一种分析视角，为比较性研究提供参考并接受不同田野的检验。

参考文献

Abbott, A. 1988. *The System of Professions. An Essay on the Division of Expert Labor*, Chicago, The University of Chicago Press.

Becker, H. 1952. "The Career of the Chicago Public School Teacher", *American Journal of Sociology*, 57, 5: 465 – 482.

Breton, P. 1987. *Une Histoire de l'Informatique*, Paris, Seuil.

Carr-Saunders, A. M., & Wilson, P. A. 1933. *The Professions*, Oxford, Clarendon Press.

Cartier, M. 2003. *Les Facteurs et leurs tournées. Un service public au quotidien*, Paris, La Découverte.

Demazière, D., Boussard, V., & Milburn, P. (dirs) 2010. *Heurs et malheurs du profes-*

sionnalisme, Paris, Presses Universitaires de Rennes, à paraître.

Demazière, D. , & Gadéa C. (dirs) 2009. *Sociologie des groupes professionnels. Acquis récents et nouveaux défis*, Paris, La Découverte.

Demazière, D. , & Mercier, D. 2003. La tournée de facteurs. Normes gestionnaires, régulation collective et stratégies d'activité, *Sociologie du Travail*, 2, pp. 237 – 258.

Evetts, J. 2003. "Explaining the Construction of Professionalism in the Military: History, Concept and Theories," *Revue Française de Sociologie*, XXXXIV – 4, pp. 759 – 776.

Freidson, E. 1986. *Professional Powers, A Study of Institutionalization of Formal Knowledge*, Chicago, University of Chicago Press.

Freidson, E. 2001. *Professionalism. The Third Logic*, Chicago, University of Chicago Press.

Hughes, E. C. 1952. "The Sociological Study of Work: An Editorial Foreword", *American Journal of Sociology*, 57, 5: 425 – 426.

Hughes, E. C. 1970. "The Humble and the Proud. The Comparative Studies of Occupations", *The Sociological Quartely*, 11, 2: 147 – 156.

Larson, M. S. 1977. *The Rise of Professionalism. A Sociological Analysis*, Berkeley, University of California Press.

Piotet, F. 2002. *La révolution des métiers*, Paris, PUF.

Segrestin, D. 1985. *Le phénomène Corporatiste. Essai sur l'avenir des systèmes professionnels fermés en France*, Paris, Fayard.

Stevens, H. 2007. Destins Professionnels des Femmes Ingénieures. Des Retournements Inattendus, *Sociologie du Travail*, 49, pp. 443 – 463.

Wilensky, H. 1964. "The Professionalization of Everyone?" *American Journal of Sociology*, 2: 137 – 158.

Zune, M. 2003. De la pénurie à la mobilité. Le marché du travail des informaticiens, *Formation Emploi*, 82, pp. 11 – 21.

（胡瑜译，北京第二外国语学院欧洲学院法语系副教授）

法国的职业关系、调控和集体行动

米歇尔·拉尔芒[*]

在我们当代人的所有活动中，工作始终处在一个人们可以选择的位置。这种现象并不是最近才有，在法国和世界上很多其他国家很早就能观察到。这就是为什么在过去和现在的经济社会学中，人们总是特别关注劳动社会关系在经济世界构建过程的各个领域是如何起作用的：劳动力的报酬方式，劳动组织的相关规则，就业管理，社会保障，等等。对于研究"职业关系"（或者英语中所说的"工业关系"）专家来说，他们更是致力于这方面的研究项目。

更精确地说，当人们大量参照 J. T. 邓洛普（Dunlop，1970）的研究成果进行观察时，他们常常会使用"职业关系"这个词，指称在一个企业、一个行业领域、一个地区或整个经济中，构成雇员、雇主和国家之间关系的所有的做法和规则。这种关系可以是个人的也可以是集体的，可能是劳动关系中的参与者或他们的代表（雇员工会、雇主协会）的直接行为，并根植于习俗中，或是导致了一些正式规则（协议、契约、规范、法律……）的产生。这种延展性的定义使人们能够划出一块研究领域来，其中某些研究主题更是重点。工会运动的建设和演变就是这样，而在雇员成为主要的法定形式的一些国家里，集体冲突和协商的形成与变化也是如此。

法国的情况就是这样。要知道，目前有 2700 万名 15 岁以上的人（47% 为女性）属于所谓的"劳动人口"，其中 19% 的人有一份工作，其余的人是失业者（也就是一些失去工作和正在找工作的人）。在工作的人

---

* 米歇尔·拉尔芒（Michel Lallement），法国国家工艺美术学院教授。

中，9/10 的人是雇员，大约 3% 的人务农，23% 的人在工业领域工作，剩下的从事服务业。要想很快了解概貌，我们还应看看年龄分布的情况：年龄在 15～29 岁的人占据了 19% 的职位，30～49 岁的人占据了 56% 的职位，50 岁及以上的人占据了 25% 的职位。除了行政领域之外，300 万家企业在劳动界占据了主要地位，其中，2% 的企业集中了法国员工总数的 90%。①

在前文中，我们很快地浏览了这些因素，这不仅是为了了解法国劳动界社会经济现实的总体情况，而且是为了把握影响法国职业关系体系的这些变化的意义和挑战，而其中包含集体行动的变化。为了将这个主题阐释得更精确，本文将分为四个部分：首先，简要介绍法国职业关系体系的历史起源；其次，讲述这个体系的三大独特之处；再次，强调从 1980 年以来的一些清晰可见的变化的重要性；最后，说明人们对法国的劳动关系只有一种单一的模式的看法是错误的，因为在国家以下的规范调整中存在多种多样的形式。

一 法国职业关系体系的起源和特性

关于法国职业关系的产生，有几个标志性的日期需要指出。1864 年，承认罢工权；1884 年，关于成立职业工会的法律颁布；1895 年，法国劳工联合会成立；1901 年，冶金业和矿业联盟问世（在冶金工业公会的推动下）；1906 年，劳动部成立。这些基本参照因素不应该掩盖另一个事实，即工人的工会组织早在 1884 年法律颁布之前就已经按照各种职业建立起来，随后又采取了按照不同工业种类进行组织的模式。另一个现象也证实了 M. 奥尔森（Olson，1978）关于集体行动的活力中规模化所起到的作用，雇主联合组织最早也是分不同职业在地方上成立，这些团体很快也转变成按行业领域或工业类型划分的地区和（或）国家组织。

正如 S. M. 里普塞特（Lipset，1983：1－18）所展示的，由于人们较晚才获得经济方面的公民性（与政治公民性相反②），而且其中的阶级结

---

① 50% 的员工所在的企业员工总数超过 500 人。

② 男性公民的全民普选，当然是有限范围内的，因为有纳税限制，这在法国是 1799 年开始实行的。

构也是相对僵化的，19 世纪末的法国的特点是存在一些激进的工会和强大的改良型党派。从一开始，法国的工会就自视为工人阶级集体利益的机构代表。对于其中一部分转向了革命行动的成员来说，在企业里接受选举等同于出来并声称可以合法代表工人利益，这是完全不可能的。到1968 年，工会才真正在企业中获得了公民权。从历史角度来看，法国工会最初拒绝将企业当成一个合适的集体行动场所，尤其是协商场所。至于雇主方面，情况也是一样的，但理由却全然不同。在很长时间里，法国的雇主们拥有同一种企业文化遗产。企业被看作私有物，他们认为企业不能作为与工会组织进行谈判的舞台。1950 年，法国机械及冶金行业工业联盟（UIMM）公开对当时有关最有代表性的组织的国家集体协议表示敌意，仍然本着这样的想法声称："如果在企业内部开展工会行动的话，这将抹杀企业只能作为工作场所的特性，而企业保持中立更是根本性问题。"

为了这两重理由，法国的企业和英美国家的不同，并没有成为职业关系发展的摇篮。在国家的推动下，企业首先在行业内建立起了一些调控原则，从而得以规范劳动力的使用情况。从法律角度来看，这种模式在法国逐渐而持久地维持下来，最终在 20 世纪确立了四项基本运行原则：强制性效应原则①，普遍原则（协商获得的利益由所有雇员共享，不管其是否加入工会），签署协议②的工会必须具有代表性的原则，社会公共方面的原则③。从社会学角度来看，主要是从 20 世纪下半叶开始，这一点通过职业关系对阶级关系和（劳动）市场关系由于多种条件而产生的决定性表现出来：一方面，直到 70 年代，大型的社会冲突将劳动放在斗争的核心位置，大型工会组织斗争如火如荼，它们能够集中引导主要的斗争力量；另一方面，通过大企业内部劳动市场和双方共同管理的社保体系逐步建立起来，劳动和就业问题被牢固地嵌入一个不大的制度网

---

① 根据该原则，人们不能违反已经协商通过的规范，企业必须遵循这些规范。

② 为了具有代表性，工会必须满足 5 项条件（正式被纳入 1950 年的一部法律中）：达到最低限度的员工数，独立，会费制，工会的经验和资历，在二战的被占领时期表现出爱国主义态度。通过 1966 年 3 月的 41 号决议，法国政府确定了对于国家行业协议来说具有代表性的组织名册，至今仍然有效：法国总工会（CGT）、法国工人力量总工会（CGT-FO）、法国民主联（CFDT）、法国天主教工联（CFTC），以及法国职员工会 – 企业行政管理和技术人员总工会（CFE-CGC）。

③ 根据该原则，从法律上说，工会和雇主组织协商通过的集体协议必须有助于改善雇员生活。

中，能够避免极端自由主义带来的偏差。

二　当代的三大特点

和欧洲以及别的地区的其他职业关系体系比起来，法国模式至今已经积聚了三大特点。第一个特点就是表面的弱势。法国工会化比例极低（8%～9%）①，为经济发展合作组织中最低的国家之一。再加上雇员工会组织相对数量较多（起码与其他情况相当的职业关系体系相比是这样），它们之间极少有政治上的和谐，而且现在它们通过自己掌控的一些反对垄断的新组织形成竞争。雇主联合会则有可能首先吹嘘自己的力量比代表劳动者利益的工会组织强大。难道说70%的法国员工所在的企业没有加入一个雇主联合会？实际上，很多迹象表明这样一种危机，和雇员工会所遭遇的危机相似：雇主们参加行业选举的比例持续下降，小企业的利益没有得到很好的代表，过去那些雇主的战斗热情也不复存在。

第二个特点是职业关系界的参与者大量融入经济社会领域。这一点通过不同方式表现出来。法国是协议覆盖率最高的西方国家之一（几乎9/10的法国员工参与到一项集体协议中，主要是通过所谓的扩充程序）。然后，员工组织在很大程度上依赖国家的财政输入。而工会交纳给各自联合会的会费大约占了后者收入的30%。如果再加上来自订阅工会刊物的自有资金及其广告收入，以及记事本和日历等物品的销售收入，这个比例可以占到总预算的40%左右。

此外，职业关系中的角色也参与到大量咨询、仲裁、协商和管理机构的活动中。这种做法不容忽视。员工工会和雇主联合会负责的这些机构（互助会、社保局、退休金管理处等）中劳资双方代表人数相等，这些机构管理的金额超过了法国的政府预算。

这种机构参与能带来一些明确的物质好处。举例来说，对资金和职业培训的管理能使某些人享受到大量资源，但方式上多少是有些隐蔽的……②

---

①　美国实行授权制（在企业内部通过投票决定是否同意成立工会），而法国则不同，加入工会属于自由、自愿的个人行为。

②　尽管人们从20世纪90年代起就采取了措施来使这些基金的管理变得透明一些（尤其是雇主提供的职业培训基金），但不透明仍旧占主导地位。冶金行业工业联盟最近的"事件"就是一个案例：联盟的前主席被指控2000～2007年抽取并分发了至少1900万欧元的现金。

第三个特点就是缺乏社会和平的义务。在德国等国家，一旦签署了一项集体协议，那么在协议到期之前是不能举行罢工的（按照不同协议，2~3年的期限）；法国则和这些国家不同，劳资冲突随时都可能会发生。一定要总结的话，可以说在德国人们总是在罢工之前先进行协商，而在法国，则是反其道而行之，这种说法倒也不失真实。

三　动荡变化：80年代作为转折

职业关系体系历史悠久，今天已经获得劳动力市场准入的操作者地位。各个角色共同协商得出的规则成为规范劳动管理的国家、产业或地方模式的操纵杆……这些规则更是让劳动领域的现实远离了纯粹、完全竞争的标准模式。一切都没有因此而僵化。在法国，从20世纪80年代起，几项深层的变化动摇了战后的主导调控机制。工会组织越来越少陷入法国社会的核心冲突，逐渐远离一些劳动调控的选择（例如涉及专业技能培养方面），它们成为"社会工作"的管理者。为了阐明这种判断的意义，我们要强调一下究竟是哪三大变化。

第一个变化涉及工会运动。除了工会参加率在80年代中期持续下降之外，我们还观察到一种工会行动界的分裂。我们可以区分出四种不同的工会行动方式。第一种是行动型工会主义（汽车制造业是标志性行业），这种模式在生产组织中长期占有主要地位。这种工会主义围绕社会斗争而建设起来，被认为是一种强烈的集体身份的认同工具，它主要强调了对劳动市场规则的控制、对职业的尊重、群众动员的重要性和对管理方面的妥协表示拒绝。第二种是共同管理型工会主义，更多地集中了干部身份的员工，而且主要是在服务业中，与前一种情况相反，它建议工会参与到针对雇主提出的目标和方法的讨论中去。第三种是服务型工会主义，其特点是希望能通过选举的方式（所谓的职业选举）扩大自己的影响力，它主要在两方面展开行动：一方面，提供一些文化、娱乐和体育活动……（这些活动主要通过企业委员会提供）；另一方面，给雇员提供信息（关于他们的地位、职业前景……）。第四种是行会型工会主义，实际上是具有清晰职业身份的行业，这些行业能够对其所在的劳动市场的封闭产生作用。

第二个变化涉及冲突。尽管有一些特殊的爆发性运动（例如1995

年），行政管理的指数——首先就是个人旷工的天数——显示出罢工行为的减少趋势。法国劳工部一次调查（2005 年）则表明对于这个判断还应仔细考量。这次调查的首要意义在于它显示了企业中的劳动关系的变化。我们能观察到什么？从根本上说，传统的冲突让位于一些比以往更短期的抗议形式，正因此我们也更难以对此进行具体统计（闪电罢工、停工、请愿、游行、拒绝加班……）。如果考虑到这个新的因素，我们就可以推翻人们通常对法国社会斗争所做的判断。例如，在 2002～2004 年间有关劳动的冲突有增无减。

第三个变化涉及集体谈判。在法国和在其他地方一样，我们从 20 世纪 80 年代初就观察到有关职业关系的地方分权运动。这场运动伴随主要雇主联合会的论调的突然明确转变，即使作为主要参照的言论不一定转变。文化遗产退场！从此，企业主阶层将成为雇主行动的主要参照①。这两项并行的变化具体表现为企业被设立为调控规范的新场所。在工作时间方面，我们因此看到一些新的社会交换形式得到政府明确支持而普及开来：政府在 80 年代和 90 年代颁布了大量法律，鼓励企业减少工作时间，而作为交换，则给予企业更大的灵活性（例如，通过对其使用情况采用年度计算而不是每周计算的方式），也就是说通过这样做来打破行业协议，甚至可以违背劳动法。

从 20 世纪 80 年代初起，集体协商便因此失去了过去为利益而协商的性质，逐渐转变成讨价还价，其目标是在经济灵活性的名义下实现"双双付出"的妥协。在信息技术领域，笔者为此进行了一些调查，从而更精确地展示出在改行 35 小时工作制时曾对企业协商形成起作用的三种主要逻辑②。第一种逻辑表现为进攻型的合理化意愿。其抱负是利用法律规定的 35 小时工作制协议，给企业对话和企业发展以优先地位。第二种逻辑受到最小平衡哲学的启发，决定了这种合理化的逻辑最为接近形式法的要求。它极少激发工作和就业组织观念的革新，但保证了能维持相反力量的平衡，并且遵守法律的各项规定。而在第三种逻辑中，我们面对的是一些极简主义的协议，而其最明确的意义之一就是更多地求助于法律规定，而不是利用改行 35 小时工作制的契机来重组劳动或是企业内的

---

① 1998 年法国国家雇主中心（CNPF）变身为法国雇主联盟（MEDEF），名称本身也说明了问题。

② 为了能朝这个方向发展，笔者主要分析了一份包括 132 项企业协议的样本。

等级。

为了更好地强调协商的重要性，这里还有最后一项值得阐明的。由于企业内的诉求总是越来越多样且难以预见，在这种压力下，某些企业尝试终结专业资格的模式，该模式保证雇员能获得最低限度的酬劳，而薪资水平经过与工会组织的集体协商，按照文凭程度、资历或是所在职位的某些特点来确定。从 20 世纪 90 年代起，人们开始重视"能力"。这个词背后有多种定义和实际操作，而其中最小的共同点就是希望能创造出按员工个人能力来支付酬劳的新形式。这种新变化带来的风险现在已经为人们所知：对于个性化素质的极端评估受到多方面施加的影响，每个雇员都要承受越来越大的压力，一些工作团体分裂，工会对于劳动方的调控削弱。但我们还是要避免过于夸张，因为尽管法国企业运动从 1998 年起大力提倡这种"能力"模式，但它并不仅仅是资方进攻的结果，同时还包含一种新的社会契约的萌芽，其主要内容可能是服务于各自企业的员工对企业更坚定的眷恋，并因此投入更多。与此相对应，员工们也可以享受到更大的劳动自主权，以及某些保障和资源（尤其是培训方面），从而有利于自己的职业生涯更好地展开。但现实和理论还是有很大差距，因为实际情况的评估表明很少有企业完全采用"能力"模式，所以在这种情况下，总是会出现一些武断的评估。

四 集体行动和行业规范

尽管现在时兴对资本主义的各种变化形式进行思考，近年来的经济社会学研究还是让人们打破了"国家模式"这个概念所带来的幻想。例如在法国，存在至少三种差别很大的行会主义，互相之间必须妥协：保护主义的行会主义（职业型，就像农业领域等待国家来改善其生存条件），工人行会主义（以矿工工会运动为模范，这里我们观察到的这些组织，能够强制其活动领域内的劳动市场对外封闭），共和制的行会主义（由大型公共服务行业的代表性组织构成，这种模式体现了中间机构在个人和国家之间进行服务的意愿）。这些法国式的行会形成了一个处在不稳定的未完成变化中的整体。首先是在变化之中，因为每一种形式的相对重要性随着时势而发生改变；之所以未完成，是因为总体的社会妥协政策（为了应对 1968 年运动而产生的沙邦－戴尔马的"新社会"项目，鼓励行业间协议的产生，关于收入问题进行集中协商的朦胧愿望……）从未真正成型，或者说实在是无从实施；而当我们考察行业性行会的行动的衔接时，它们往往采取爆发性集体动员的形式，所以也是不稳定的。

还是从职业关系方面来看，我们要感谢 J. 萨阁里奥给我们提出了另一种分类方式，同样也很有意义。萨阁里奥区分出以下几种职业关系。其一，"最低限度调控"的行业。由于要经受价格竞争，集体协商的好处微乎其微，而立法规范则起到根本作用。职业身份很少得到肯定，而协商则鲜能持久。比如说工作场所的清洗就遭遇了这样的情况。其二，垄断性调节的行业。这些行业由一些极为集中的企业构成，其中来自集体协商所得的利益超出了立法规范的范围。其中的活动者力量强大，很有组织能力。这些行业（如石油工业）往往是国家工业政策优先考虑的，而对企业的规范则与企业通过其寡头卖主垄断地位而影响到的行业规范有着密切联系。其三，在某些行业中占主导地位的是一种"职业垄断调控"，就像我们在公证人、法庭书记官或是药剂师这样的职业中能够观察到的。在这些行业中，所有的规则和条例都是由该行业来颁布的，而公司个体的自主权很是薄弱。也就是说，行业并非企业集合的产物，而是企业为该行业的局部机构。其四，"封闭型劳动市场调控"占主导地位的行业，例如报刊媒体业，职业能力稀有而且受控制，为员工所特有的品质。员工在面对那些想要超越这些限制的领导者时，坚持对获取这些能力进行约束。行业水平往往通过参考传统职业来决定，而传统职业给予了企业集合自己的身份。国家则起到认可封闭型劳动市场的合法性的作用。其五，近似公有体系的调控是社会劳动这样的领域所独有的。在这种情况下，企业往往是一些协会，国家是唯一的投资者，协商中的大部分对手本身也是国家的雇员。其规则体系大大偏离了现行的公务规则。

为了接触这些调控的现实情况，笔者在众多领域中选择了对大型食品分销行业进行调查，这个行业吻合了前面所介绍的模式中的第一种（Lallement，1999）。笔者利用这个机会观察到了一点，即对以上提到的各种方式都应该考虑到其活力，而不仅仅是作为僵化的参照系来看。因此在 20 世纪 70 年代的大型分销行业中存在一种最低限度的契约式的活力，从 80 年代开始，"独立企业"是一些主要的行动者，它们要对向最低限度调控发生的突变负责，甚至可以说是一种迟缓的调控。在这个领域，独立企业中有很多都打着购物中心的旗号，并从这些中心获取补给。但它们并不因此而受到任何共同管理规范的约束：两个使用同一旗号的超级市场可以实行完全相反的雇佣管理政策。

此外，这些独立企业由于提倡折扣销售而很快占据了大幅市场份额，从 20 世纪 90 年代末起成为某些领域的主体。但这些独立企业并没有加入任何签署了国家集体协议的雇主组织。它们拒绝参加协商，也不服从习惯上的规范。独立企业很早就推行保护性的灵活度（强调通过价格和薪酬来竞争，求助于大量特殊雇佣形式，最长营业时间，等等），让它们的竞争对手在离开市场或是追随这种竞争趋势中做出选择。近二十年来，一种价格竞争的逻辑逐渐被接受，它正是建立在一些比较缺乏张力的契约性实践基础之上，并随之发展起一种不稳定的雇佣管理方式。

在法国和在其他地方一样，职业关系体系现在受制于一些性质不同的力量。同时我们还看到协商的地方化运动，其目的是编订一些直接与微观经济的杂乱现实有关的游戏规则，在欧洲社会的漫长而踯躅不前的建设过程中，我们还看到向调控源头的高处而发生的转变。这些互相关联的变化之间其实并无任何矛盾之处。在国家和国际层面，协商的甚至强制性规定的往往都是些最低限度的规范，以及程序性的规则。但与此相反，地方操作者还是以灵活性的名义悄悄渗入这些标准模式当中，从而实行一些具有地方特色的调控。

职业关系体系曾长时间内被当作劳动和雇佣的纯粹商业管理的制衡，但今天它正在发生巨大改变。如果人们在解读当代的这些变化时，很快将之视为在失控的全球化压力下，减轻对经济运行的行政约束的同一政策的简单表现，那么这可能会是个错误。之所以不能选择这样的解读，是出于两个原因，而且这两个原因还指出了可能会更有成果的研究方向。首先，我们看到的与其说是对经济运行的行政约束的减轻，不如说是新的规则的大量涌现，尤其是新的调控中心的出现。因为就连与新古典经济学理论中描述的模型最为接近的那些市场，要想运行起来，也必须具备一些规则。其次，职业关系体系始终都是历史重负和国家及行业特异反应的体现。如果说有重组的话，它将根据不同社会空间而采取不同形式。这就是比较（尤其是国际方面的比较）的意义所在，而不仅仅是帮助我们来理解这些构成性的逻辑。

参考文献

Dunlop, J. T. 1970. *Industrial Relations Systems.* New York.

Lallement, M. 1999. *Les gouvernances de l' emploi.* Paris, DBB.

Lallement, M. 2003. *Temps, travail et modes de vie.* Paris, PUF.

Lipset, S. M. 1983. "Radicalism or Reformism: The Sources of Working – Class Politics ",
   The American Political Science Review, 77: 1 – 18.

Olson, M. 1978. *Logique de l' action collective.* Paris, PUF.

（胡瑜译，北京第二外国语学院欧洲学院法语系副教授）

技术就近扩散与产业空间集聚[*]

——中国原发型产业集群的形成机制

李国武[**]

一 引言

在中国的乡村工业化和市场转型过程中，很多在资源禀赋和空间区位上并不占明显优势的乡村地区却形成了规模庞大、购销网络延伸广泛的原发型产业集群。比如，河北省清河县在 30 多年前还是一个农业贫困县，当地没有畜牧资源，也没有绒毛加工的传统，但今天却已成为中国最大的绒毛加工销售集散地和重要的羊绒纺纱制品基地。2001 年，全县羊绒产业[①]产值达 60 亿元，上缴税金 1.4 亿元，均占全县产值、财政收入的 60% 以上。2002 年，加工销售各类无毛绒 12000 吨，其中山羊绒 4500 吨，占全世界的 50%、全国的 65%；纺纱 1500 吨，织布 50 万米，织衫、裤、裙 200 万件。[②] 类似于清河的案例还有很多，比如以生产低压

* 本文的核心观点来自笔者的博士论文。在此特向笔者的导师北京大学社会学系刘世定教授给予的悉心指导表示衷心感谢，也感谢在调查期间和论文写作过程中给予笔者帮助的诸多师友。

** 李国武，中央财经大学社会与心理学院社会学系教授。

① 羊绒产业主要包括初加工和深加工两块。所谓初加工就是经过梳绒机的梳理把绒毛类原料中的粗毛和杂质分梳出去。经过梳绒机的机械加工，能够把绒毛类原料分离成无毛绒、粗毛下脚料（清河县俗称"毛渣"）和杂质。深加工就是将分梳出来的无毛绒作为原料，经过制条、纺纱、针织、梭织、染整等工序，最后做成各种绒毛制品，如衫、裤、裙、围巾、披肩等。清河羊绒产业是从初加工起步的，20 世纪 90 年代中期才正式进入深加工领域。

② 参见清河县统战部编《清河县民营经济发展基本情况》。

电器闻名的温州乐清地区、以生产箱包著称的河北高碑店地区，等等。那么，这类产业集群是如何形成的，其形成的条件和机制是什么？本文试图结合河北清河羊绒产业集群的经验资料对这些问题加以探讨。

波特（Porter，1998）认为，产业集群是"一组在地理上靠近的相互联系的公司和关联的机构，它们同处在一个特定的产业领域，由于具有共同性和互补性而联系在一起"。我们把类似于清河、乐清、高碑店等地的产业集群称为"原发型产业集群"（endogenous industrial clusters），它们主要是一种依靠区域内生力量成长起来的产业集群。中国的原发型产业集群非常类似于意大利东北部地区的中小企业集聚区，意大利学者贝卡蒂尼（Becattini，1990）认为这类中小企业集聚区"是具有共同社会背景的人们和企业在一定自然地域上形成的社会地域生产综合体"。

原发型产业集群是改革开放以来在中国形成的诸多类型的产业集群中的一种，它主要分布在浙江、江苏、广东、河北、河南、山东、福建等省份。这类产业集群的主要特征有以下六点：第一，一般从事的是传统加工制造业，从业主体以中小企业和加工户为主；第二，在空间分布上，广大生产业户分布在地域上相互邻近的很多村庄或乡镇之中，甚至跨越了县域的界限；第三，每个企业一般都是从事产业的特定环节，在专业化的基础上分工协作，从事同一环节的企业之间往往也存在激烈的竞争；第四，从业主体之间的经济联系嵌入在当地的社会网络和制度背景之中；第五，这些集群所在地未必有良好的资源禀赋和地理位置，甚至在发展初期交通条件落后，现代工业基础薄弱；第六，与主要依靠外商直接投资形成的产业转移型集群不同，这类集群主要是当地居民依靠自身积累在当地创业的基础上发展起来的。

二　经济学的解释及其不足

产业集群的形成是从事特定产业的企业在某个地理空间不断增加和集聚的过程。对于产业的空间集聚现象，空间经济学家和经济地理学家通常的解释是区位禀赋理论和集聚经济理论。

对产业的空间集聚现象最初也是最直观的解释是区位禀赋的观点，这一观点主要来源于早期空间经济学家的著述。区位禀赋的观点认为企业会集聚于具有良好禀赋的区位，即原料丰富或市场容量很大的地区。

工业区位理论的奠基者阿尔弗雷德·韦伯（2010）从节约运输成本的角度出发，认为企业会集聚于靠近原料产地或销售市场的地方。中心地方理论的代表人物沃尔特·克里斯塔勒（2010）认为厂商的定位原则考虑需求界限（满足正常利润的最低限度的需求数量）和市场范围（代表外部的地理限制，超出这个限制，消费者宁愿光顾其他较近的市场）。这样就会形成商品市场的地理分布范围，形成若干大小不同的制造或销售"中心地"。区位禀赋的观点道出了区位本身（自然资源、人口数量和购买力、地理位置等因素）在吸引产业集聚中的重要性，但是用这种理论来解释中国的情况时面临一个很大的挑战，那就是中国的很多原发型产业集群并没有靠近原料产地或者最终销售市场，而且这些集群所在地在发展初期交通条件往往比较落后。

对特定产业地方化最有影响力的解释是外部规模经济和集聚经济的观点。根据阿尔弗雷德·马歇尔（1964）提出的外部规模经济观点，大量同类企业集聚在特定地区能够产生有利于个体企业的外部收益。这种收益来源于共享劳动力市场的形成、辅助行业的发展和高度专门机械的使用、特定产业知识的传播和创新，等等。如果说外部规模经济是对产业集群存在的一种静态解释，那么在此基础上发展起来的集聚经济理论则试图解释特定产业地方化的动态形成过程。集聚经济理论把产业集群的形成描述成一个大量从事同类产业的生产者在自由选择区位的基础上追求空间集聚的故事，当一个区位的企业达到临界数量时，集聚就会呈现动态的自我强化特征。秉持这一观点的学者（Krugman，1991；Arthur，1994）认为企业会选择靠近同类企业的区位落脚，集聚的发生主要取决于递增收益与运输成本之间的权衡。报酬递增指的是企业选择靠近同类企业的区位落脚能获得外部规模经济的好处。根据集聚经济理论，特定产业在哪里集聚并不是一个可事先确定的结果，存在多重均衡，也就是多种可能的区位。在存在多个适合某种产业的区位的情况下，这种产业最终选择在哪里集聚有一定的历史偶然性，集聚经济的力量可以使没有太多禀赋的区位由于先发优势而成为某种产业的栖息地。区位的自然禀赋、历史偶然性和集聚经济的程度共同决定了特定产业的空间分布结果（Arthur，1994）。

集聚经济的观点对于解释企业可以自由选择区位条件下的产业空间集聚现象具有较强的说服力，也就是说，它的理论前提是企业可以自由选择区位。然而,用这种理论来解释中国原发型产业集群的形成时,最大的不足在于它所假定的前提不符合中国的经验现实,因为中国的大部分原发型产业集群是在企业不能自由选择区位的制度背景下诞生的。另外,集聚带来的经济效应是同类企业达到一定数量之后才能获得的,而集聚临界点是如何达到的本身就是一个需要回答的问题。

在企业创办者不能自由选择区位的特殊制度背景下,中国某些乡村社区形成的原发型产业集群遵循不同于集聚经济理论的逻辑。鉴于此,本文提出一个技术扩散与产业集聚相结合的理论框架,来解释制度变迁背景下中国原发型产业集群的形成机制,并用河北清河羊绒产业集群的经验资料加以说明。我们认为,在中国原发型产业集群形成的初期阶段,在很大程度上是特定生产技术沿着社会网络在乡村社区就近扩散的过程。随着扩散规模的扩大和区域流动制度障碍的清除,集聚经济效应开始发挥作用,产业集群所在地的要素集聚能力提升,辅助和关联产业陆续出现,产业集群的规模不断扩大。

三 区位既定下的产业选择

企业在选择生产区位时,不仅要考虑集聚效应、运输成本等纯粹经济因素,而且会受到制度性因素的约束。制度性因素也影响到企业选择特定区位的收益或成本,甚至可能使企业创办者不能自由选择区位。探讨产业集群的形成机制不能脱离制度背景,中国的原发型产业集群大部分是在计划经济体制末期和从计划经济体制向市场经济体制转型初期产生的,在这个时期奠定了雏形。那时,一系列制度性因素使乡村企业只能在本地办厂,不能自由选择区位。由于这个基本制度前提的不同,与国外在纯粹市场经济和私有企业制度下形成的产业集群相比,中国的原发型产业集群在形成机制上肯定存在明显的不同。

(一) 制度约束下的企业就地办厂

在计划经济时期和市场化改革初期,一些制度因素使乡村企业创办者不能或不愿到异地办厂,结果他们就在长期生活的社区内创办工厂企业。

1. 企业在区域间流动的制度性障碍

在计划经济体制下,中国实行严格的城乡分离的企业管理制度,对不同所有制性质的企业采取有差别的区位政策，即强制性的制度分割。国营企业可以根据政府意志而选择区位，而社队企业①要坚持"三就地"原则，即就地取材、就地生产和就地销售。② 再加上城乡分隔的户籍制度和劳动就业制度，农民个体进城务工经商等活动受到严格限制。这些强制性的政策使乡村组织和个人不能进入城市投资建厂，包括不能租用土地、不能合法注册等。另外，在乡村间跨社区投资建厂也受到国家限制。在这些严格的制度约束下，乡村企业根本谈不上对区位的选择，唯一的可能就是原地办厂（刘世定，1997）。

2. 社区集体经济制度的诱导

在很长一段时间内，中国在乡村社区实行集体经济制度，原则上只能由乡镇政府或村级组织来创办企业③。由乡村组织来主办的企业有一些非利润最大化的目标追求，比如，满足社区内居民的就业和福利，增加乡镇财政收入和乡村管理者自身的政绩。这些目标追求促使乡村管理者将企业设立在本地。设立乡镇一级财政之后，乡镇政府还对当地企业实行税收优惠制度，所谓"放水养鱼"。此外，乡村的土地集体所有制还为当地企业提供了使用土地的便利。这些社区集体经济制度是诱使乡村企业留在本社区的重要原因。

3. 本土观念和人际关系网络

即使上面这些限制和诱导创办者在本地创业的正式制度松动甚至解除之后，还有一些其他的非正式制度促使创办者选择在当地社区设厂，其中比较重要的是本土观念和人际关系网络。所谓本土观念就是企业家对长期生活的本土社区的依恋，不愿意离开故土，企业家很看重在本地社区中的地位和威望。另外，企业家在当地长期形成的人格化的关系网络和当地非正式的社会规范对于降低交易成本和经营中的不确定性有重

---

① 在人民公社时期，乡村集体兴办的企业叫社队企业，当时不允许私人办企业。社队企业是公社办和生产队办企业的简称，生产队办企业又包括大队办的和小队办的。1984 年之后改称为乡镇企业。

② 但是从当时的执行情况来看，就地生产这一条执行得最好，而就地取材和就地销售基本上被突破了。

③ 在计划体制时期和改革初期，少数地区对这一点有所变通，比如当时浙江、温州地区的一些家庭企业和私营企业以"挂户"的方式经营，江苏地区的一些乡村私营企业以"戴红帽子"的方式经营，名义上是乡镇企业，实际上却是私人所有。这种产权制度上的变通实际上是当地政府对本地企业的政治庇护，也是吸引这些企业驻留当地的原因。

要的作用，对这种人文环境的考虑也使企业家倾向于在本地社区创业。

（二）乡村企业的产业初始选择

那么，在区位既定的前提下，乡村里的企业创办者是如何引入后来发展为集群的产业的呢？这就需要对乡村企业的产业初始选择状况及其影响因素加以探讨。

1. 影响产业初始选择的因素

乡村企业创办者的产业初始选择主要受到国家产业政策、区位条件、企业创办者占有的资源和具备的知识情况、拟选择产业特性等因素的影响。

首先，国家的产业政策划定了企业创办者的产业选择边界，规定了哪些类型的企业可以进入哪些产业领域。在计划经济时期及改革开放初期，不同所有制类型的企业可从事的产业范围是不一样的。国营企业可以从事国家计划的任何行业，而社队企业主要从事与农业有关的一些行业。不过，计划经济体制下的短缺经济局面（科尔内，1986）为乡村企业提供了拾遗补阙的机会，企业创办者可以采取一定的变通行为适当地越过制度规定的产业范围。

其次，企业创办者所在社区的条件（比如自然资源、交通条件、地理位置等）影响着产业的初始选择。企业创办者倾向于根据区域自身条件来选择产业，所谓"靠山吃山，靠水吃水"。虽然良好的区位条件（比如有某种丰富的自然资源）有利于社区内的产业选择，但条件欠佳的区位也有可能引入某种产业并进行成功的经营。

再次，企业创办者要根据自己占有的资金和能够调用的资源来选择投资领域，占有资源丰富的创办者能够选择资金需求规模较大的产业，而占有资源贫乏的则倾向于选择投资规模较小的产业。另外，企业创办者的知识和技能存量、学习能力也影响其产业选择行为，企业创办者往往选择与既存知识接近、能够快速掌握的产业领域。一个社区如果有某种产业传统，这种产业则是方便进入的领域。

最后，拟选择产业的特性，包括产业投资所需的资金规模、原材料和设备的可得性、相关技术的可得性和易掌握性、产品的销路、产业收益状况等，也影响着企业创办者的产业选择行为。

当然，这种选择往往不是一步到位的，而是可能经历了一个探索过程，尝试了多种产业。

2. 清河羊绒产业的引入

清河县乡村工业化初期的产业初始选择同样经历了一个探索过程。清河县当地并没有丰富的畜牧资源，也没有绒毛加工的历史传统，羊绒产业是在社队企业时期被当地人偶然引入的。

在计划经济时期，农村的生产活动基本上是"以粮为纲"。1970年，国务院提出了加快实现"农业机械化"的任务，为此允许社队企业办农机厂、农具厂以及与农业有关的其他行业的工厂。这项政策出台后，各地反应不一，有的地方执行得比较保守，有的地方则做了变通性的执行。长期以农业生产为主的清河县在当时的革委会主任阎鲁良的领导下就用足了这项政策，掀起了一个兴办社队企业的高潮，由此也揭开了清河县乡村工业化的序幕。他号召全县各公社、大队、小队以社队企业的方式搞多种经营，大力发展农村集体工副业。从1971年起，清河县的广大乡村逐步发展起以汽车橡胶制品为主，包括翻砂工具、石棉瓦、电焊条、标准件、弹棉花、纺毛线等十几种生产项目。"到1975年，全县社队工副业已形成一定的规模，生产摊点1479个，遍及全县285个大队，投入劳动力11万余人，其中业务员1980人，年产值6000万余元。"（清河县档案馆，1986）

其间清河县社队企业不仅探索了很多行业，而且培养了大批跑市场、原料和设备的业务员。羊绒产业就是被业务员引入清河的。1977年，清河县杨二庄公社的业务员戴子禄在内蒙古东胜绒毛厂购买退役的纺纱设备①时，发现厂里有大量废弃不用却还含有短绒的羊绒下脚料，这些下脚料用当时的设备无法分梳干净。因为戴子禄有棉纺经验，就想到了用改造以后的梳棉机来分梳这些下脚料。于是，在当时东胜绒毛厂领导的帮助下，他低价赊购了一批下脚料拉回自己的家乡杨二庄公社戴家屯大队进行试验。当时清河县东部很多乡村在搞弹棉花和纺毛线的业务，从国营毛纺厂购置了一些淘汰或退役的梳棉机。运回下脚料后，戴子禄等人就用戴家屯大队第六、第八生产队合买的梳棉机进行试验加工。在天津纺织工学院（2000年，与天津经济管理干部学院合并，更名为天津工业大学）一名技师的指导下，经过改造的梳棉机成功地分梳出了下脚料里

---

① 购买纺纱设备用来纺毛线，因为当时杨二庄公社想办毛纺厂。

的短绒。在东胜绒毛厂厂长的介绍下，1977 年底，第一批成品绒（1 吨多）销售给了北京绒毯厂。

在某个乡村进行工业化之初，可能探索了多种产业，但在产业竞争和人们选择的过程中，有的产业衰退了，而有的产业却有更多的企业和农户从事生产。清河县的情况就是这样的，羊绒分梳产业只是清河县乡村工业化初期探索的众多行业中的一个。虽然它不是被最早引入的，也不是一开始搞得最好的，但后来居上，最终成为清河县从业人数最多、产值规模最大的行业。

四　产业技术的就近扩散

在企业创办者就地办厂的前提条件下，某个地区形成产业集群就不是大量的外来企业集聚的结果，而是大量本地居民不断加入同一种产业的结果。我们可以把对某一产业的进入分成两种：创新性进入和模仿性进入。如果企业创办者选择的产业，在既定区域内没有人从事，称之为创新性进入，将这项新产业引入社区的人可称为创新性企业家，比如戴子禄对羊绒分梳业的进入就属于此类；如果企业创办者仿效区域内其他人所从事的产业，称之为模仿性进入。一项创新性产业引入某个社区后，可能会引发社区内其他居民对该项产业的模仿。

（一）　模仿与技术扩散

一种创新性的生产活动出现后会引发后来者的模仿。模仿性进入会导致创新性的生产活动在一定社会系统和空间范围内的潜在采纳者之间传播，我们把这种现象称为产业技术扩散。人们为什么会模仿他人的行为？社会心理学家埃利奥特·阿伦森（2001）区分了两种可能的原因：一是行动者希望在团体中免受惩罚（比如，不被别人排挤和嘲笑），或者希望得到奖赏（比如，得到别人的喜爱或被别人接受）；二是团体中其他人的行为给行动者提供了应该怎样做的宝贵信息。根据阿伦森的研究，我们从攀比压力和信息依赖两个方面来理解生产活动的模仿行为。

1. 作为从业激励的攀比压力

在相对封闭、交往密切的乡村社区，人们之间的行为是相互影响和相互仿效的。一旦这个社区里的某些人引入了某种创新性生产活动，这些先行者在群体中的相对地位会因从事这种活动而得到提高，他们就成为后来者的参考群体，使尚未进入者产生相对剥夺感。为了恢复被打破的相对平衡，后来者也想通过从事某种经营活动提高自己的收益以改变失衡的社会地位。这种攀比压力发挥作用的前提是先行者从有风险的投资活动中获益了，并且这种获益通过某种信号传递到人群中，被其他人感知到。

2. 影响从业风险的信息依赖

因为缺少未来盈利可能性和投资领域的相关信息，进入某种产业作为一种投资行为是充满风险的。为了降低风险，行动者需要尽可能地搜集相关信息。模仿别人所从事的行业就是一种降低从业风险和信息搜寻成本的有效手段。由于每个人创新精神的不同，或者说风险规避程度的不同，在创新扩散的过程中，总是有先行者和追随者，先行者只是少数，更多的人是追随者（罗杰斯，2002）。对于一项产业的创新性进入者而言，他们要承担更多的创业风险和创业成本。在先行者不设置进入障碍，相关信息可以传播的条件下，追随者可以从先行者那里了解到拟投资行业方方面面的信息。后来者根据先行者过去的真实经验提高自己对投资行为的结果及其可能性的判断的准确性，减少了信息成本和学习成本，缩短了试错过程，减少了试错成本，从而降低了创业风险。

由于攀比压力和信息依赖两种机制，人们会模仿创新者所从事的能带来收益的生产活动，从而使这项生产技术在一定社会系统中的潜在采纳者中间扩散，为更多的后来者所从事。

（二）产业特性、社会结构与技术扩散速度

动态地看，技术扩散过程就是一个模仿厂商不断增加的过程，在扩散期间不同时点上扩散规模的变化情况反映了扩散的速度。借鉴曼斯费尔德（Mansfield，1961）的研究，我们将影响产业技术扩散速度的因素分为两大类：一类是新产业本身的特性；另一类是扩散所发生的社会系统的特征。

1. 产业特征与技术扩散速度

影响产业技术扩散速度的产业特征，主要包括产业的盈利水平和所需投资规模。产业的盈利水平越高，产业技术的扩散速度越快；反之，则越慢。产业所需投资规模越小，资金筹措难度越小，则产业技术的扩

散速度越快；反之，则越慢。

当然，还有其他的产业特征影响其扩散速度，特别是关于产业的技术复杂程度和技术保护程度。产业所需技术越容易获取或者说技术障碍越小，则产业技术的扩散越快。如果某项产业的技术较为复杂，很难模仿，或者先行者对产业的有关技术申请专利保护，则其扩散速度会较慢。

2. 社会结构与技术扩散速度

社会系统内的人群特征、传播渠道、关系网络结构和制度环境等因素也会影响到产业技术的扩散速度。一般来说，在产业既定的前提下，人群规模越大，则技术扩散的速度越快（刘世定、胡冀燕，1993）。人群的结构特征也影响着技术的扩散速度。一个社会系统内人们的交往越密切，参照群体越单一，收入水平越平均，信息同质性越高，传播渠道越畅通，则创新性技术的扩散速度越快。传统的中国乡村社区具备前述特征，一项新的产业活动在社区内出现或引入后，往往会发生迅速的模仿和趋同现象。在一个由陌生人组成的社会系统中，人和人之间没有社会化的关系，如同新古典经济学中的原子化个体假设，则技术扩散会比较慢。在一个异质性非常高的人群系统中，可供选择的模仿产业越多，则特定技术扩散的速度会越慢。最后，系统内越是采取鼓励产业发展的制度，比如较低的税负率、较少的行政干预、鼓励私人创业等，则技术扩散的速度越快。

(三) 产业技术的就近扩散

一项创新性产业出现后，会沿着一定的传播渠道从产生源头在一定的社会系统和空间范围内扩散。在通信技术不发达的乡村地区，创新性技术主要通过人际接触的途径传播，创新性技术在空间的传播一般遵循距离衰减原理，即与创新源的距离越远，则创新性技术的接受率越低（Hagerstrand，1967）。也就是说，创新性技术一般从创新源向邻近区域扩散。在中国的乡村工业化初期，创新者将某种新产业引入当地社区后，往往也会发生在邻近的地域空间内扩散的现象，可称之为产业技术的就近扩散。

首先，由于创新性产业技术的传播是有成本的，随着与创新源距离的增加，潜在采纳者为了解信息而支付的成本（比如交通成本、时间成本）就会提高。所以，技术倾向于在靠近创新源的社会空间内扩散，或者说产业技术往往先在地理上接近的关系网络内扩散。

其次，在通信方式和大众传媒不发达的条件下，人们之间的交流和技术的传播主要是通过人际接触实现的，这种传播方式受到关系网络的空间分布特征和人际交往频率的约束。而且，对于一项创新性生产活动所需要的技术和知识的了解，通过人际间的接触和交流会比通过大众传媒或通信方式更有效，采纳者只有对其有了近距离的切身接触才会实施模仿。创新者和潜在采纳者以及潜在采纳者之间的关系网络的地理分布特征会影响技术扩散的地理分布，技术扩散的空间范围与关系网络的空间范围有很大的相关性。在传统的乡村社区，人们的交往、流动、通婚、经济交易的空间半径相对较短，在这些活动中形成的关系网络在地理空间上相当接近和集中。随着距离的增加，乡村居民的人际联系也会减少。所以，产业技术在乡村社区中往往呈现就近扩散的空间特征。

最后，某项产业的模仿者选择在地理上靠近（而不是远离）先前的采纳者能够带来集聚效应。集聚带来的好处（比如，在当地更容易买到原料、更容易销售产品、更容易找到劳动力、更容易维修设备）也促使产业技术就近扩散。产业技术在某地的扩散达到一定的规模之后，外部规模经济就会形成。而外部规模经济的出现反过来又进一步推动产业技术的就近扩散，激励区域内的潜在采纳者进入该项产业。

（四）羊绒分梳业在清河县的扩散

1. 扩散的时间过程

1977年，用改造后的梳棉机分梳羊绒下脚料的做法在清河县杨二庄公社戴家屯大队取得成功，由此带来可观收益的消息迅速传播开来。"货款寄回后，引起人们的震惊。于是，来戴家屯参观的，求我帮助上梳绒机的人，踏破了门槛子。"[①] 自此，羊绒分梳业在清河县扩散开来。我们用1977~2000年清河县梳绒机数量的增长曲线来刻画羊绒分梳业在清河县扩散的情况，参见图1。

从1977年的1台梳绒机开始，经过26年的发展，到2003年清河县梳绒机的数量增加到1.5万多台。根据2002年的统计，全县从事羊绒加工购销的专业村达到260个，羊绒分梳个体户4500多户，从业人员10万

① 引自2002年4月19日对戴子禄的访谈记录。

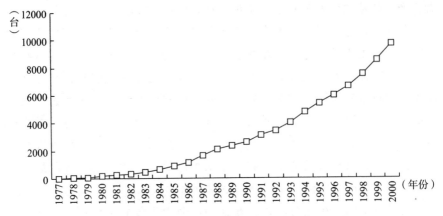

图1　清河县梳绒机数量的增长曲线（1977～2000年）

注：这些梳绒机 95% 以上都是由本地人经营的，70% 左右的梳绒机都是以家庭为单位经营的。

资料来源：根据清河县羊绒志编委会（2001：41）的数据整理制作。

余人，在清河县工商局注册的大中小型羊绒加工企业 900 余家，其中年纳税 10 万元以上的初加工企业 130 家，固定资产投资 100 万元以上的深加工企业 100 多家。清河县由此成为全国最大的羊绒加工集散地（清河县委、县政府，2002）。

2. 成功扩散的原因

与清河县早期探索的其他行业相比，羊绒分梳业之所以能吸引更多的当地人，与其产业特性有很大关系。第一，生产设备成本低。梳绒机由淘汰的梳棉机改造而来，设备价格很低且操作简单，占地面积又小，适合家庭经营。第二，创新者未进行技术保护。创新者没有对改造梳棉机的技术申请专利保护，消除了进入这个行业的技术障碍。第三，改造后的梳绒机提取效率高。与当时国营企业采用的进口大型分梳设备相比，梳绒机的出绒率更高，对绒毛的损伤也很小；另外，它的适用性强，不仅可以分梳羊绒，而且可以分梳牦牛绒、驼绒、兔毛和羊毛等。第四，产业利润有吸引力。1983 年底，清河县生产的无毛绒打开了国际市场，市场对无毛绒的巨大需求使羊绒分梳业的利润非常可观。

羊绒分梳业在清河县的迅速扩散也与社会系统的特征有关系。在羊绒分梳业扩散初期，乡村干部和经济能人的示范和动员起到了很大作用。乡村干部之间的行政网络和亲戚朋友之间的关系网络，推进了羊绒分梳业在清河县部分乡村的扩散。看到羊绒分梳业的盈利潜力之后，很多乡村干部号召所管理的社队企业从事这个行业。比如，1979 年担任杨二庄公社副书记的苑金锐，就推动羊绒分梳业从戴家屯大队扩散到整个杨二庄公社，在杨二庄公社内部的大队、小队的社队企业中传播开来。1982 年 1 月苑金锐被调到附近的黄金庄公社担任党委副书记，他又带头在黄金庄公社搞起羊绒分梳业，并动员部分大队干部也搞这个行业。① 另外，我们访谈的乡干部、村干部和加工户大多都谈到亲友网络也是羊绒分梳技术在当地传播的重要渠道。

鼓励和保护发展民营经济的区域制度环境，特别是更有效率的经济组织方式和产权制度的采用，极大地促进了羊绒分梳业在清河扩散。1984 年，清河县委、县政府在全县三级干部会议上，把办家庭工业成绩显著的 64 名能人和业务员评为县劳动模范，营造兴办家庭工业、劳动致富光荣的社会氛围。同年 5 月 1 日，县委、县政府颁布了《放宽政策搞活农村商品经济的 24 条意见》②。1984 年以后，羊绒分梳业在清河县进入了一个快速发展的时期。后来，历届政府都坚持把发展个体私营经济作为主导的政策方针，保证产业政策的连续性，围绕羊绒产业的发展阶段和发展状况适时进行引导，为投资创业营造良好的制度环境。

3. 扩散的空间特征

从空间布局来看，清河的羊绒分梳业并没有位于一个统一规划的大型工业园区之内，而是分散在县域里的部分乡镇和村落之中，并且这些乡镇和村落在地理上是相互靠近的。从 1977 年羊绒分梳业在杨二庄公社戴家屯大队诞生后，该项产业活动就逐渐向附近社区扩散。到 2000 年，清河县羊绒产业专业办事处③有 8 个，即黄金庄、谢炉、杨二庄、陈庄、葛仙庄、油坊、双城集和杜林。这些办事处都以羊绒加工为主导产业，羊绒加工业是其主要收入来源，乡村中的大部分务工经商户和劳动力从事的都是羊绒加工业。这些羊绒产业专业办事处都靠近羊绒加工业的诞生地杨二庄，集中在 308 国道的两侧，县城的东半部。其中，黄金庄（辖 17 个行政村）、谢炉（辖 17 个行政村）、杨二庄（辖 14 个行政村）

---

① 引自 2003 年 7 月 21 日对段瑞堂的访谈记录。

② 《放宽政策搞活农村商品经济的 24 条意见》规定：允许农民业务员和家庭工业在国营和集体企业"挂户"取得证明，与外地联系业务；允许家庭工业请帮工、带徒弟；简化工商营业执照的发放手续；允许工人或联户承包集体办的工厂、商店等。

③ 撤乡并镇以后，清河县以办事处作为县之下的行政建制。

所辖的行政村都是绒毛分梳专业村，也是清河县羊绒加工业最集中、最主要的区域。羊绒分梳业在清河县扩散的空间特征体现了就近扩散的原理。

五 技术扩散与产业集聚的关系

在企业创办者不能自由选择区位的初始条件下，中国乡村社区中的原发型产业集群不是外来企业家、资金、劳动力、原料等生产要素自发地向某乡村社区集聚的结果，而是在模仿机制作用下某种产业技术在乡村社区就近扩散的结果。我们从技术扩散的角度来研究原发型产业集群的形成，并不是完全否定了集聚经济理论，而是试图弥补单纯用集聚经济理论来解释中国原发型产业集群形成机制的不足。实际上，在原发型产业集群形成过程中，集聚效应也发挥了作用，不过，这一作用是建立在技术就近扩散的基础之上的。

（一）扩散过程中外来要素的集聚

原发型产业集群的形成既是本地居民不断加入这一产业的过程，也是部分外来要素向这个区域集聚的过程。一种产业的发展需要很多投入要素，诸如资金、设备、劳动力、原材料等。对于原发型产业集群而言，在形成之初，由于当时不允许跨区域办厂，所以其从业主体基本上完全是自己的家庭成员或者是本乡本土的人，其资金也主要来自自身积累或当地的银行贷款。但是有些要素必须从外部区域获取，比如原材料、设备等。随着集群规模的扩大，对外来劳动力的需求也会出现和增加。所以，当某种生产活动在一定区域内扩散时，客观上需要本地缺乏的生产要素向此地集聚。但是，在产业集群形成之初，存在资源自由流动的制度障碍，所以生产要素的集聚经历了一个特殊的过程。

在计划经济体制下，几乎所有的物资都是通过国家调拨来配置的，而且生产性物资基本上是首先满足国营企业的需要。1978年以后，计划经济体制逐渐松动，社队企业（乡镇企业）在获取物质资本方面有了一定的合法性。直到计划经济体制基本解体，市场才成为配置资源的主要手段。在物资完全由计划调控的制度下，社队企业一般利用国营企业的下脚料、淘汰的设备或者通过国营企业获得所需物资，将城市资源引入农村，即"请工业进村"。另外，由于区域间和不同所有制企业之间购买生产要素价差的存在，很多主体通过各种手段越过要素流通的制度障碍，将生产要素集中到需求量较大、出价较高的产业集群所在的乡村地区。从我们对清河县获取绒毛原料的调查来看，初期清河人主要是在各地购买下脚料和边角料，后来通过各种关系和手段从羊绒主产区争夺原绒。直至国家对绒毛物质的控制取消之后，绒毛在区域间的自由流动才得以实现。

（二）就近扩散带来关联产业的集聚

某种生产技术就近扩散带来的直接后果是从事同一产业的加工户和企业在一定区域内的增加，而从事相同产业的业户在这个区域达到一定数量后就会产生外部规模经济，也就是说达至集聚临界点。随着该生产活动在当地扩散至一定规模，与这一生产活动有着经济和技术联系的产业也因此在本地出现，产业内部的分工也越来越深化。从事关联产业的企业，其产品或服务在本地可以找到市场，从而节省了运输费用和交易成本。于是这一区域就形成一个以某一核心产业为主，以其他相关产业（比如原料和产品购销，半成品的加工，机器设备和配件的制造、维修与销售，劳动力的培训，运输等）为辅的企业间相互分工协作的产业集群。

可见，某种生产活动的就近扩散为集聚经济效应的形成奠定了基础。反过来，集聚经济效应的形成会进一步诱使本地居民加入这一产业，加快同类产业或相关产业活动在附近居民中的扩散，也会吸引外来要素和企业向本地的集中。技术就近扩散和产业集聚相互作用、彼此强化，共同推动产业集群规模的扩大，维持着产业集群的竞争优势。

随着羊绒分梳业在当地居民中的扩散，经过二三十年的发展，清河的羊绒产业不断延伸和拓宽，相关的产业和市场也逐渐在本地发展起来，目前已形成包括绒毛原料采购、绒毛初加工（包括分梳和水洗）、深加工（包括制条、纺纱、针织、梭织、染整等环节）、机械装备和成品销售、信息收集、毛渣购销和深加工、金融信贷等方面的产业体系。其中，原料采购和成品销售两头在外，清河县以原料初加工、深加工为主，辅之以机械装备。下面我们主要从劳动力市场、设备、深加工发展三个方面对羊绒关联产业在清河县的集聚过程加以简要说明。

1990年之前，清河县羊绒加工企业和家庭作坊雇用工人均在本村、本乡或县境之内，偶有县外较为贫困者经亲戚介绍来清河县打工。后随着清河羊绒分梳业的迅猛发展，当地的农村剩余劳动力已满足不了这一需求，周围县市来清河打工的农民越来越多。1990 年前后，清河县自发形成了劳动力市场，1993 年清河县正式修建了劳动力市场综合服务大楼。高峰时期，在清河县从事羊绒业的外来打工者年流动量在 20 万~30 万人次。

随着分梳业户的增加，清河县从梳棉机的引进、维修改装，到梳绒机配件的购销、铸造加工，以及梳绒机的制造，已经形成了一个辅助性的机械设备行业和市场。梳绒机的购买、安装和维修等问题都可以在本地得到解决。梳绒机及其配件的销售和维修门市从 1982 年的 1 家，到 2000 年已增长为 94 家。

1995 年前后，清河县政府开始大力引导规模企业向深加工领域发展。2000 年，清河县拥有纱锭 1.5 万枚，针织横机 4250 台，织布机 53 台，形成年纺绒纱 2000 吨（其中羊绒纱 1100 吨），织衫 500 万件，织布 100 万米的生产能力。清河县有纺纱、织布、织衫等深加工企业近百家，其中羊绒深加工企业固定资产超 5000 万元的企业 6 个，超 1000 万元的企业 18 个，成为全国闻名的羊绒制品生产基地（清河县羊绒志编委会，2001）。而且，到 2000 年，清河县羊绒制品生产企业设计的绒衫制品已有 1000 余个花色，60 余个品牌。品种有衫、裙、裤、围巾、披肩、衬衣、背心、套装、大衣、保暖内衣、羊绒被等种类。2003 年，羊绒制品在清河羊绒产业总产值中的比重占到 20% 左右。[①]

（三）从就近扩散到自由集聚

随着中国经济体制改革的深入和区域之间市场壁垒的消除，不仅生产要素可以自由流动了，而且企业家选择投资地点的自由度也大为增加，这些变化对产业集群的形成和发展也产生了影响。

在自由流动制度下，可流动要素的所有者可以根据利润最大化原则来自由选择驻留的区位。和后来与之竞争的区域相比，这些已经通过就近扩散形成的产业集聚区在吸引外来资金和企业上无疑具有先发优势。这种产业对这个空间已经形成一定的路径依赖，即使它在区位禀赋上存

---

① 引自 2003 年 7 月 15 日对清河羊绒产业发展局局长孙连岭的访谈记录。

在一些先天的不足，集聚优势也能在一定程度上弥补这些产业集群在区位上的劣势。正是由于集聚效应的存在，更多的从事同类或相关产业的企业选择靠近此地。而且，为了营造更好的集聚环境，这些先发区域的政府会进一步强化其优势，比如，改善基础设置和交通条件，加大招商引资的优惠力度，建设工业园区，等等。随着外来企业和资金的进入，其竞争优势会进一步提高。

当然，在"离土不离乡"背景下成长起来的某些产业集群其区位条件并不理想，随着区域流动壁垒的消除和区域之间竞争的加剧，这些产业集群的区位劣势会逐渐显露出来，比如，高级人才和熟练劳动力的缺乏，信息沟通和交通运输的不便，等等。面对这些不利条件，为了改变原来区位上的无效率，集群内的某些企业可能会选择将生产经营活动（全部或部分环节）转移到更有优势的区位。对企业来说，这种转移不仅要权衡迁入的区位和原来区位的利弊，而且要考虑转移成本的问题。这种转移可能会使原来的产业集群衰落，也可能会加强它与其他区位的经济和技术联系。

从清河县的情况来看，区域之间流动壁垒的逐渐消除和各地制度环境的日益趋同确实使清河县的羊绒产业面临的竞争越来越激烈了，主要是羊绒主产区和原来毛纺织基础较好地区的竞争，但清河县的竞争地位并没有由此受到太大的削弱。20 世纪 90 年代以后，外地来清河投资和创业的企业越来越多，比如，宁夏、黑龙江以及附近县市等地的一些人以加工户的方式到清河县从事羊绒分梳业，鄂尔多斯集团也在清河县设立了分公司。截至 2000 年，在清河县注册的从事与羊绒生产经营有关的中外合资企业达到 21 家（清河县羊绒志编委会，2001）。

六　结论和讨论

经济学家把特定产业地方化视为企业为了获得在地理上相互靠近的好处而自由集聚的过程。虽然经济学家已经注意到企业之间在区位选择上的相互影响，但是并没有考虑空间的社会属性，他们基本忽略了经济活动所发生的空间是一个社会系统，社会系统内行动者之间的关系网络和区域的制度环境构成了经济行动的重要约束。在中国乡村工业化过程中所发生的产业集聚故事并不能简单地从理性行动者根据成本和收益原则选择经济区位的行为中推导出来，而应根据故事所发生的制度和社会情境来建构解释逻辑。

本文认为，中国原发型产业集群是在特定的制度环境和社会结构约束之下形成的，在这些约束条件下，创新性企业家将某种新产业引入某个社区后，在模仿作用下本地居民不断加入这一产业，由于产业特性和社会结构的影响，这种生产活动在一定的地域空间内迅速就近扩散。同一产业在就近扩散到一定规模后，就会达到集聚临界点，外部规模经济得以产生，关联产业就会出现，产业内部分工也越来越细化。从事同类或相关产业的企业在区位上相互靠近能带来集聚经济效应，集聚经济的形成不仅会进一步诱使产业就近扩散和延伸，而且会吸引外来要素和企业的到来。产业在某个区域就近扩散的同时，也伴随外来要素不断向该地集聚，初期主要是原料和设备，区域流动壁垒消除后，在集聚经济的作用下，外来劳动力、资金和企业家也逐渐涌向该地。集聚经济效应产生后，产业技术就近扩散和集聚经济效应会相互作用、彼此强化，推动产业集群规模的进一步扩大。

图 2 简单地刻画了原发型产业集群的形成机制。后来的从业者在产业选择上对先行者的模仿导致产业技术的就近扩散，而同类产业或相关产业的从业者在区位选择上的相互靠近产生了集聚经济效应。产业技术的就近扩散达到一定规模会形成集聚经济效应，而集聚经济效应反过来促进产业技术的就近扩散，二者之间相互作用，共同推动了产业集群的形成和扩展。

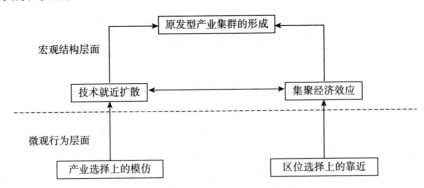

图 2 原发型产业集群的形成机制

我们需要对本文所采用的方法论做些说明。首先，我们坚持理性选择的方法论主张，个体的选择都是在一系列的约束之下追求效用最大化的行为。无论在分析个体的产业选择还是区位选择行为时，我们都坚持这一原则，并分析了一些宏观约束因素对个体产业选择和区位选择行为的影响。其次，我们认为产业集群是无数个体在一定约束下进行产业选择和区位选择过程中，由于相互影响而产生的"宏观行为"（谢林，2005）或者说"系统行为"（科尔曼，1999）现象，产业选择上的模仿和区位选择上的靠近是原发型产业集群这种宏观经济地理现象形成的中间机制。在我们的研究中，既考虑到宏观结构对微观行为的影响，也力图寻求宏观经济现象的微观行为基础。

我们虽然从技术扩散和产业集聚相结合的角度提出了一个新的解释中国原发型产业集群形成机制的理论框架，但是这个框架在一定程度上还是较为粗糙的，有一些问题需要进一步思考。比如，将多个区域竞争的因素引入后，产业集聚的空间结果将会如何，如何用更精致的数理模型来说明我们的理论观点，原发型产业集群会倾向于在什么样的区位形成，等等。另外，我们所提出的理论解释仍需要更多个案的检验和修正。

参考文献

阿尔弗雷德·韦伯，2010，《工业区位论》，李刚剑等译，商务印书馆。

阿尔弗雷德·马歇尔，1964，《经济学原理》，朱志泰译，商务印书馆。

埃弗雷特·M. 罗杰斯，2002，《创新的扩散》，辛欣译，中央编译出版社。

埃利奥特·阿伦森，2001，《社会性动物》，郑日昌等译，新华出版社。

科尔内，1986，《短缺经济学》，张晓光等译，经济科学出版社。

刘世定，1997，《乡镇企业的区位选择和区位有效性》，《改革》第 2 期。

刘世定、胡冀燕，1993，《趋同行为与人口规模》，中国人口出版社。

清河县档案馆编，1986，《清河县大事记（1949～1983 年）》，清河县档案馆。

清河县委、县政府，2002，《清河县羊绒产业发展情况汇报》（内部资料）。

清河县羊绒志编委会编，2001，《清河县羊绒志》，方志出版社。

托马斯·谢林，2005，《微观动机与宏观行为》，谢静等译，中国人民大学出版社。

沃尔特·克里斯塔勒，2010，《德国南部中心地原理》，常正文、王兴中等译，商务印书馆。

詹姆斯·S. 科尔曼，1999，《社会理论的基础》，邓方译，社会科学文献出版社。

Arthur, W. B. 1994. *Increasing Returns and Path Dependence in the Economy*. Ann Arbor: The University of Michigan Press.

Becattini, G. 1990. "The Marshallian Industrial District as a Socio-Economic Notion", in

Pyke, F., Becattini, G. & Sengenberger, W. (eds.), *Industrial Districts and Inter-Firm Co-operation in Italy*, Geneva: IILS.

Hagerstrand, T. 1967. *Innovation Diffusion as a Spatial Process.* Chicago: University of Chicago Press.

Krugman, P. 1991. "Increasing Returns and Economic Geography", *Journal of Politics Economy*, 99, 3: 483 - 499.

Mansfield, E. 1961. "Technical Change and the Rate of Imitation", *Econometrica*, 29, 4: 741 - 766.

Merton, R. K. 1957. *Social Theory and Social Structure.* New York: The Free Press.

Porter, M. E. 1998. "Clusters and New Economics Competition", *Harvard Business Review*, 76, 6: 77 - 90.

社会地位、组织能力与技术红利的分配[*]

——以近代机器缫丝厂女工为例

张茂元[**]

摘　要： 在近代机器缫丝技术的应用过程中，新技术的应用促进了经济发展，创造了技术红利。那么，以什么原则在利益相关者中分配技术红利？文献表明，与长三角缫丝厂女工相比，珠三角缫丝厂女工所产蚕丝质量更差、单位产量和单位产值都更低，但其单位工资却要高出许多。研究发现，技术应用方式直接影响了缫丝厂女工的社会地位和组织能力，进而影响其分享技术红利。事实表明，社会地位和组织能力是利益相关群体分享技术红利的根本保障。

关键词： 技术红利　缫丝　社会地位　组织能力

一　问题的提出：技术红利的分配

新技术的应用，往往能够提高生产效率，带来经济增长，创造更多的社会财富。本文将这种因技术进步而增加的收益，称为技术红利。之前的研究尤其是经济学的研究往往只关注经济的增长和发展，而没有对发展成果（如技术红利）的分配给予足够的重视，更没有注重分析技术应用与技术红利分配之间的相互作用机制。事实上，技术红利能否在利益相关群体中实现普惠、共享，不仅事关公平与正义，而且是决定技术

---

  * 本文原载于《中国社会科学》2013 年第 7 期（部分内容有修改）。

  ** 张茂元，广州大学公共管理学院教授。

应用成败的重要因素（张茂元、邱泽奇，2009）。

那么，究竟是哪些因素决定着技术红利的分配，尤其是在劳动者中的分配？在近代机器缫丝技术的应用过程中，珠江三角洲和长江三角洲两地机器缫丝厂女工所处的不同境况，能够为技术红利的分配问题提供启示。史料表明，19世纪60年代至20世纪30年代，珠三角缫丝厂女工的单位产量和产值都比长三角缫丝厂女工低，但其工资却一直远高于后者。对此，早期的经济学工资理论如生存工资论、边际生产力工资论、人力资本理论和供求工资论等都无法完全解答。谈判工资论虽然指出了工人的组织能力和谈判能力对其工资的影响，但却未能将工人的社会地位和组织能力放在新技术的应用背景下进行考察，忽视了技术应用模式对工人社会地位和组织能力的可能影响。

本文尝试通过对近代机器缫丝技术在珠三角和长三角两地的应用以及两地缫丝厂女工不同境况的分析，揭示技术应用方式如何影响各群体尤其是缫丝厂女工的社会地位和组织能力，进而分析其又是如何影响她们分享技术红利的。

二　现象：产值更低的近代珠三角缫丝厂女工工资更高

自19世纪60年代开始，生产效率更高的机器缫丝技术开始被引入中国，近代机器缫丝厂（以下简称"缫丝厂"）也由此兴起（Brown，1979：554）。近代机器缫丝技术的引入和应用主要集中在长江三角洲和珠江三角洲两个地区，两地的机器缫丝技术虽有差异（缪钟秀，1930；陈天杰、陈秋桐，1963：61~62；徐新吾，1990：138），但其缫丝厂的效率及其产品质量都要高于传统的家庭手工作坊。如在机器缫丝技术相对简陋的珠三角地区，在不增加原料和其他成本的情况下，缫丝厂生产的蚕丝比手工缫丝"更细滑光洁，售价亦贵三分之一"。[①] 可见，新技术的应用创造了技术红利。本文所要探讨的中心问题是：在近代机器缫丝技术应用的过程中，其技术红利是如何在各个利益相关群体中分配的。

通过对中国近代机器缫丝业史料的全面梳理和比较，笔者发现一个相当有趣的现象：在整个近代机器缫丝技术应用过程中，珠三角缫丝厂

---

① 参见桂坫等编纂《南海县志》（卷26），1910年刊，第56页。

女工的单位产值虽然远低于长三角缫丝厂女工的单位产值，但是其单位工资却要显著高于后者。

以缫制细丝为例，在 20 世纪 30 年代之前，长三角缫丝技术并无改进，单位产量也无明显变化。其间，长三角缫丝厂每部丝车日产生丝不低于 10 两（Brown，1979：556 - 557；陈慈玉，1989：190）；以每部丝车 2.25 名女工计（东亚研究所，1943：126；汪敬虞，1957：71；徐新吾，1990：141、563），则平均每名女工日产生丝不少于 4.44（10/2.25）两。在珠三角缫丝厂，由于对机器缫丝技术进行了改良，其单位产量在不同时间呈现差异。清末每部丝车日产生丝平均为 2 ~ 4 两，① 20 世纪 10 年代初每部丝车日产生丝为 3.5 ~ 4.0 两（陈慈玉，1989：189），在 20 世纪 20 年代后期每部丝车日产细丝为 4 两左右（唐耀祖，1929：108 ~ 109）。可见，在珠三角缫丝厂，直到 20 年代，每部丝车日产细丝也不过 4 两左右。以每部丝车 1.12 名女工计（蚕丝业同业组合中央会，1929：31），则平均每名女工日产生丝约 3.57（4/1.12）两。由此可见，直到 20 世纪 20 年代末，长三角缫丝厂女工日产生丝量至少为珠三角缫丝厂女工日产生丝量的 1.24（4.44/3.57）倍。

此外，长三角缫丝厂所产的蚕丝质量更高，其价格也更高。根据两地蚕丝价格的文献记录，笔者估算出 1895 ~ 1934 年长三角缫丝厂蚕丝与珠三角缫丝厂蚕丝价格比。长三角缫丝厂所产的蚕丝价格都要高于后者，在高峰期甚至是后者的 1.56 倍。结合日产丝量比，我们可以估算出两地缫丝厂女工的日产值比（见表 1）。

表 1　长三角缫丝厂和珠三角缫丝厂女工的日产值比

年　份	蚕丝价格比	日产丝量比	日产值比
1895 ~ 1904	1.56	1.24	1.93
1905 ~ 1914	1.26	1.24	1.56
1915 ~ 1924	1.06	1.24	1.31
1925 ~ 1934	1.15	1.24	1.41

资料来源：根据徐新吾（1990：688 ~ 711）的原始资料计算所得。

---

① 参见桂坫等编纂《南海县志》（卷 4），1910 年刊，第 39 ~ 40 页；《南海县志》（卷 26），1910 年刊，第 56 页。

不过，虽然长三角缫丝厂女工的日产值总是高于珠三角缫丝厂女工的日产值，但其工资却一直低于珠三角缫丝厂女工的工资。

如在 19 世纪 60 年代初，上海怡和纺丝局的缫丝女工一天工作 11 个小时（不含午饭时间），日工资为 0.09 元（Brown，1979：556）；甚至直到 1895 年前，上海各缫丝厂的熟练女工每天的工资也只有 0.16 元（严中平，2001：1621）。而在珠三角，早在 19 世纪 70 年代初，缫丝厂女工一天工作 9 个小时（不含午饭时间）即可获得 0.15 元；而且如果是全勤的话，每半个月还能多领 3 天的工资；此外，每季度还能领取花红（陈天杰、陈秋桐，1963：60）。

在 20 世纪 10 年代初，珠三角缫丝厂女工的月工资为 6 元，而长三角缫丝厂男女工人的平均工资才 5 元。而且在当时，珠三角缫丝厂女工一般每日的工作时间为 10 小时，而在长三角则平均约为 12 小时（农商部总务厅统计科，1914：158~175）。

在 20 世纪 20 年代缫丝业最盛时，珠三角缫丝厂女工的日工资高达 0.8~0.9 元，从事括丝工序的女工日工资更是可以高达 1 元（考活、布士维，1925：134）。而根据陈慈玉的测算，在同一时期，上海一等缫丝女工的月薪，即使是在旺季，以一个月 28 日全勤计，一个月的工资最多为 14.24 元（其中包含精勤赏与 4 次礼拜赏），日薪约为 0.5 元（陈慈玉，1989：54）。可见，珠三角缫丝厂女工的工资要比长三角缫丝厂女工高出 60% 以上。

受世界经济大萧条的影响，当时国内的蚕桑业大受打击，缫丝厂女工的工资也大幅下降，但珠三角缫丝厂女工的工资仍然显著高于长三角缫丝厂女工。乐嗣炳在 20 世纪 30 年代的调查发现，珠三角缫丝厂"女工所受的待遇，比之国内其他各地的女性劳动者，较为良好"。普通的缫丝女工，日工资为 0.4 元左右；优等女工，日工资为 0.7 元左右（乐嗣炳，1935：252）。曾同春（1933：63）同时期的调查数据与之相似，他发现广东女工的工资"较他省为高"，多者每天 0.7 元，平均工资在 0.4 元左右。而在长三角缫丝厂，丝业公司规定女工的最高工资不超过 0.45 元（乐嗣炳，1935：103；陈慈玉，1989：45~46）。1928 年的一项调查也同样发现，当时珠三角缫丝厂女工的日工资为 0.4~0.7 元，而长三角缫丝厂女工的日工资甚至在 0.32 元以下（刘明逵，1993：408）。由此可见，珠三角缫丝厂女工的工资要远高于长三角缫丝厂女工。

在抗战前夕，珠三角缫丝厂女工的日工资为 0.38 ~ 0.58 元，亦远高于长三角缫丝厂女工的 0.20 ~ 0.43 元（陈慈玉，1989：189）。

在不同年代，各种数据都一致表明，珠三角缫丝厂女工的工资要比长三角缫丝厂女工的高，甚至高出 50% 以上。那么，究竟是什么因素使珠三角缫丝厂女工能够在单位产值远落后于长三角缫丝厂女工的情况下，工资却高出这么多呢？

三 经济因素未能解释珠三角缫丝厂女工的相对高工资

很多经济史研究者虽然注意到了长三角和珠三角两地缫丝厂女工的工资差异，但并没有给予足够关注，因而也很少去解释这个现象。其中有些研究将珠三角缫丝厂女工的高工资归因于她们"卓超的缫丝技术"（陈慈玉，1989：190），但这种解释尚值得商榷。正如前文所述，珠三角缫丝厂女工的效率和单位产值实际上都要比长三角缫丝厂女工低。已有研究之所以存在误解，一是因为没有考虑两地蚕丝质量和价格的差异，二是因为直接拿两地女工的年产丝量进行对比，而没有考虑到长三角缫丝厂一年只能开工八九个月的事实。

另外一种可能的解释是：珠三角缫丝厂女工之所以能够获得较高的工资，是因为经过技术改良后，珠三角缫丝厂的固定投入较低。的确，在机器缫丝业发展早期，珠三角缫丝厂的固定投入较低。固定投入较低，也的确有利于提高厂方给女工支付更高工资的能力，但这绝对不意味着厂方愿意并实际上会支付给女工更高的工资。因此，固定投入的高低最多只是影响厂方支付女工工资能力的因素之一，而并不能解释两地缫丝厂女工的工资差异。而且缫丝厂的盈利能力固然影响着缫丝厂的支付能力及缫丝厂女工的工资，但并非决定性因素。在现实中，很多时候尤其是在工人谈判能力较高的情况下，企业盈利能力是"果"，而工人工资等成本才是"因"。

而且，由于两地缫丝厂基本上都是租赁厂房进行生产，对厂房的固定投入实际上并不直接等同于经营方的固定投入。如从 1928 年两地缫丝厂的成本明细可知，以长三角缫丝厂一担生丝的成本为基准，珠三角缫丝厂在蚕茧成本、茧栈费用、工资、利息与折旧等方面（比较表 2 的第 1 行和第 3 行，即调整后的珠三角缫丝厂的数据）都要高于长三角缫丝厂，总成本也要高出 5.9% ，约 90 元。虽然长三角缲丝厂的固定成本（表现在租金上，即租用厂房的费用）更高，平均每担生丝要多 1.6 元，但与工资、蚕茧成本甚或茧栈费用方面的差异相比，显得微不足道；固定成本（租金）在总成本中所占的比例也不到 2%。显然，固定成本的差异难以解释两地缲丝厂女工的工资差异。

表 2　1928 年每担生丝的成本明细

单位：元

地区	蚕茧成本	租金	茧栈费用	工资	燃料费	杂费	利息与折旧	合计
长三角	1140.0	29.0	13.0	230.0	90.0	13.5	13.5	1529.0
珠三角	1030.0	24.0	23.0	250.2	62.5	10.0	20.0	1419.7
珠三角（调整后）	1174.2	27.4	26.2	285.2	71.3	11.4	22.8	1618.5

注：两地成本均未包括捐税和食费。

资料来源：第 1 行的数据来源：《上海丝厂业之调查》，《经济半月刊》1928 年第 12 期，第 20 页。第 2 行的数据来源：东亚研究所（1943：315）；陈慈玉（1989：186）。第 3 行的数据是以长三角缲丝厂一担生丝的价值为基准计算出来的珠三角缲丝厂生产同等价值生丝的成本明细。具体方法为，将第 2 行的相应数据乘以 1.14，因在 1928 年，长三角缲丝厂的出口价格为珠三角缲丝厂出口价格的 1.14 倍〔根据徐新吾（1990：688～711）中的数据计算所得〕。

从经济因素来看，长三角缲丝厂基本都位于城市地区，其女工基本都来自农村地区；而珠三角缲丝厂位于长期从事蚕桑业的乡村地区，其女工来自缲丝厂所在的村和邻村。由于珠三角缲丝厂女工就在村庄内或村庄附近工作，节省了交通、食宿等成本；她们无须背井离乡外出工作，所付出的心理成本和社会成本也更低。而长三角缲丝厂主要位于上海，生活成本无疑要比珠三角高。如在 20 世纪 20～30 年代，上海一般工人家庭平均每家一年的生活费支出约为 454 元，为全国最高（上海市政府社会局，1934：18）。而在珠三角地区，五口人的农家维持生计每年只需不到 200 元（考活、布士维，1925：134）。且珠三角缲丝厂女工吃住基本上都在自己家，生活成本更低。正如陈天杰、陈秋桐所指出的，女工都"在本村附近，早出晚归，厂方既可无需另设宿舍，日间在厂工作"（陈天杰、陈秋桐，1963：60）。这也进一步表明，珠三角缲丝厂女工的生产与再生产成本都更低。这也就基本排除了珠三角缲丝厂女工的高工资是因为生活成本高的可能性。

而长三角缲丝厂女工的工资相对较低也肯定不是由长三角工资水平普遍低下造成的，因为长三角的整体工资水平并不低。就整体工资水而言，上海作为长三角地区的龙头城市，其工人——不管是男性还是女性——工资是全国最高的，其最高工资和最低工资都领先于全国其他省区市（陈真、姚洛，1961：22）。具体就长三角和珠三角的两个龙头城市上海与广州的比较而言，上海的整体工资水平也要高于广州。如在20世纪30年代早期，上海男工的工资远高于广州男工，也高于顺德的工资水平。具体如化学、火柴、饮食、服装、机械、器具等各行业，上海的工资水平都要高于广州（刘明逵、唐玉良，2002b：542～543、571～577）。

通过行业间的比较也可知，长三角工人的工资水平并不都像缫丝厂女工的那么低。比如在1934年的上海，造船业工人平均一天挣1.24元，丝织厂工人平均一天挣0.90元，机器制造业工人平均一天挣0.85元；但缫丝工人一天只挣0.31元，棉纺工人一天只挣0.47元（韩起澜，2004：59）。上海市政府社会局在1934年的调查结果也表明，缫丝工人工资仅为0.037元/小时，位列16个行业之末。其中工资最高的是造船业工人，每小时工资为0.139元（上海市政府社会局，1935：27）。这种工资差异部分反映了不同行业对劳动技能的不同要求，反映了行业间的利润差距，部分也是工人性别的影响——机器制造业和造船业以男工为主，而棉纺、缫丝等行业主要雇用女工。就女工而言，缫丝厂女工的工资并不算低。如1914～1921年，只有纺织、香烟等少数几个行业女工的工资略高于缫丝厂女工的工资（刘明逵、唐玉良，2002b：494～495）。

因此，无论如何，长三角缫丝厂女工工资较低，显然也不是长三角整体工资水平低的缘故。可见，从主要的经济因素出发，基本无法解释珠三角缫丝厂女工长期低产出高工资这个现象。这也促使笔者从当时缫丝厂所处的不同社会结构去寻求解释。事实上，珠三角缫丝厂女工在缫丝厂及缫丝厂外地方社会的地位都要远高于长三角缫丝厂女工的相应地位。珠三角缫丝厂女工也多次成功地延缓甚至抵制技术变革；她们个性张扬，甚至组成姐妹会，打破族规束缚，抵制婚姻，终身不嫁。

四 珠三角缫丝厂女工的社会地位与组织能力

珠三角缫丝厂女工，除单位产值更低、工资更高外，还多次成功地延缓甚至抵制了缫丝厂的技术变革。

19 世纪 60 年代至 20 世纪 20 年代末，长三角缫丝厂仍普遍使用意大利式直缫六绪铁制机器，并无重大技术变革。各类文献中也都没有缫丝厂女工延缓、抵制或者促进技术应用的记录。但在珠三角缫丝厂，女工则在近代机器缫丝技术的应用和变革中扮演着重要角色。

珠三角缫丝厂的多次技术变革都遭到了缫丝厂女工的抵制，技术变革进程因而被延缓甚至阻断。在 20 世纪之前，珠三角缫丝厂基本上都还只是用蒸汽来煮茧，而没有利用蒸汽动力来牵引丝车。1892 年，出于提高蚕丝质量的需要，陈启沅开始尝试更新机器，实现蒸汽化，但因遭到缫丝厂女工的抵制而受挫。"约在 1892 年，继昌隆自澳门迁回的后身世昌纶开始装置蒸汽动力带动缫丝车，这是广东最早出现的蒸汽机缫丝厂，但实行仅两年，女工反觉不如足踩易于掌握，于是在 1894 年重又恢复足踩。"（徐新吾，1990：116）

不仅如此，20 世纪 20 年代末由共捻式缫丝方法向单捻式缫丝方法的改进，同样也因为缫丝厂女工的抵制而进展缓慢，大部分缫丝厂的技术变革更是因此而失败。广东缫丝厂一直沿用陈启沅最初改良的共捻式丝车。而单捻式缫丝方法比共捻式缫丝方法每担丝至少可降低成本 45 元，且在改装过程中并不增加企业成本负担——每部丝车的改装费至多 1.2 元，而拆下来的设备仍可售 1.9 元。但在 1929 年，约 150 家缫丝厂中只有 3~5 家缫丝厂改用单捻式缫丝方法。[①] 这次技术变革最终也归于失败，其中最重要的原因就是缫丝厂女工的抵制。

部分缫丝厂改用单捻式缫丝方法时，同时改用日本钱眼，虽然"女工由共捻式改用单捻式本来是易如反掌"，但女工仍然"感觉得万分麻烦……单捻式于是乎塌台大吉"。改革者因而建议"用同去的女工，破当地女工的'我执'"，即用外来女工打破当地缫丝厂女工的垄断地位（黄永安，1929：101~103）。珠三角缫丝厂的两次重大技术变革，都因女工觉得"麻烦"、"不易掌握"而进展缓慢，甚至于失败。由此可见，珠三角缫丝厂女工在缫丝厂中拥有较高的谈判地位，他们对缫丝技术的态度影响甚至决定了技术变革的成败。

缫丝厂女工为什么抵制技术变革？从缫丝厂女工的角度来看，动力

---

① 捻式是搓捻丝条的工具。因为每只茧所吐出的丝缕太细，所以必须将多条丝缕合拢起来，才能做成丝线。由于丝缕本身所含有的丝胶，这些丝缕能够互相粘贴而成为强韧的丝线。捻式可以把丝线里面所含的水分挤压出来，使其干燥（黄永安，1929：95）。

蒸汽化和改用单捻式缫丝方法，无疑需要女工花费额外的时间和精力去熟悉新的操作方法。此外，动力蒸汽化加快了工作节奏，女工必须去适应机器的节奏。

当然，与缫丝厂女工为什么抵制技术变革这一问题相比，女工何以能够成功地抵制技术变革这个问题无疑更值得探讨。为何长三角缫丝厂女工没能在机器缫丝技术的应用中扮演相应的角色？是什么因素使珠三角缫丝厂女工能够成功延缓甚至抵制技术变革？这与她们相对较高的工资有什么关系？

史料显示，珠三角缫丝厂女工不仅多次成功地延缓甚至抵制技术变革，展现了其在缫丝厂的地位和谈判能力，而且在缫丝厂所处的村落里，同样拥有较高的社会地位和较高的自由度。其中最有力的证据就是"不落家"行为的加剧以及"自梳女"群体的兴起和壮大。

从19世纪末开始，随着近代缫丝厂的兴起和发展，在顺德和南海等珠三角地区，越来越多的农村女性在进入近代工厂工作后，传统的抗婚方式转为"自梳女"的形式，即永不结婚。"在华南蚕丝产区，许多女工把自己的头发梳起来，表明其不结婚的决心。梳发仪式通常成为一种典礼，所有的亲朋好友都应邀参加。一位姑娘一旦梳弄了自己的头发，就完全自立，其父母再也不能强迫她出嫁。"（苏耀昌，1987：182、179）汤普莱（Topley，1975：68）的研究也发现，随着珠三角机器缫丝业的发展，当地"自梳女"群体的规模急剧扩大。

"自梳女"多脱离家庭独自生活，因而需要有独立的经济能力以供养自己，这是"自梳女"存在的经济基础。而近代缫丝厂所提供的工作机会和收入刚好为"自梳女"提供了必要的经济基础。

当时，缫丝厂女工的工作虽苦，但工资却比从事其他工作的女性的工资高，因而很多女性都乐意到缫丝厂工作。如20世纪20年代中期，缫丝厂女工的日工资从0.4元到1.0元不等。这些女工总是衣着漂亮，甚至经常光顾戏场。一个女工每年工作250天左右，就可以挣到200元。而在当时，平均五口人的农家维持生计每年约需195.8元（考活、布士维，1925：134；苏耀昌，1987：183）。这样，女工一人的工资足以养活全家人。在这种情况下，无论是对女工还是对整个家庭而言，缫丝厂工作都是极其珍贵的。由此，"自梳女"在当时是受社会敬重的，甚至她们的父母都能够因此而获得社会威望（Topley，1975：81）。

缫丝厂也更加愿意雇用那些未婚的青年女性，"认为有家庭、有儿女分散精神，效率低，压低工资，工厂对孕妇不仅没有产假和工资，而且不留岗位，有孕就等于开除，要失业"（李本立，1964：121）。许多缫丝厂在招工时甚至明确提出"四不要"，即"谈恋爱的不要，已婚的不要，有孩子的不要，老病的不要"（苏耀昌，1987：188）。缫丝厂的这种倾向也诱使缫丝厂女工选择成为"自梳女"。

也正因如此，家庭和宗族对"自梳女"和"不落家"行为表现出前所未有的宽容态度。从自身利益角度，他们愿意留住这些在当时收入极高的青年女工，以支持本地机器缫丝业的发展，以为家庭和宗族谋利。"观念上的障碍一旦被克服，有的宗族甚至建设姑婆屋，出租给姐妹会成员居住；修筑贞女祠，以供奉那些未结婚的宗族成员的神牌。"（苏耀昌，1987：188）

对于地方士绅和宗族来说，"自梳女"和"不落家"之类的拒婚行为，无疑是不受欢迎的。但珠三角的地方士绅和宗族越来越多地参与到机器缫丝业中，"大多数丝厂都是士绅宗族建立并拥有的。一个宗族出租其公有的房屋供作工厂，租率约为投资额的百分之十。租金被宗族用于资助地方民兵、修建祠堂和撰修族谱。许多宗族由于其邻近地区的工厂而繁荣起来"（苏耀昌，1987：187）。因而，地方士绅和宗族的利益、地方共同体的繁荣，在很大程度上又依赖缫丝厂的运营状况。如果士绅和宗族强烈反对这种拒婚行为，必然会引起女工们的不满，从而导致生产的混乱。由此，可将地方士绅和宗族等地方势力对拒婚行为的容忍，看作他们在利益面前的妥协。而之前备受重视、延续了几百年甚至上千年的风俗传统（如"男婚女嫁"）则被抛诸脑后。

随着机器缫丝技术的应用，相当一部分当地青年女性都能够在缫丝厂中谋到工作并获得货币工资，且这种货币收入又是女工自己有权利支配的，她们也就因而获得了经济独立。[①] 这种经济上的独立，又为她们谋求人格独立、社会独立提供了现实条件。"妇女由于参加工作，生活能自立，这样就有条件可以摆脱经济上的从属地位，可以在一定程度上反抗三从四德礼教的支配。"（李本立，1964：121）

---

① 那些能够勤俭持家的女子，积蓄甚至"多至数千元"。参见梁津津《大良风土谈》，《现象报》1920年8月4日，转引自顺德档案馆编《顺德档案馆编研资料：顺德民国时期风土人情档案材料选编》，第7页。

"自梳女"往往都会住在一起，她们经常就在缫丝厂附近租房子，甚至还一起存钱以备姐妹们及其家庭的不时之需。她们经常一起活动、相互扶持，比其他农村女孩有更高的文化程度（Topley，1975：78-83）。在顺德和南海（尤其是顺德），缫丝厂女工还广泛开展了独身的姐妹会运动，缫丝厂女工逐渐成立姐妹会。"姐妹会是一种妇女组织，不准男人参加，其规模相当小，平均十二个人左右。邻居的姑娘们在十三四岁就开始加入姐妹会，她们每天晚饭后聚会在一起，聊天、唱歌、玩耍，讲自己一天的见闻。"（苏耀昌，1987：180）姐妹会成员基本都是蚕丝生产各个环节的从业人员，都住在姑婆屋里，甚至是同一宗族的成员，都发誓不结婚并患难与共。这实际上是一种半秘密社团组织，内部甚至使用外人难以理解的暗语（Topley，1975：76）。其组织能力由此可见一斑。

不仅如此，作为工作和生活场合的缫丝厂还为那些有拒婚念头的青年女性提供了自由交流的平台，为其提供了组织条件。缫丝厂的集体生产方式，扩展了青年女性的交往对象，也为她们提供了更多的交往机会和空间，同时加强了缫丝厂女工内部的团结。工厂"不但使工人有了较强的经济力量，而且加强了缫丝女工内部的团结。姐妹会的成员通常都在同一家工厂做工。女工们挤在一个像火炉一样闷热的地方工作，一周七天，一天十二小时，有着共同的体验，因而也就形成了内聚力很强的社会团体。工人们都愿意住在一起，外地来的住着同一间宿舍，不想与父母一起生活的就住到姑婆屋去。工作群体也成为娱乐团体的基础。人们经常看到，缫丝女工们成群结队出入于寺庙、戏院和商店。一个工作群体常常是一个姐妹会，又是一个居住共同体、一个娱乐集体。这样一个具有多种功能的团体，促进了缫丝女工的集体行动"（苏耀昌，1987：183~184）。

从珠三角缫丝厂女工能够延缓甚至抵制缫丝厂内的技术变革、成功地挑战地方权威士绅的价值观念、打破传统习俗终身不结婚，并成立具有组织严密性的姐妹会来看，她们的确在缫丝厂以及缫丝厂所在的地方社会中拥有较高的社会地位、较强的自主性和组织能力。那么，珠三角缫丝厂女工何以能够拥有更高的社会地位和更强的组织能力呢？这又和两地不同的技术应用方式有密切关系。

五　技术应用方式构建了缫丝厂女工的社会地位和组织能力

自 19 世纪中期开始，西方的近代工业技术就被引入中国。1845 年英国人柯拜在广州黄埔建造船坞，随后外商投资在广州、香港、上海等地兴建船坞和船舶修造厂，继而发展了各类加工工业和轻工业，如机器缫丝业和棉纺业；19 世纪 60 年代后，清政府开始在全国各地发展军事工业、采矿业、炼铁业和纺织工业，如安庆内军械所、江南制造局以及各省机器制造局等；从 70 年代起，民族资本也开始利用近代工业技术发展近代工业，其中最早的是陈启沅在广东南海创建继昌隆缫丝厂（孙毓棠，1957）。这些新技术的应用对当时中国的社会结构、利益格局和群体关系等产生了深刻影响。其不仅要求某些原料（如蚕茧）商品化，而且带来了工厂化和工业化，并需要部分农民转变职业及其劳作方式——从家庭劳作的农民转型为工厂工人，这又推进了城市化进程。据统计，1911 年，中国已有各类工厂（包括不使用蒸汽动力的工厂）20749 家，年消耗煤炭557833 吨；工厂工人达 661784 人（农商部总务厅统计科，1914：1）。可以说，工业技术的应用影响了近代中国的社会结构转型，如职业分化和阶层兴替。

在这些工业技术中，机器缫丝技术是重要组成部分。据统计，缫丝工人[①]的规模是当时所有近代工业产业中最大的。如 1894 年，中国有近代工业工人近 12 万人，其中缫丝工人规模最大，约有 4 万人，占全国工人总数的 1/3（孙毓棠，1957：1202~1203）。20 世纪 10 年代初，全国工业工人约 66 万人，其中缫丝工人的数量仍为各行业之首，有 9 万人，约占 1/7；当时全国雇用 500 名工人以上的大型企业有 156 家，其中缫丝厂就有 71 家（农商部总务厅统计科，1914：3~5；汪敬虞，1957：1183~1190）。因此，从工农职业分化、专业分化的角度来说，机器缫丝技术对近代中国社会结构转型的影响是不可忽略的。

在技术与社会的关系探讨中，我们早已抛弃了单向决定论（无论是技术决定论还是社会决定论），并认识到可以通过多种方式来使用同一种技术：使用者可以建构技术的使用模式以适应环境，技术也可以不同的

---

① 此处包括少量男工，故用"工人"。——笔者注

方式植入不同的社会环境（Barley，1986；Orlikowski and Barley，2001；邱泽奇，2005）。近代机器缫丝技术的应用就是如此。

概言之，近代机器缫丝技术在长三角和珠三角两地应用的不同主要表现为：在长三角，机器缫丝技术的应用集中在城市地区，缫丝厂所需原料和劳动力几乎完全仰赖农村地区——工厂和原料、劳动力分属两地；而在珠三角，机器缫丝技术的应用则集中在富有蚕桑生产传统的农村地区，缫丝厂所需原料和劳动力几乎都能够在乡村内部实现自给自足（张茂元、邱泽奇，2009；张茂元，2009）。

在长三角，由于缫丝厂都位于几乎不产蚕茧的城市地区，其所需的原料和劳动力都仰赖农村供给，而一直在农村生活的农民在工业化进程中也不得不远离家乡到陌生的位于城市的缫丝厂工作。这样，机器缫丝技术的应用实际上在一定程度上构建并强化了城乡二元结构：农村成为城市的原料（蚕茧）和劳动力的供应地。史料显示，长三角缫丝厂女工群体主要由外地人构成。这些女工基本上都是背井离乡、脱离原有社会群体的外来务工者。这类似于中国改革开放后所产生的农民工群体。如在1910年，上海缫丝厂女工大半为江北人，约占70%（陈慈玉，1989：50、90）。1928年，上海缫丝厂共有女工55363人。"各厂男女工人之籍贯，大约女工以江北泰州盐城一带为最多，而苏省之无锡、苏州、上海，浙江之宁波及他处人次之。"江北人约占50%，浙江人占10%，无锡人占20%，上海本地人及他处人共约占20%。① 于20世纪20年代中期开始兴起的长三角另一近代机器缫丝业重镇无锡，其缫丝厂女工虽然大部分都是本地人（如在1928~1929年，无锡缫丝厂中女工来自无锡本地的有15345人，占79.2%）（高景岳、严学熙，1987：494~495），但由于无锡缫丝厂集中于无锡县城（如在1920年，14家缫丝厂中，有12家位于县城，只有2家位于乡村——扬名乡和开源乡）（万国鼎，1924：19），因而即使是无锡本地的缫丝厂女工，仍然是远离其所在的乡村到城市工作，所以她们实际上也属于外来工。可见，机器缫丝技术在长三角的应用所带来的最显著的社会结构效应就是重新建构了城市和农村间的关系，并使部分农民从农村永久或暂时性地迁移到城市。在这种情形下，女工远离她们的家庭、宗族与地方社会；在缫丝厂及城市中，女工是孤立的，

---

① 参见《上海丝厂业之调查》，《经济半月刊》1928年第12期。

她们难以获得原社会网络的支持，也难以对缫丝厂施加压力。

而由于远离家乡，得不到家庭、宗族和同乡等社会纽带的支持，这些外来女工社会地位低下，工资低廉。1936 年费孝通在江村调研时，姐姐费达生就指出，女工们在城市里的生活是不如意的，甚至是悲惨的。"农村姑娘被吸引到城市工厂去工作，挣微薄的工资，几乎不能养活自己，她们离开了自己的家。这种过程既损害了城市工人又破坏了农村的家庭。"（费孝通，2001：180~181）她因此提出让先进的技术在农村落地生根来振兴农村经济。费孝通主张走乡村工业化道路的思想也正是发源于此。

韩起澜的研究也发现，家庭、宗族甚至是区域因素，对近代上海各个社会群体的生存境遇产生了巨大影响：在上海的苏北人，由于缺乏来自家庭、宗族和同乡的支持，其生活境况明显不如上海本地人和有更多同乡支持的江南人等其他群体。如以苏北人为主的缫丝业和棉纺织业，工资就明显低于以江南人为主的行业（如针织厂、丝织厂和棉织厂等）。"甚至在棉纺厂和缫丝厂内部，工资相对高一些的岗位也给了江南人。"（韩起澜，2004：59~60）而且，苏北工人的工作差、工资低这一事实，并不主要是因为苏北人之前更穷，或是因为他们的技能基础更差，而是因为经理部和占据主管职位的人往往雇用其亲戚、朋友或同乡。而苏北人所能够利用的同乡关系明显较少，而且仅有的同乡关系也都集中在黄包车、搬运工等劳累且收入不高的行业。如在 20 世纪 40 年代的上海企业界，列入商业董事会名单的 2080 名来自江苏、浙江的人（占总数的90%）中，只有 175 人来自苏北（占 8%）。而各地移民也刚好分别集中在各自有同乡关系的地区和行业，苏北人工作的场所正好就是其同乡所占据和管理的行业，如黄包车业、理发业和澡堂业（韩起澜，2004：65~66）。同样是外来工，能够得到更多同乡支持的江南工人的工作及生存境况就要明显好于苏北工人：其工作环境更好、工资更高。这也从侧面佐证了女工背后的社会网络支持的重要性。

社会网络研究也在丰富的实证研究的基础上指出，个人的社会网络在资源攫取、地位获得等方面具有重大作用，也是影响群体的组织能力、集体行动能力的重要变量（Granovetter，1974，1978；Coleman，1988；Lin，2001；边燕杰、张文宏，2001；罗家德、王竞等，2008）。

而珠三角应用机器缫丝技术的方式正是费孝通所主张的乡村工业化模式。其机器缫丝技术的应用是分散进行的，直接落户到原料和劳动力供给充裕的农村地区。1881～1911 年，顺德 86 家缫丝厂中，厂址可查的有 38 家，分布于 26 个乡村或村镇（农商部总务厅统计科，1914：162～174；彭雨新，1989：63～64）；1924 年，131 家缫丝厂散布于 41 个村落中（考活、布士维，1925：13～17）。当时顺德全县总共分为 41 个大村落，即每个大村落都设有缫丝厂。南海亦如此，清末南海有缫丝厂 35 家，分布于县内 22 个村落（姚绍书，1909：4；彭泽益，1962：357）。而每家缫丝厂所需的原料和劳动力几乎都来自本村或邻近村落。缫丝厂女工每天早出晚归，不在缫丝厂住宿，自带午饭（陈慈玉，1989：189）。如最早的继昌隆缫丝厂，"三百女工中，简村占一百二三十人，杏头村占百人左右，吉水村占五十余人，龙仍村（这个村全村人口只百人左右）占二三十人。各村距离简村约一里多至三里，她们上下班很方便"（陈天杰、陈秋桐，1963：62～63）。可见，在新技术的应用过程中，部分农民就地转型为缫丝厂女工，在乡村内部就实现了专业分化和职业分化。转型为缫丝厂女工的农民也无须迁移到远离家乡的陌生城市，她们依然生活在自己所熟悉的乡村中。所以，机器缫丝技术在珠三角的应用并没有像在上海那样的大城市的应用，也没有产生所谓的城乡二元结构（就蚕丝生产而言）；地区间、乡村间的关系并没有因为机器缫丝技术的引入而发生本质性的变化，但乡村内部却已发生翻天覆地的变化，如部分女性农民成为领取工资的工厂女工，她们的职业和工作方式都已彻底改变。

在珠三角，由于缫丝厂坐落于乡村，而乡村又属于地方士绅和宗族的势力范围，女工也就自然容易获得来自家庭和宗族的支持。在女工和缫丝厂的互动中，女工并不是孤立的个体；而且由于女工们的住所离得很近，自小熟识，更加容易凝聚成一个整体。"自梳女"群体及姐妹会的发展壮大，就是一个很好的例证。女工与其家庭和宗族之间的关联并没有断裂，女工们也因宗族背景或地缘邻近而成为一个整体，其谈判地位无疑会提高。地方士绅和宗族虽然积极参与机器缫丝业，但其投资主要集中于厂房和固定设备，而后把缫丝厂租给华侨经营。1893 年，清政府解除海禁，顺德侨胞相继回乡投资兴办机器缫丝厂；至清末，县内 60%的缫丝厂为侨资厂。[①] 地方士绅和宗族主要通过收取固定租金而非分红的

---

① 参见《顺德大事记》，http://da. shunde. gov. cn/TheShundeChronicle. php? id = 2，2012 年
11 月 15 日。

方式从机器缫丝业获取利益。因此，女工的高工资并不与地方士绅和宗族的利益直接冲突。在这种模式下，地方士绅和宗族也有动机抬高茧价乃至劳动力价格，以把更多的利润留在乡村内部（表2中，珠三角缫丝厂相对较高的蚕茧成本、女工工资和茧栈费用都支持了这一判断）。而且，对地方士绅和宗族而言，蚕农和缫丝厂女工工资的增加，无疑有利于维持乡村的稳定，促进乡村发展，这也是他们愿意看到的结果。

在珠三角，一方面，缫丝厂必须仰赖本村落的原料和劳动力供应，这必然使缫丝厂不得不更加重视当地各个群体的利益诉求；另一方面，女工不仅无须背井离乡，而且能获得来自地方士绅、宗族和家庭等社会群体与力量的支持。这能够让珠三角缫丝厂女工——与长三角缫丝厂女工相比——在与缫丝厂的博弈中拥有更高的地位。而从珠三角缫丝厂女工多次成功地延缓甚至抵制技术变革的事例中，我们也可以看到珠三角缫丝厂女工的确在缫丝厂中拥有较高的地位，她们的确拥有更强的组织能力。之前的研究（张茂元、邱泽奇，2009）也已经指出，珠三角缫丝厂雇用了部分放弃缫丝的蚕农，而这是缫丝厂得以在乡村立足并快速发展的重要基础。因此，缫丝厂不可能轻易解雇女工，不可能无视当地士绅、宗族和家庭的利益诉求。这样，女工作为一个整体，在缫丝厂以及其所在的社区（村落）中的地位是长三角缫丝厂女工所不能比拟的。巴利（Barley，1986）对CT技术应用的研究也发现，同样的技术在不同环境下的应用建构了不同的组织结构和群体关系，并最终影响到各个群体的权力和地位。而这也解释了珠三角缫丝厂女工效率低、产值低但工资高的原因。不仅如此，正如考活、布士维（1925）的研究所指出的那样，珠三角缫丝厂女工的高工资又反过来赋予她们更强的经济自立自主性，从而巩固并提高了她们的社会地位。

长三角缫丝厂女工虽然也像珠三角缫丝厂女工一样拥有独立的收入，甚至后来也有类似的姐妹会组织，但由于她们远离之前的村落、宗族和家庭而力量薄弱，也未能通过姐妹会寻求社会地位的提高，甚至极少做出尝试，所以她们的社会地位和组织能力不如珠三角缫丝厂女工。绝大多数加入姐妹会的缫丝厂女工都接受了"命运"的安排。长三角缫丝厂的姐妹会并不是为了寻求变革或者表达反抗，而只是为了能够互相帮助，以在当时对她们不利的环境中生存下去（Honig，1985：710）。可以想象，如果她们工作所在的工厂位于其生于斯、长于斯的村落，她们的目标就会"升级":不再满足于讨薪、求生存,而更有可能像珠三角缫丝厂女工那样要求加薪、抵制技术变革。在费孝通对吴江开弦弓村(江村)缫丝厂的描述中,就可以窥见这种目标的"升级"(费孝通,2001)。这进一步印证了女工的社会地位、社会网络和组织能力,对其收入和生存境况的巨大影响。

通过比较可以看到,长三角的技术应用模式在一定程度上重构了一些关系,使群体关系乃至利益结构都发生了变化,如其破坏了缫丝厂女工原有的社会关系网络,从而削弱了她们的社会地位和组织能力。而珠三角的技术应用模式则是将技术镶嵌到原社会结构中,并没有从根本上改变原群体关系和利益格局,其对原社会结构的冲击是比较小的。不仅如此,这种技术应用模式还有效地保护了当地缫丝厂女工的社会关系网络,使珠三角缫丝厂女工能够从原社会关系网络中获得支持,从而拥有更高的社会地位和更强的组织能力,并借此分享更多的技术红利。

六　讨论与结论

自19世纪中期起,近代机器缫丝技术开始被成规模地引入中国并在全国各地应用,中国的近代工厂随之兴起并得到发展,中国的工业化和城市化进程也随之展开。在此方面,学界已经积累了大量经济史研究成果,其中不乏丰富翔实的史料汇编(刘大钧,1937;孙毓棠,1957;汪敬虞,1957),更多的则是对全国总体经济和地方经济变迁的细致描述和深入分析(许涤新、吴承明,1985;严中平,2001;汪敬虞,2000;丁日初,1997;丘传英,1998),其中包括各类近代工商业的兴起与发展、各阶级的产生与发展、工业化与城市化等主题(张仲礼、熊月之、沈祖炜,2002;刘明逵、唐玉良,2002a)。在经济史的翔实史料和扎实分析的基础上,社会史研究进一步拓宽了近代中国社会变迁分析的视野,关注近代社会变迁中的其他方面(乔志强,1992;张静如、刘志强,1992;朱汉国,1996)。其中,朱其华揭示了近代工商业和商业资本家、工人阶级的产生与发展,并着重分析了他们的政治要求、阶级思想、社会组织等(朱其华,1933)。李国祁和王树槐等人所做的区域研究更是深入分析了各地在政治、经济和社会各方面的现代化进程,尤其涉及了社会结构、价值观念等方面的变迁(李国祁,1982;王树槐,1984)。更有学者不仅尝试利用社会学的方法来分析近代社会结构的变迁，而且将研究视角从宏观转向微观，直接关注民众的日常生活（陆汉文，2005），其中不乏对近代工厂女工的专门研究，如女工对近代工厂生活的适应问题（乐嗣炳，1935），对女工现代性和独立人格的获得、更高的婚姻自由权和社会地位等的研究（费孝通，2001；李本立，1964；Topley，1975；Honig，1985；Stockard，1989）。

总体而言，经济史偏重经济领域，社会史则偏重经济之外的其他社会方面，如社会结构、民众生活、价值观念等；后者多以前者为基础，探讨经济变革下的社会变迁。不过，在强调技术、经济因素对文化、价值观和社会结构的影响的同时，这些研究相对忽视了原有社会结构及其变化对近代经济发展和转型的反向作用，因而也就缺乏对两者相互作用机制的描述和探讨。这种不足，虽不至于造成经济史和社会史研究之间的断裂，但确实阻碍了两者的进一步融合。而本文正是尝试在这一基础上厘清技术变革与经济增长、社会结构转型间的相互作用机制，进而探讨社会结构变迁对各利益相关群体的影响。

在新技术的应用过程中，新技术提高了生产效率，促进了经济增长。而由此获得的技术红利又是以什么原则在利益相关群体中分配的？经济学的研究已经充分证明，劳动与土地和资本是影响分享发展成果的三个基本要素。然而，如前所述，同等"价值"的劳动，其回报却可能是不相同的：与长三角缫丝厂女工相比，珠三角缫丝厂女工的产值更低，但回报更高。

本文的分析揭示，决定缫丝厂女工分享技术红利的因素，除劳动及其价值外，缫丝厂女工的社会地位和组织能力是更为重要的因素。珠三角缫丝厂女工在缫丝厂及外部社会环境中拥有更高的社会地位和更强的组织能力，赋予了她们更高的谈判地位、更强的讨价还价能力，进而有助于她们获得更高的工资，分享更多的技术红利。

事实上，所有的技术变革、技术应用都不是在单一条件下进行的，而是在复杂的社会环境中完成的。新技术的应用往往能够促进经济增长并引发社会结构变迁（如职业分化、地区分工等），但之前的相关研究却少有关注技术红利的分配问题，更少关注技术应用方式对技术应用成败、技术红利分配的影响。

如上所述，长三角的技术应用和工业化模式使外来女工难以获得来自家庭、家族等原社会网络的支持，因而在很大程度上削弱了外来女工的社会地位和组织能力。在珠三角，人们通过将机器缫丝技术落户于劳动力和原料充裕的农村，以农村为依托来发展近代工业。在这种发展模式下，不仅方便了蚕农获得替代性收入，而且保证了机器缫丝技术在珠三角地区的应用迅速获得成功（张茂元、邱泽奇，2009；张茂元，2009），而且，由于"离土不离乡"，女性农民就地实现了向工厂女工的转型，她们也更加能够获得来自家庭、宗族和同乡的社会支持，拥有更高的社会地位和组织能力，从而分享更多技术进步和经济增长所带来的发展成果。

人们应用新技术的方式多种多样，工业化模式也有很多（李强、陈宇琳、刘精明，2012），城市工业化和乡村工业化就是其中最为基本的两种模式。在城市工业化模式中，新技术的应用集中在城市，并以此来吸收农村的原料和劳动力等，也以此带动农村发展。对农村来说，这是一种外发式的发展模式。在这种模式下，农民分享技术红利（发展红利）的主要途径就是永久或暂时性地迁移到城市谋职。如前所述，这在很大程度上会削弱进城农民的社会地位和组织能力。在这种情况下，进城农民分享技术红利、发展成果的能力是受到限制的，因而需要各种制度、政策的保障。但即使如此，进城农民的生存境况仍然堪忧，因为制度和政策顶多只能有限地保障他们的"底线型"利益而无法给其带来"增长型"利益（蔡禾，2010）。

这种技术应用模式和工业化模式，实际上也是新中国成立后至改革开放时占主导地位的发展模式。费孝通从 20 世纪 80 年代起就再次对此发展模式做出反思："从第一个五年计划开始，由国家投资布点，把大中型企业主要放在东北、西北的边区和'三线'，形成工业基地，又由于工业基地的形成而出现工业城市。这样的办法，使中国的现代工业有了一个开头，形成了大量的国有工业企业和巨额固定资产。但同时也使得这些工业基地处于分散和孤立的状态，形成'孤岛'，和原有的工业形式脱了节，互相融不进去，不仅没有带动起农村工业化局面的兴起，反而加深了城乡差别的鸿沟。"（费孝通，2000：351）由此，费孝通也坚定了技术下乡、工业下乡的思路，提出把现代工业分散到广大农村去办，提倡乡镇工业发展模式，并认为这才适合中国"人多地少、农工相辅"的传统和现实。费孝通甚至把开弦弓村在 20 世纪 20 年代末兴建的缫丝厂作为

"发展中国农村经济思路上的一个突破，是现代工业进入农村的一个标志"（费孝通，2000：350）。不过，费孝通将开弦弓村的缫丝厂看作中国近代乡村工业化的标志，却是失之公允的。因为在珠三角地区，自机器缫丝技术应用之始（1873 年），它们所走的一直都是乡村工业化的道路。

而在乡村工业化模式中，新技术则直接被应用于原料和劳动力等生产要素充裕的农村地区，而农民也就地转化为工人。这是农村内生式的发展模式，这种模式的工业化实际上也是农村各利益相关群体的共同行为。它不但能够减少对原社会结构的冲击，降低各利益相关群体对变革的抵触，更为重要的是，它能够更好地维持各利益相关群体原有的社会支持网络、社会地位和组织能力，为实现共享发展成果、共同富裕奠定了必要的社会基础。从这个角度来说，乡村工业化模式可能更能实现农村的整体发展。这正如珠三角近代机器缫丝技术的应用模式所展现的那样，技术应用模式使女性农民能够就地转化为缫丝厂女工，她们的原社会支持网络也因而得到维持，而这又让缫丝厂女工拥有更高的社会地位和更强的组织能力。本文的分析还进一步表明，女工自身的社会地位和组织能力，正是其分享技术红利的根本保障。由是观之，在发展过程中如何维护并培育利益相关群体的社会地位和组织能力，无疑也是当前新型城镇化进程应该深入思考的问题。

综上所述，珠三角在近代利用机器缫丝技术的方式所建构的整体式社会结构变迁模式有利于维护和培育缫丝厂女工的社会地位和组织能力，而这又成为缫丝厂女工分享技术红利和发展成果的根本保障。由此，我们可将这种技术应用模式下的发展称为利益共享式的整体发展。利益共享式的整体发展，不仅能够促进新技术的成功应用、保证技术应用和经济社会的可持续发展，而且各利益相关群体共享发展成果也是社会发展的应有之义。

参考文献

边燕杰、张文宏，2001，《经济体制、社会网络与职业流动》，《中国社会科学》第2 期。

蔡禾，2010，《从"底线型"利益到"增长型"利益：农民工利益诉求的转变与劳资关系秩序》，《开放时代》第 9 期。

蚕丝业同业组合中央会编，1929，《支那蚕丝业大观》，东京：冈田日荣堂。

陈慈玉，1989，《近代中国的机械缫丝工业（1860～1945）》，台北："中研院"近代史研究所。

陈天杰、陈秋桐，1963，《广东第一间蒸汽缫丝厂继昌隆及其创办人陈启沅》，载《广州文史资料》（第 8 辑），广东人民出版社。

陈真、姚洛编，1961，《中国近代史工业资料》（第 1 辑），生活·读书·新知三联书店。

丁日初主编，1997，《上海近代经济史》，上海人民出版社。

东亚研究所编，1943，《支那蚕丝业研究》，东京：大阪屋号书店。

费孝通，2000，《费孝通论小城镇建设》，群言出版社。

费孝通，2001，《江村经济》，商务印书馆。

高景岳、严学熙，1987，《近代无锡蚕丝业资料选辑》，江苏人民出版社、江苏古籍出版社。

韩起澜，2004，《苏北人在上海：1850~1980》，卢明华译，上海古籍出版社。

黄永安，1929，《单捻式与丝钩推广之理论与实况》，《新建设》第 3 期。

考活、布士维，1925，《南中国丝业调查报告书》，黄泽普译，岭南农科大学。

李本立，1964，《顺德蚕丝业的历史概况》，《广东文史资料》（第 15 辑），广东人民出版社。

李国祁，1982，《中国现代化的区域研究：闽浙台地区（1860~1916)》，台北："中研院"近代史研究所。

李强、陈宇琳、刘精明，2012，《中国城镇化"推进模式"研究》，《中国社会科学》第 7 期。

刘大钧，1937，《中国工业调查报告》，中华民国经济统计研究所。

刘明逵，1993，《中国工人阶级历史状况：1840~1949》（第 1 卷），中共中央党校出版社。

刘明逵、唐玉良主编，2002a，《中国近代工人阶级和工人运动》（第 1 册），中共中央党校出版社。

刘明逵、唐玉良主编，2002b，《中国近代工人阶级和工人运动》（第 7 册），中共中央党校出版社。

陆汉文，2005，《现代性与生活世界的变迁——20 世纪二三十年代中国城市居民日常生活的社会学研究》，社会科学文献出版社。

罗家德、王竞等，2008，《社会网研究的架构：以组织理论与管理研究为例》，《社会》第 6 期。

缪钟秀，1930，《上海丝厂业概况》，《国际贸易导报》第 3 期。

农商部总务厅统计科，1914，《中华民国元年第一次农商统计表》（上卷），中华书局。

彭雨新，1989，《辛亥革命前后珠江三角洲缫丝工业的发展及其典型意义》，《中国社会经济史研究》第 1 期。

彭泽益，1962，《中国近代手工业史资料：1840～1949》（第 2 卷），中华书局。

乔志强主编，1992，《中国近代社会史》，人民出版社。

丘传英主编，1998，《广州近代经济史》，广东人民出版社。

邱泽奇，2005，《技术与组织的互构：以信息技术在制造企业的应用为例》，《社会学研究》第 2 期。

上海市政府社会局，1934，《上海市工人生活程度》，中华书局。

上海市政府社会局，1935，《上海市之工资率》，商务印书馆。

苏耀昌，1987，《华南丝区：地方历史的变迁与世界体系理论》，中州古籍出版社。

孙毓棠，1957，《中国近代工业史资料》（第 1 辑），科学出版社。

唐耀祖，1929，《单捻式与共捻式》，《新建设》第 3 期。

万国鼎，1924，《中国蚕业概况》，商务印书馆。

汪敬虞，1957，《中国近代工业史资料》（第 2 辑），科学出版社。

汪敬虞主编，2000，《中国近代经济史：1895～1927》，人民出版社。

王树槐，1984，《中国现代化的区域研究：江苏省（1860～1916）》，台北："中研院"近代史研究所。

徐新吾，1990，《中国近代缫丝工业史》，上海人民出版社。

许涤新、吴承明主编，1985，《中国资本主义发展史》，人民出版社。

严中平主编，2001，《中国近代经济史：1840～1894》，人民出版社。

姚绍书，1909，《南海县蚕业调查报告》，清光绪年间石印本。

乐嗣炳，1935，《中国蚕丝》，世界书局。

曾同春，1933，《中国丝业》，商务印书馆。

张静如、刘志强主编，1992，《北洋军阀统治时期中国社会之变迁》，中国人民大学出版社。

张茂元，2009，《技术应用的社会基础》，《社会》第 5 期。

张茂元、邱泽奇，2009，《技术应用为什么失败》，《中国社会科学》第 1 期。

张仲礼、熊月之、沈祖炜主编，2002，《长江沿江城市与中国近代化》，上海人民出版社。

朱汉国主编，1996，《中国社会通史·民国卷》，山西教育出版社。

朱其华，1933，《中国近代社会史解剖》，上海新新出版社。

Barley, Stephen R. 1986. "Technology as an Occasion for Structure: Evidence from Observations of CT Scanners and the Social Order of Radiology Departments", *Administrative Science Quarterly*, 31, 1.

Brown, Shannon R. 1979. "The Ewo Filature: A Study in the Transfer of Technology to China in the 19th Century", *Technology and Culture*, 20, 3.

Coleman, James S. 1988. "Social Capital in the Creation of Human Capital", *American Journal of Sociology*, 94.

Granovetter, Mark. 1974. *Getting a Job: A Study of Contracts and Careers*. Chicago: The University of Chicago Press.

Granovetter, Mark. 1978. "Threshold Models of Collective Behavior", *American Journal of Sociology*, 83, 6.

Honig, Emily. 1985. "Burning Incense, Pledging Sisterhood: Communities of Women Workers in the Shanghai Cotton Mills, 1919 – 1949", *Signs*, 10, 4.

Lin, Nan. 2001. *Social Capital: A Theory of Social Structure and Action*. New York: Cambridge University Press.

Orlikowski, Wanda J. and Stephen R. Barley. 2001. "Technology and Institutions: What can Research on Information Technology and Research on Organizations Learn from Each Others?" *MIS Quarterly*, 25, 2.

Stockard, Janice E. 1989. *Daughter of the Canton Delta: Marriage Patterns and Economic Strategies in South China*, 1860 – 1930. Standford: Stanford University Press.

Topley, Marjorie. 1975. "Marriage Resistance in Rural Kwangtung", in M. Wolf and R. Witke (eds.), *Women in Chinese Society*. Stanford: Stanford University Press.

新的区域性劳动风险调控

埃里克·威尔蒂耶[*]

为了应对薪资关系中出现的风险，从 19 世纪末开始，欧洲就对与雇佣活动有关的风险进行集体管理。在法国，这一过程开始于人们将工伤事故归为"社会风险"而不将其归咎为个人责任之时。保险原则的产生和随之而来的人们对劳动合同（Ewald，1986）特殊性的承认可以说是社会国家创建的必经阶段。20 世纪以来，社会国家在欧洲发展了一系列社会保障，虽然根据国家的不同，表现形式有所差异，但其主要是由两大制度化的成分所构成，这两大成分之间从区域调控的原则上来讲相互独立。

首先，国家和各行业间的互助一方面要符合标准化规定——帮助受伤者和弱者的义务，另一方面要符合技术要求，也就是说风险的社会化要依靠社会保险，或者在没有社会保险的情况下，依靠救济。于是，互助就成为一个"公共存钱罐，每个人根据自己的能力往里面放钱，然后根据自己的需求提取"（Supiot，2005）。这种互助包括四个方面——疾病（其中有专门针对工作事故和职业病的内容）、家庭、退休和失业，其内含的主要逻辑是救助，目的在于保障参加社会保险的个人收入的连续性。

其次，工薪身份以及与之相伴的一系列关于劳动者工作条件的安全保障制度取决于和企业长期的合同关系（Castel，1995）。《劳动合同》以法律的形式确定将个人工作关系纳入集体调控中，同时给予处于从属地位的个人以一定的保障，《劳动合同》的法律形式还具有法定的一面——

---

* 埃里克·威尔蒂耶（Eric Verdier），普罗旺斯艾克斯劳动经济与社会学研究所研究员。

其中一系列保险的实施不以合同双方的意志为转移（Morin，2000）：经过协商制订的集体协议和企业协议就这样将内部合同和职业合同固定了下来（Eyraud，Marsden，& Silvestre，1990）。

人们对福特式综合性企业的质疑渐渐地削弱了从"光辉三十年"继承下来的工薪身份；企业主和雇主职能各种不同形式的分离也加强了这一趋势。其一，一些经济上处于从属地位，但法律上独立的实体形成网络，成为安排生产活动的基础（Rorive，2003）。因此网络公司开始流行，它将经济上不稳定的生产单位联合在一起，比如说不同级别的分包商或者二级供货部门（Veltz，2000）。其二，工薪阶层、自由职业者（Dupuy & Larré，1998）和各种三角工作关系（尤其是代理人）等混合工作情况发展。在这种大背景下，从 20 世纪 80 年代初开始，不论人们拥有何种文凭和专业资格（Maurin，2002），丧失工作的可能性都大大增加了，于是，强调受薪者有责任提高他们自己能力的新人力资源管理模式开始传播开来。同理，求职者被要求保持自己的"可用性"（Gazier，2003），而以前，失业时的经济风险毫无疑问是由集体来承担（Salais，Reynaud，& Baverez，1986）。就业风险保障方面责任的转移根据国家的不同而多少有些差异（Barbier，2008），但它们都毫无例外地导致了新的社会不确定因素的产生。

总之，以前的保障措施中的一部分已经发生变化，虽然这种变化令人担忧，但它同时也促使社会参与者发现新的集体应对措施，提前做好面对不断增加的工作风险的准备①。这一前景表明人们着手建立预防型社会国家，而不是救助型社会国家，北欧一些民主社会主义流派称之为"社会投资国家"（Esping-Andersen，2008）。但目前人们采取了更加适度的步骤，即不去等待保障体系的整体重建，而是从地方开始，许多地方性的创新举措体现了新的区域性调控的出现，这些调控措施尝试将工作风险归给集体来承担，并取得了成功。这些调控措施也取决于不同的社会政体，经济形式的不同导致实施它们的集体游戏规则的不同。

---

① 这些工作风险主要包括两个方面：第一方面是就业风险——失业、职业资质和能力的过时；第二方面是职业风险——工伤事故、职业病、职业压力和性骚扰。

一 工作风险的区域性调控：合法性和合理性

一些比较研究指出区域性调控之所以变得越来越重要，正是欧洲现在正经历的各种结构性调整共同作用的结果。区域性社会和政治的合理性与集体行动方式的重组息息相关（Verdier，2008）。

1. 由社会变革带来的区域性调控

从社会国家历史的角度上看，这一区域性的调控可以被看作一种老套的做法，即对穷人，或者更广泛地说，对"危险阶级"展开救济（Palier，2004）。但是今天，社会的发展变化使社会风险的承担出现了新的前景，并影响着公共政策和企业的组织，那么这一区域性调控不正属于这些社会发展变化的范围吗？

30 年以来，公共行动的合同制化和权力下放的过程相融合（Gaudin，2004），带来了一系列重要变化，这些变化涉及一些中央集权的国家，如意大利和法国。法国进行了一系列的改革，将培训（Bel & Dubouchet，2004）、安置、就业（Berthet，Guntigh, & Guitton，2002）、社会行动、公共交通等方面的权力下放给了地方或者中央政府的地方行政机构。这一政治和行政组织的权力下放目的在于使地方（比如说大区）成为一个自治空间，使公共或者私人机构在创新和动员方面有一定的自主权（Duran & Thoenig，1996）。

而且越来越多的是，这些举措并非建立在法规的基础上，而是建立在公共合同的基础上；这种合同制化有助于人们进行试验，因为它赋予雇佣合同一定的可逆性，并且各种私人或公共社会参与者都可以利用合同这一形式。于是，从行动的角度来说，区域的定义就和参与者的结构密不可分了，参与者不但形成了一种社会构造，而且这种构造在区域不断的互动和对抗中成型并社会化。

这些举措的发展也得到了欧洲社会政策的鼓励。本着协商的原则，在援助的构想、估算和实施方面，欧洲社会基金的支付因为相关的区域性计划而暂停。另外，开放式协调负责协调欧洲国家间的志愿合作（比如教育和研发方面的合作），它明确表示欢迎区域性工会和资方参与到多层次的管理中来（Massardier，2003）。批量生产方式的发展曾使国家在社会、经济调控中处于几乎绝对的主导地位（Freyssinet，2004），然而考虑到公共行动这些不同形式的重组，雇方组织，尤其是工会组织开始越来越重视区域社会对话并调整其组织方式。

此外，这一重组和生产方式的改变密不可分，这些改变影响到众多企业：分包的发展和企业各种职能的外化促使企业为了解决就业和工作的问题发展出地域逻辑（Rey，2007）。另外，在法国，2002 年的一项法律规定，如果企业的集体解雇会影响到它所在就业区的经济，企业就必须事先进行关于该区域所受影响的研究，而且大部分企业还必须创造新的工作岗位（Jobert，2008）。这些预防性措施和干预显示出区域性劳动风险的管理渐渐成型。

2. 劳动风险区域性管理的总体特征

学者对此进行了各种各样的实践，并形成了一个总体趋势。"传统的"职业关系参数开始变形：传统的雇员和雇主之间的对话被圆桌会议取代，其参加者包括国家行政机关、地方行政单位、规划工程学专家、地方企业协会等；社会谈判的目的在于在法律允许的范围内制定出一种规范，区域对话的各种形式规范了集体行动，使其面向"定位"的公共利益的创造（保证某个地区经济的发展）或者局部问题的处理（解决假期招聘有资质雇员困难的问题）。

另外，这种区域性调控的范围不应当局限于严格意义上的工资交换，而应该考虑到更广阔意义上的就业和工作条件（比如居住条件和交通条件），同时应该越来越多地考虑到那些影响区域竞争性的新参数：产业能力的吸引力、职业培训的质量、企业劳务活动的安全性等。这些新的集体行动方式源自结合了人员流动性和经济计划的地区发展计划，并使工作质量的所指对象多多少少明确起来，其不仅包括以前行业公共政策拆分开来的一些社会福利（就业、培训、医疗），而且包括传统形式的社会谈判。

因此，区域的参与者常常只有超越从前的一些分隔才能前进，而且是以探索的形式朝着完整的工作风险预防体系前进。参与者[①]结合已有的信息和众所周知的限制性条件，将所遇到的问题转化为一个或多个项目，而有组织的调控活动正是围绕这些问题展开的（Reynaud，1997：29）。这些项目并不像某些一开始就确定了范围的行动计划，追求某个特定的

---

① 比如，预先找出那些会给当地经济和社会造成巨大损失的产品或服务质量上的不足。

目标，而是要寻找一个共同的行动框架，使参与者们能够制定一条前进路线，以便大家朝着共同的目标前进，换句话说就是确定"每个参与者为了这个共同目标做贡献的方式"（Reynaud，2003a：112），然后"进行一场前景广阔的社会冒险"（Reynaud，2003a：112）。因此，我们要用项目的合理性来说服别人，而不是靠规定来约束别人。

　　所以，项目参与者的结构就和一些规则紧密地联系在一起，它只有依靠这些规则才能很好地完成项目，"调控就是一次行动，将人们聚集在一个项目周围，从而形成一个团体"（Reynaud，1997：280）。因此，"参与者的一致性并不是原来就有的，而是集体行动造成的，因为集体行动有着最基本的共同行动准则"（Reynaud，2003b：245）。区域行动的目的在于预防经济和社会风险，不论其是由内因还是外因造成的，从政治和认知的角度来说，参与者的才能和技能构造对这些区域行动来说是一个关键性因素。因此，区域行动常常需要专业知识，目的是在共同预判的基础上确定问题和解决问题，这是最重要的一条游戏规则。传统的统计方法几乎统计不到那些传统行政区域划分外的地方，因此专业知识就更为重要了。另外，各个区域关键因素的不同特性使人们需要进行专门的调研①，掌握相关知识有助于构建集体行动的方向。因此，法国在权力下放到地方的过程中，建立起许多专门的经济和社会研究所；这些以国家和地方规划合同为基础建立起来的就业和培训地区研究所已经成为一种象征性标志。

二　预防工作风险：集体行动的多种体系

　　为了勾勒出由地区发起的各种行动逻辑的轮廓，我们建议先在集体行动典型体系的视角下对其加以分析。这些典型体系构成了多种建立在集体对经济前景预测基础上的联合调控方式，而这些预测则通过谈判和对抗的方式被纳入共同的项目中。

　　这是一种"组织性工作"，包括"在特定的背景下，通过某种方式发动参与者，使其发现解决某个特殊问题的特殊方法，并建立起他们之间

---

①　比如由劳动部下属的地区办事处进行的针对滑雪胜地季节工身体和资质的调查。调查结果具有非常大的警示性，说明了改变集体行动分级的必要性。

的交流机制"（De Terssac，2003：122）。通过这些互动，人们可以渐渐确立集体行动的最终目标，即追求共同利益和采取合适的方式来发展集体行动以保证人们的就业和工作安全：保护人们，支持劳动市场上的"诚实交易"，增加行动区域的吸引力，为发展性计划提供便利或者为个人的发展提供合适的环境。

1. 保护性的集体行动：保护个人的完整性

这一行动方式首先能够说明两个问题：一是工作方面的规章制度无法保护个人和福利；二是立刻采取措施的必要性，因为这关系到个人的安全和完整性。在那些最令人担心的情况下，就业风险和职业风险紧密联系在一起，以致从属于职业市场中未受保护阶层的工薪人员的人身和心理安全都无法得到保障，例如餐饮业的季节工（比如在一个非常大的海水浴场，一些季节工在一天的劳动之后，只能睡在沙滩上，有时甚至得不到一张合乎规定的合同）。此外，这些操作还会影响到那些遵纪守法企业的生存，因为它们面对的是不正当竞争。

考虑到这些情况的紧迫性和严重性，集体参与者们设置了一些行动机构，混合了传统的干预手段（检查和违反公共条例时的处罚措施）和一些非正统的手段，这些非正统手段是道德规范形式下的一种自愿行动（如旅游胜地旅馆餐饮业的反非法用工行动）。从理论上说，这些手段的法律影响力非常有限，因为基本上它们仅仅是提醒人们履行已有的法律义务。但是许多雇主对此阳奉阴违，而且一犯再犯，这说明某些地方（某个就业区）与雇佣关系相关的法律规范的合法性出现了问题。因此，这些法律条文的重新表述和它们在一些地区性或合作性行动机构（包括雇主和公共权力机关）中的实施使某些特定区域的集体参与者联合起来，共同行动，支持法律规范重新得到承认。

这些机构的公信力取决于两个条件：首先，得发动起一定数量的遵纪守法的企业主，使他们能够遵守由他们的代表签署的承诺书；其次，集体要有能力在某个特定的地区，合法地严厉制裁那些公然的违法行动。这种公信力不仅依赖工作检查，而且体现在对付那些顽抗的企业主及其代表的能力上，必须将这些企业主的特征记录在案以便教育他们的代表，使其遵纪守法。而工作检查则因为公共团体（比如市镇团体）当选者的大力支持而更具有法律效应，从而保证了地方的整体利益。另外，此类集体行动有效性最主要的表现之一就是提交到劳资调解委员会的诉讼案件的减少，该委员会专门负责处理和工作合同有关的纠纷。

2. 集体调控行动：减少工作市场上的不对等

首先要创造一个好的集体环境来促进劳资双方进行公正和透明的交易，最重要的目的在于减少因为恶劣的服务和工作环境而造成的经济和职业风险。因此，一家季节性工作职业介绍所从用工季一开始就努力安排招工单位和求职者见面，以便交易能够光明正大地进行，并提供更好的服务，比如在旅游季到来之前，通过职业培训来提高相关职位的资质和吸引力（比如公共建筑工程和餐饮业往往对年轻人没有吸引力）。于是，集体行动就需要邻近地区的社会和政治参与者共同行动，来解决就业条件、报酬、社会保障、某些集体服务（比如住宿）、风险预防、培训质量等问题。

这一集体调控行动并没有走传统的制度程序和可抗辩的正式协议形式，而是针对非常具体的问题，而且给劳资双方提供了切实可利用的资源（比如，通过职业中心或者指导手册的形式，对尼斯旅馆业的职业风险加以评估，给季节工和他们的雇主提供服务和建议；利用这个机会，资方和工会的参与者可以试着在他们的影响力还很薄弱的小型企业中树立起他们潜在委托人的合法地位）。这一操作意向需要对职业情况和资方的习惯性做法有一个准确的判断，了解透彻才能处理那些"工作合同中非合同性的东西"，比如有关海水浴场里季节性劳动者住房的复杂文件。

3. 简便化的集体行动：谈判活动的不完备性和开放性

这种行动方式也许最接近传统的职业关系，但它却体现了各种级别的新公共行动最大的两个特征。

一是必要性，有必要通过圆桌会议的方式，将各个相关方面的人或机构联合起来，确定需要解决的问题，并尽可能地采取共同行动。

二是"高级别"合同的不完备性，无论是国家职业级别，还是大区级别：勾勒出整体框架，给出原则和方法，以刺激地方发展计划的产生并方便其实施。这些计划需要地方参与者在当地进行规划并使其适应当地的情况，要注意各种地方因素和结构的混杂，考虑到当地拟定的调控措施（监护、调控或者创业）。

从很大程度上说，普罗旺斯－阿尔卑斯－蓝色海岸大区（PACA）的行业三方协议①就属于这种模式，它充当了地区政治和 2004 年国家设置的有关终身培训的 60 个行业协议之间的媒介（Méhaut & Verdier，2009）。这一法律程序上的三方协议既复杂也雄心勃勃。之所以说它雄心勃勃，是因为它试图预防缺乏有资质的人力资源造成的集体风险，这种风险会妨碍经济计划的实现，从而减少该地区的就业计划，增加工薪阶层失业的风险。之所以说它复杂，是因为它试图将从属于私人（工会和资方）和不同公共权力机关（大区议会、中央政府的各种地方行政机关）的行动领域纳入同一个机构中，以便应付雇主们在招收新员工时遇到的质与量的困难，而克服这些困难常常需要重新考虑职业培训的内容和就业工作条件的吸引力。

这些不同级别的行动和各种参与者之间的复杂互动使这些措施不过是表面文章，对于地方发展计划来说没有任何实质性内容。

4. 创业的集体行动：在有限的空间里构建特殊的就业人口

这一模式的关键点和风险都非常明确，它们与特定的区域空间（市镇）以及特定的职业领域（肉食工业）有关。与上文中的情况相比，在这种情况下开展项目所要发动的参与者的结构更加接近于经济决策，因此也更加有限。在拉西奥塔游船建造和修理行业，关键在于将地方发展协会变成一个进行项目管理的虚拟企业，以便更好地享受国家、大区和欧盟委员会的公共援助（Garnier & Mercier，2006）。

在某些参与者——公共的或私人的——看来，项目聚焦于经济目标和价值的创造使工薪阶层的代表被排挤了出去，而且这一排挤非常合理。但是，很多研究过的例子说明劳动力带来的风险也是很高的：日渐老龄化和饱受职业病折磨的劳动力有可能丧失社会能力，而衡量产品竞争力的标准之一就是员工的专业资格。雇员和雇主之间缺少关于预防丧失专业资格风险的明确的谈判，这使雇员突然被辞退的可能性大为增加。尽管求助于专家并不一定能够保证发展项目的合理性，但一些关键因素因为混杂了经济目标和人力资源的问题而变得非常复杂，比如工作健康等问题，地方参与者通常不具备相关经验，所以专业知识在这些问题上面就更加不可或缺了。

---

① 国家、地区议会和与培训、就业、劳动条件等有关的分支机构（雇方的，或者在某些情况下，工会的组织）。

5. 投机性的集体行动：并置个人利益

这种结构本身就是自相矛盾的，因为它需要弱化参与者之间的关系。公共权力机关，无论级别如何（地方、国家或欧盟级别），都需要隐退以便让市场来发挥作用。

这些措施超出了普通法的范围，目的在于暂时弥补地区巨大生产调整不可避免地带来的解构性影响（比如马赛附近拉西奥塔结束大型船只的建造）。面对就业风险，这一免税企业区的设置成为公共政权隐退的标志。其目的在于用各种类型的企业代替单一的工业，这些企业能够招工、发放工资，并且创建或者重建一些经济活动和最基本的社会关系。在这种社会关系中，群众长期失业会使地区的凝聚力出现问题。集体行动的目的在于加强地区的吸引力并将就业危机分散到大量的企业身上，而降低劳资交易的成本在这些集体行动中起着非常重要的杠杆作用。

从三个角度来看，这些机制都是过渡性的：它们有助于将职业高度一致的一体就业系统（比如船舶制造）转变为不受共同集体项目指导的各种不同经济利益环境的综合体；国家和地方行政机构给予的税收优惠必须能够持续下去；回归到普通法的进程是不可避免的，这就要求逐渐建立起内在的发展能力以保证地方经济的持续增长。但是，就目前来看，社会风险的预防仍然在于在地方企业衰败的时候，有能力快速地吸引新的经济活动，创造新的就业岗位。这一集体行动不仅需要公共财政的大力支援，而且完全没有考虑到工薪关系的组织问题。

但是，围绕商业机会重建地方社会的尝试将渐渐导致集体利益的出现，这些集体利益从一开始涉及工薪关系的外围问题，如交通方式，到渐渐触及一些核心的问题，如培训和职业风险的预防（Garnier & Mercier，2006）。

三 结论：地方集体行动的局限性

这些不同的地方性创新之举代表了地方行动的重组，这一重组远远没有完成，正如其机构和社会形态的多样性所揭示的那样。安妮特·约贝尔（Jobert，2000：148）就指明了这一点，并进一步说道："区域性调控的特点和国家各级调控的特点是完全不同的：它联合了各种各样的参与者，而且它稳定性比较差，它所依赖的调控机制和手段也是不稳定的。"这些预防性的调控一方面说明对工薪阶层法律保护力度的减弱，另一方面显示出对工作风险预防性而不是治疗性调控的出现。

总之，这些联合调控的实施总是依赖支持特殊机制的公共行动，其目的在于适应各种各样的社会风险；它的实施常常伴随传统参与者角色的减弱。这种参与者角色的减弱可以避免，条件是在社会调控的"上面"能够搭建起一些"调解人"机制，将地区社会对话作为各层次有效地方行动的必要条件，无论这些地方行动是为了发展经济还是预防工作风险。

那么，在实施各种联合调控之前，不同集体问题的提出和处理就必须考虑到它们的表现和制度化形式——保护、调控、促进、承包和刺激。一个具体的机制往往是两个甚至好几个行动方针的结合。某个行动的有效性取决于所采取的手段和所利用的资源的质量，以及参加者的技术和政治能力。这些针对经济和社会紧急情况的行动可以结合起来（比如，与非法用工做斗争），然后朝旨在改善工作市场交易质量的调控方向发展，最后形成创业性的集体项目，从而让某个地区走出"低学历平衡"的恶性循环（Soskice，1994）。其发展路线未必是这种线性形式，但是不管怎样，最关键的问题之一是要知道所采取手段的质量能否说服企业家全身心地投入这些旨在发展高标准工作的中期计划［参见考派柏（Culpepper）关于这个问题提出的总体解决方法］。

考虑到各级调控层层叠盖的复杂性，如果项目实施期间的集体学徒培训不足以有效地支持被再次合理化的合作制，那么地区行动就非常有可能陷入困境。雷纳德提到过"过度权利"这一说法，它不仅表示权利的过量，也表现了权利组合的困难，他在提出这一说法的同时明确地预言过这种类型的衰退（Reynaud，2003c：413）。地区行动是一个复杂的难题，它的约定都建立在约束性有限的公共合同上，因此它不具有一个真正的管理性权力机关所拥有的资源；在无法嵌入恰当的社会规则的情况下，它能否持久地面对工作风险预防的各种情况呢？

参考文献

Barbier, J. C. 2008. Qualité et flexibilité de l'emploi en Europe: de nouveaux risques in Guillemard A. M. (coord.), *Où va la protection sociale*? PUF, Paris, pp. 49 – 68.

Bel, M., & Dubouchet, L. 2004. La décentralisation de la formation professionnelle: un processus en voie d'achèvement? La Tour d'Aigues, Editions de l'Aube.

Berthet, T. , Cuntigh, P. , & Guitton, C. 2002. La politique de l'emploi au prisme des territoires, *Documents d'Etudes* n° 59, Paris, Dares.

Castel, R. 1995. *Les métamorphoses de la question sociale*, *une chronique du salariat*, Paris, Fayard.

Catla, M. 2007. *Le travail public régional*, Octarès, Coll. Travail et activité humaine, Toulouse.

Culpepper, P. 2003. *Creating Cooperation*, *How States Develop Human Capital in Europe*, Ithaca and London. Cornell University Press.

De Munck, J. 1997. Normes et procédures: les coordonnées d'un débat, in De Munck, J. , & Verhoeven, M. *Les mutations du rapport à la norme*, Bruxelles, De Boeck, pp. 25 – 63.

De Terssac, G. 2003. Travail d'organisation et travail de régulation in De Terssac, G. *La théorie de la régulation sociale de Jean-Daniel Reynaud*, La Découverte, Paris, pp. 121 – 134.

Dupuy, Y. , & Larré, F. 1998. Entre salariat et travail indépendant: les formes hybrides de mobilisation du travail, *Travail et emploi*, n° 77, pp. 1 – 13.

Duran, P. , & Thoenig, J. C. 1996. L'Etat et la gestion publiue territoriale, *Revue française de science politique*, vol 46 n° 4, pp. 580 – 628.

Esping-Andersen G. 1999. *Les trois mondes de l'Etat-Providence: essai sur le capitalisme moderne*, Coll. Le Lien Social, PUF, Paris.

Esping-Andersen, G. 2008. *Trois leçons sur l'Etat Providence*, Coll. La République des Idées, Seuil.

Ewald, F. 1986. *Histoire de l'Etat-Providence*, Paris, Ed. Grasset.

Eyraud, F. , Marsden, D. , & Silvestre, J. J. 1990. Marché professionnel et marché interne du travail en Grande-Bretagne et en France, *Revue Internationale du Travail*, vol. 129, n°4.

Freyssinet, J. 2004. Hétérogénéité du travail et organisation des travailleurs, IRES, Document de travail n° 04. 01.

Garnier, J. , & Mercier, D. 2006. Transitions territoriales et risques: la reconversion de La Ciotat in Mériaux, O. , & Verdier, E. *Les relations professionnelles et l'action publique face aux risques de l'emploi et du travail*, rapport pour le Commissariat général du plan, Paris, pp. 141 – 158.

Gaudin, J. P. 1999. *Gouverner par contrat*, Paris, Presses de Science-Po.

Gaudin, J. P. 2004. *L'action publique. Sociologie et politique*, Coll. amphi, Presses de Sciences PO et Dalloz, Paris.

Gazier, B. 2003. *Tous Sublimes*, *vers un nouveau plein emploi*, Paris, Flammarion

Jobert, A. 2000. *Les espaces de la négociation collective*: *branches et territoires*, Octarès, E-ditions.

Jobert, A. (dir.) 2008. *Les nouveaux cadres du dialogue social. Europe et territoires*, Peter Lang, Bruxelles.

Lallement, M. , & Mériaux, O. 2001. Tout n'est pas contractuel dans le contrat⋯, les relations professionnelles et action publique à l'heure de la "Refondation sociale", *L'Année de la régulation*, n°5, pp. 171 - 210.

Massardier, G. 2003. *Politiques et actions publiques*, Coll. Science Politique U, Armand Colin, Paris.

Maurin, É. 2002. *L'Égalité des possibles. La nouvelle société française*, Paris, Le Seuil/La République des idées.

Méhaut, P. & Verdier, E. 2009. Recomposition de l'action publique et émergence de nouvelles scènes de négociation sociale? L'exemple de la formation professionnelle In Duclos, L. , Groux, G. , & Mériaux, O. (eds). *Le politique et la dynamique des relations professionnelles*, LGDJ, pp. 169 - 183.

Mériaux, O. , & Verdier, E. (eds.). 2006. *Les relations professionnelles et l'action publique face aux risques de l'emploi et du travail*, rapport pour le Commissariat général du plan, Paris.

Morin, M. L. 2000. Le risque de l'emploi, *La revue de la CFDT*, n°30, pp. 18 - 26.

Palier, B. 2004. *Gouverner la sécurité sociale*, Essais Débats, Coll. Quadrige, Puf, Paris.

Rey, F. 2007. *Les dynamiques locales de la négociation collective. Processus émergents de régionalisation des relations professionnelles*, Thèse de doctorat en sociologie, CNAM, Paris.

Reynaud, J. D. 1989. *Les règles du jeu. L'action collective et la régulation sociale*, coll, Sociologie, Armand Colin, 1ère édition, Paris.

Reynaud, J. D. 1997. *Les règles du jeu. L'action collective et la régulation sociale*, coll, Sociologie, Armand Colin, 2ème édition, Paris.

Reynaud, J. D. 2003a. Réflexion: Régulation de contrôle, régulation autonome, régulation conjointe in Terssac (de) -ed. -, *La théorie de la régulation sociale de Jean-Daniel Reynaud*, La Découverte, Paris, pp. 103 - 116.

Reynaud, J. D. 2003b. Réflexion: Régulation de contrôle, régulation autonome, régulation conjointe in Terssac (de) -ed. -, *La théorie de la régulation sociale de Jean-Daniel Reynaud*, La Découverte, Paris, pp. 241 - 252.

Reynaud, J. D. 2003c. Une théorie pour quoi faire? in Terssac (de) -ed. -, *La théorie de la régulation sociale de Jean-Daniel Reynaud*, La Découverte, Paris, pp. 399 - 446.

Rorive, B. 2003. Qui porte la responsabilité sociale dans l'entreprise réseau? Communication du LENTIC (Université de Liège) pour le Projet RELIER à la 5ème Université de Printemps de l'Audit Social, IAE de Corse, pp. 22 – 23.

Salais, R. , Reynaud, B. , & Baverez, N. 1986. *L'invention du chômage*, Paris, PUF.

Soskice, D. 1994. "Reconciling Markets and Institution: The German Apprenticeship System," in Lynch, L. (ed.) *Training and the Private Sector: International Comparisons*, The University of Chicago Press.

Supiot, A. 2005. *Homo Juridicus. Essai sur la fonction anthropologique du droit*, Coll. La couleur des içdées, Seuil, Paris.

Thévenot, L. 2006. *L'action au pluriel*, *sociologie des régimes d'engagement*, La Découverte.

Veltz, P. 2000. *Le nouveau monde industriel*, Gallimard, Paris.

Verdier, E. 2008. Vers une gouvernance territoriale des risques du travail? *Travail et Emploi* n° 113, pp. 103 – 115.

（胡瑜译，北京第二外国语学院欧洲学院法语系副教授）

城市新移民社会融合的结构、现状与影响因素分析[*]

张文宏　雷开春^{**}

一　研究背景

关于国际移民的社会融合问题，西方的研究主要围绕外来移民与主流社会的关系展开，按其基本取向，可以归纳为"同化论"与"多元论"两大流派（麦格，2007）。国内的多数研究则聚焦于流动人口或外来农民工乡城迁移的过程，学者们淡化了文化的功能，突出了人际关系和社会参与的作用。在移民社会融合影响因素的研究中，许多研究者都发现了嵌入移民网络的关系资源对移民社会融合的促进作用（王春光，1999；赵延东、王奋宇，2002；赵定东、许洪波，2004）；但是，不可否认的是，以初级群体为基础的社会网络带来的交往限制，会强化移民劳动力（农民工）生存的亚社会生态环境，阻碍其对城市的认同与归属（朱力，2002；吕青，2005）。此外，伴随户籍制度而来的社会排斥是阻碍农民工社会融合的主要因素。在对现有文献的系统梳理中，我们发现对社会融合结构进行规范的量化分析的研究并不多见；在影响新移民社会融合因素的分析上，质性思考多于定量分析；在研究对象的选择上，国外研究大多关注来自其他国家的自愿或非自愿的国际移民，主要是中下层新移民，国内研究则主要聚焦于外来农民工，基本上忽视了处于社会中间层

---

* 原文发表于《社会学研究》2008 年第 5 期。

** 张文宏，上海大学社会学院教授；雷开春，上海社会科学院社会学研究所研究员。

的白领新移民。本文运用 2007 年上海城市新移民的调查数据，探索城市新移民社会融合的内在结构，描述其社会融合现状，并对相关的影响因素进行定量分析。

二 研究设计

（一）结构测量指标

本文采用探索性因子分析的方法来界定城市新移民社会融合的结构；在选取指标时，既考虑了国际移民社会融合的研究思路，也考虑了国内农民工社会融合的研究维度，还考虑了新移民面临的特殊社会问题。具体指标的操作化测量如下。

本地语言掌握程度：指学习和掌握移入地方言的程度，操作化为"您能讲上海话吗"，分为"不能讲"、"能讲一些"和"能讲"3 种程度，分别赋值为 1、2 和 3。

熟悉本地风俗程度：操作化为"您是否熟悉本地特有的风俗习惯"，分为"几乎不熟悉"、"熟悉一些"、"大部分熟悉"和"很熟悉"4 种程度，分别赋值为 1~4。

接受本地价值观念的程度：指"在日常生活中，您会按本地风俗习惯办事吗"，分为"不知道"、"从不遵守"、"仅仅与本地人交往时才遵守"和"完全遵守"4 种程度，分别赋值为 1~4。

职业稳定程度：根据本次调查中城市新移民职业流动的实际情况，将其职业稳定程度分为 3 种，其中在体制内单位工作的人，其职业稳定程度最高，赋值为 3；其次为自雇者，赋值为 2；最后是在体制外单位工作的人，其职业稳定程度最低，赋值为 1。

亲属相伴人数：指调查进行时所有生活在本地的亲属的总人数，包括配偶、子女、父母、兄弟姐妹和其他亲属。

本地户籍情况：分为"在迁入地未办理任何居住证件"、"暂住证"、"居住证"和"本地户口（包括本市非农业户口和本市农业户口）"4 种情况，分别赋值为 1~4。

身份认同程度：指认同为本地人身份的程度，操作化为"您认为自己属于哪里人"，分为"外地人"、"既是上海人又是外地人"、"新上海人"和"上海人"4个类别,分别赋值为1~4。社会流动本身就是人们努力实现身份认同转换的外在表现。考虑到部分选择"不清楚"的城市新移民大多处在身份认同的转换期,在逻辑上,我们认为"不清楚"选项更接近于"既是上海人又是外地人"的回答,因此也将这种选项赋值为2。

社会交往范围:操作化为"您觉得您在社会上的人际交往范围属于以下哪个类别?",分为"不广泛"、"一般"、"广泛"和"很广泛"4个类别,分别赋值为1~4。

社会心理距离:根据博格达斯(Bogardus,1925)的社会距离量表,从"很不愿意"到"不愿意"、"无所谓"、"愿意"和"非常愿意"与本地人交往,对其分别赋值1~5。考虑到当城市新移民回答"不知道"时,反映出其对某项与本地人交往情况的描述未做明确表态,因此将其赋值为中间态度值3。

日常交往人数:指在移入地经常联系的朋友的总人数,包括朋友、老乡和同事。

社会满意度、职业满意度和住房满意度,均为态度测量指标,分为"很不满意"到"非常满意"5级,分别赋值为1~5。其中,职业满意度操作化为薪水、福利待遇、单位/公司内的升迁机会、工作自主性、对以后发展的帮助、工作量、公司劳动条件与设施、与同事的关系、与老板/上司的关系、与下属的关系、职业的社会声望和工作地点与住址的距离12项具体指标。

添置房产意愿:分为"没有考虑过买房"(包括"不打算在本地买房")、"3~5年内会考虑买房"、"已购房产"3类,分别赋值为1~3。

(二) 资料来源

在样本选择上,本文主要关注那些凭借人力资本或专业技术知识优势到上海寻求更好发展机会的白领新移民,不管他们是否取得了上海户籍。本研究的抽样总体是1992年以后移居上海,在企事业单位从事专业技术、教育、管理和文职工作,18岁以上的白领新移民。为了与国内的相关研究进行对比,我们还抽取了部分在上海有稳定工作的农民工(主要从事技术和非技术的蓝领工作)作为参照群体。

研究采用了受访者推动抽样(RDS)方法来抽取新移民的样本(赵延东,2007)。该方法是在传统滚雪球抽样方法的基础上,结合社会网络分析的理论和方法，使研究者有可能根据样本对总体特征做出合理的推论，特别适合研究规模和边界不太清楚、不愿意暴露身份的隐藏人口如下岗和失业职工、无家可归者、新移民等。资料收集是运用结构性问卷，通过面访和电话访问两种方式进行。问卷调查工作从 2007 年 4 月初开始，到 5 月底完成。在成功访问的样本中，经过对数据的逻辑检验，剔除了拒答或漏答超过问题总数 1/3 的问卷，最后获得有效样本 600 份。样本的基本情况参见表 1。除表 1 报告的基本信息外，样本的平均年龄为 28.62 岁，平均居住时间为 4.64 年，平均月收入为 4719.64 元。

表 1 样本的基本变量描述性分析

单位：人，%

指标	频数（占比）	指标	频数（占比）
性别（$N=600$）		移出地（$N=600$）	
男	323（53.83）	城市	544（90.67）
女	277（46.17）	农村	56（9.33）
婚姻状况（$N=600$）		党员身份（$N=600$）	
未婚	383（63.67）	是	202（33.67）
已婚	217（36.33）	否	398（66.33）
户籍类型（$N=598$）		职业（$N=600$）	
本市户口	234（39.2）	私营企业主	38（6.33）
居住证	114（19.1）	管理人员	57（9.50）
暂住证	148（24.7）	专业技术人员	188（31.33）
其他	102（17.1）	普通白领	274（45.67）
		蓝领工人	43（7.17）
受教育程度（$N=600$）		单位性质（$N=600$）	
初中及以下	48（8.0）	党政机关	30（5.0）
高中/职高/技校/中专	55（9.2）	国有企业	50（8.3）
大学专科	81（13.5）	国有事业	117（19.5）
大学本科	278（46.3）	集体企事业	13（2.2）
研究生及以上	138（23.0）	个体经营	54（9.0）
平均受教育年限	15.56	私、民营企业	164（27.3）
		三资企业	140（23.3）
		其他	32（5.3）

三 统计结果与分析

（一）城市新移民社会融合的因子结构

首先，我们对前述的 14 项社会融合指标进行了相关关系的矩阵分析，结果发现"日常交往人数"在相关矩阵中全部呈现为负相关；社会交往范围、社会心理距离与其他指标的最大相关系数均为 0.262，因此"日常交往人数"与"社会交往范围"和"社会心理距离" 3 项指标不适合作为城市新移民的社会融合的结构性指标（郭志刚，1999：93），故在进一步的因子分析中予以剔除。

然后，我们运用探索性因子分析方法，对其余的 11 项社会融合指标进行主成分法分析，采用方差最大化方法对因子负荷进行正交旋转。从因子分析结果可以看到，有 4 个主要成分的特征值大于 1，分别用 F_1、F_2、F_3 和 F_4 来表示。从表 2 可以看到，所有指标的共同度（公因子方差）除"接受本地价值观念的程度"（0.498）以外，都在 0.500 以上。4 个新因子累计方差贡献率达到 63.278%。KMO 检验值为 0.690，巴特利特球体检验值达到 1235.099（$p < 0.001$），说明这些指标适合进行因子分析。

表 2　城市新移民社会融合的因子分析结果（非标准化系数 Beta 值）

因子	新因子命名				
	F_1 文化融合	F_2 心理融合	F_3 身份融合	F_4 经济融合	共同度
职业稳定程度	−0.126	−0.111	0.787	−0.088	0.655
本地语言掌握程度	0.698	0.087	0.092	0.040	0.505
熟悉本地风俗程度	0.807	0.068	0.069	0.033	0.661
接受本地价值观念的程度	0.702	−0.059	−0.027	0.020	0.498
亲属相伴人数	−0.014	−0.047	0.004	0.870	0.758
身份认同程度	0.425	0.203	0.509	0.264	0.551
添置房产意愿	0.219	0.169	0.464	0.638	0.698
本地户籍情况	0.162	−0.014	0.795	0.153	0.682
社会满意度	0.062	0.849	0.068	0.043	0.731

续表

因子	新因子命名				共同度
	F_1 文化融合	F_2 心理融合	F_3 身份融合	F_4 经济融合	
职业满意度	0.029	0.805	0.007	-0.167	0.677
住房满意度	0.030	0.629	-0.150	0.354	0.544
特征值	1.908	1.864	1.767	1.422	
方差贡献率	17.342	16.950	16.059	12.927	
累计方差贡献率	17.342	34.292	50.351	63.278	

"本地语言掌握程度"、"熟悉本地风俗程度"和"接受本地价值观念的程度"3项指标对 F_1 的负荷值最高,分别达到了0.698、0.807和0.702,说明此3项指标较好地代表了 F_1。从指标所涉及的内容来看,语言、风俗和价值观都是文化的典型内容,因此我们将此因子命名为"文化融合"。

F_2 主要由"社会满意度"、"职业满意度"和"住房满意度"3项指标来代表,其负荷值分别为0.849、0.805和0.629。这3项指标主要反映了城市新移民在心理上对迁移地社会的感受,我们将此因子命名为"心理融合"。

F_3 对应"职业稳定程度"、"身份认同程度"和"本地户籍情况"3项指标,其负荷值分别为0.787、0.509和0.795。在题为"您认为什么样的人可以称为'上海人'"的选项中,选择了"有上海户口"和"在上海有稳定职业"两项的分别为329人和200人,位居所有选项的第一和第三,从中可见上海人身份的概念与此两项指标有较高的一致性,故我们将此因子命名为"身份融合"。

"亲属相伴人数"和"添置房产意愿"则主要用来说明 F_4,其因子负荷值为0.870和0.638。亲属相伴人数的增加主要依赖两条途径,一条是结婚生子,另一条是将原来的家庭成员接到移入地共同生活。对于前者而言,按照中国的传统习惯,大多数人结婚会以购房为前提。在本研究中我们也发现,已婚者中已购房的人占56.5%,而未婚者中已购房者仅占12.8%。对于后者来说,将原来的家庭成员接到移入地生活,意味着城市新移民将付出较移居上海之前更高的经济代价。由于"添置房产意愿"和"亲属相伴人数"的增加直接以经济收入为基础,我们将这个因子命名为"经济融合"。

（二）城市新移民的社会融合现状

社会融合程度分值以 4 项新因子的方差贡献率为权数，按标准分转换为 1~100 的数值，4 项新因子也做了同样的转换，其基本分布状况见表 3。

表 3　城市新移民的社会融合状况

	心理融合因子	身份融合因子	文化融合因子	经济融合因子	社会融合程度
Mean	54.73	48.25	37.45	35.32	42.94
S. D.	13.99	23.60	18.31	16.56	18.00

从表 3 中可以发现，城市新移民社会融合的总体水平偏低（Mean = 42.94，S. D. = 18.00），其中心理融合、身份融合、文化融合和经济融合的程度分别为 54.73（S. D. = 13.99）、48.25（S. D. = 23.60）、37.45（S. D. = 18.31）和 35.32（S. D. = 16.56）。这一结果表明，城市新移民在心理融合和身份融合方面的速度较快，而文化融合和经济融合的速度相对较慢，并且身份融合的差异性最大，而心理融合的离散性最小。

（三）影响城市新移民社会融合的因素分析

为了进一步探讨影响城市新移民社会融合的具体因素，我们将性别、婚姻状况、党员身份、受教育年限、月收入对数、居住时间、移出地和阶层地位 8 个变量分别引入总体社会融合和各融合因子的线性回归方程（见表 4）。

表 4　城市新移民社会融合的影响因素（非标准化系数 Beta 值）

	经济融合因子	身份融合因子	文化融合因子	心理融合因子	社会融合程度
男性[a]	-3.744**	-0.033	-0.170	0.271	-1.956
已婚[b]	18.197***	4.530**	-6.599***	-1.164	7.624***
党员[c]	-1.869	10.222***	0.410	-1.818	1.916
受教育年限	-0.156	2.694***	0.133	-0.184	0.890***

续表

	经济融合因子	身份融合因子	文化融合因子	心理融合因子	社会融合程度
月收入对数	0.557	0.366	0.019	2.770 **	2.233 *
居住时间	1.063 ***	1.818 ***	1.876 ***	0.168	2.301 ***
移出地[d]	1.456	2.925	5.757 *	-0.990	4.100
阶层地位[e]					
私营企业主	9.098 **	-26.533 ***	4.370	9.292 **	2.947
管理人员	6.383 *	-12.513 **	6.716	10.030 **	8.448 *
专业技术人员	6.339 *	-4.631	2.552	4.987	6.139 *
普通白领	7.321 **	-12.255 **	6.238	4.188	5.063
常数项	16.441	-2.890	19.073	30.915	-11.173
F 检验值	42.421 ***	32.894 ***	9.454 ***	4.090 ***	34.319 ***
调整后的 R^2	0.432	0.369	0.134	0.054	0.380
D.F.	11	11	11	11	11
N	600	600	600	600	600

注：a 男性，以女性作为参照；

    b 已婚，以未婚者作为参照；

    c 党员，以非中共党员作为参照；

    d 移出地，以农村作为参照；

    e 阶层地位，以蓝领工人作为参照。

$^*p < 0.05$，$^{**}p < 0.01$，$^{***}p < 0.001$。

从表4最后一列可以看到，变量对总体社会融合程度的解释力达到了显著水平（$R^2 = 0.380$，$p < 0.001$）。从具体因子来看，对经济融合的解释力最大（$R^2 = 0.432$，$p < 0.001$），对心理融合的解释力最小（$R^2 = 0.054$，$p < 0.001$），对身份融合和文化融合的解释力分别为 0.369（$p < 0.001$）和 0.134（$p < 0.001$）。

从具体变量的影响来看，性别对社会融合程度的回归系数为 -1.956（$p > 0.05$），说明男性新移民比女性新移民的社会融合程度低，但是这种差异并未达到统计上的显著程度，说明在其他条件不变的情况下，性别对城市新移民的总体社会融合并未产生显著的影响。从对具体融合因子的影响来看，性别对经济融合、身份融合、文化融合和心理融合的回归系数分别为 -3.744（$p < 0.01$）、-0.033（$p > 0.05$）、-0.170（$p > 0.05$）和 0.271（$p > 0.05$）。换言之，在其他条件不变的情况下，男性新移民比女性新移民在经济融合、身份融合、文化融合和心理融合方面分别低 3.744 分、0.033 分、0.170 分和高 0.271 分，然而只有性别对经济融合的影响达到了显著水平，说明女性新移民在经济融合方面显著高于男性新移民。

婚姻状况对社会融合程度的回归系数为 7.624（$p < 0.001$），说明在控制其他变量的情况下，已婚者的社会融合程度高于未婚者 7.624 分。从具体因子来看，婚姻状况对经济融合、身份融合、文化融合和心理融合的回归系数分别为 18.197（$p < 0.001$）、4.530（$p < 0.01$）、-6.599（$p < 0.001$）和 -1.164（$p > 0.05$）。换言之，在其他条件不变的情况下，已婚新移民比未婚新移民在经济融合、身份融合、文化融合和心理融合方面分别高 18.197 分、4.530 分，低 6.599 分、1.164 分，其中仅有婚姻状况对心理融合的影响未达到显著水平，说明已婚新移民在经济融合和身份融合方面显著高于未婚者，而在文化融合方面却显著低于未婚者。

党员身份对社会融合程度的回归系数为 1.916（$p > 0.05$），说明在控制其他变量的情况下，拥有党员身份的城市新移民的社会融合程度高于非中共党员 1.916 分，然而这种差异并未达到显著水平，说明党员身份对城市新移民的总体社会融合没有产生显著的影响。从具体因子来看，党员身份对经济融合、心理融合、身份融合和文化融合的回归系数分别为 -1.869（$p > 0.05$）、-1.818（$p > 0.05$）、10.222（$p < 0.001$）和 0.410（$p > 0.05$）。换言之，在其他条件不变的情况下，拥有党员身份的城市新移民，在经济融合、心理融合、身份融合和文化融合方面分别比非中共党员低 1.869 分、1.818 分，高 10.222 分、0.410 分，其中，党员身份仅对身份融合的回归系数达到了显著水平，说明拥有党员身份的城市新移民的身份融合程度显著高于非中共党员。

受教育年限对社会融合程度的回归系数为 0.890（$p < 0.001$），说明在控制其他变量的情况下，城市新移民的受教育年限每增加 1 年，其总体社会融合程度将提高 0.890 分。从具体的社会融合因子来看，受教育年限对经济融合、心理融合、身份融合和文化融合的回归系数分别为 -0.156（$p > 0.05$）、-0.184（$p > 0.05$）、2.694（$p < 0.001$）和 0.133（$p > 0.05$）。换言之，在其他条件不变的情况下，城市新移民的受教育年限每增加 1 年，其经济融合、心理融合、身份融合和文化融合将分别减少 0.156 分、0.184 分，增加 2.694 分和 0.133 分；然而只有受教育年限对身份融合的回归系数达到了显著水平，说明受教育年限对城市新移民的身份融合有显著的积极影响。

月收入对数对社会融合程度的回归系数为 2.233（$p < 0.05$），说明在控制其他变量的情况下，城市新移民的月收入对数每增加 1 个单位，其总体社会融合程度将提高 2.233 分，可见月收入对城市新移民的总体社会融合程度有着显著的影响。从具体因子来看，月收入对数对经济融合、身份融合、文化融合和心理融合的回归系数分别为 0.557（$p > 0.05$）、0.366（$p > 0.05$）、0.019（$p > 0.05$）和 2.770（$p < 0.01$）。换言之，在其他条件不变的情况下，城市新移民的月收入对数每增加 1 个单位，其经济融合、身份融合、文化融合和心理融合将分别增加 0.557 分、0.366 分、0.019 分和 2.770 分；但是月收入对数仅对心理融合的回归系数达到了显著水平，可见经济收入对城市新移民的心理融合有显著的积极影响。

居住时间对总体社会融合程度的回归系数为 2.301（$p < 0.001$），说明在控制其他变量的情况下，城市新移民的居住时间每增加 1 年，其总体社会融合程度将提高 2.301 分，由此可以发现居住时间对城市新移民的总体社会融合程度有着显著的积极影响。从具体因子来看，居住时间对经济融合、身份融合、文化融合和心理融合的回归系数分别为 1.063（$p < 0.001$）、1.818（$p < 0.001$）、1.876（$p < 0.001$）和 0.168（$p > 0.05$）。换言之，在其他条件不变的情况下，城市新移民的居住时间每增加 1 年，其经济融合、身份融合、文化融合和心理融合将分别增加 1.063 分、1.818 分、1.876 分和 0.168 分；其中居住时间仅对心理融合的影响未达到显著水平，说明居住时间对经济融合、身份融合和文化融合均具有显著的积极影响。

移出地对总体社会融合程度的回归系数为 4.100（$p > 0.05$），说明在控制其他变量的情况下，来自城市的新移民比来自农村的新移民的社会融合程度高 4.100 分，但是这一差异并未达到显著。从具体因子来看，来源地对经济融合、身份融合、文化融合和心理融合的回归系数分别为 1.456（$p > 0.05$）、2.925（$p > 0.05$）、5.757（$p < 0.05$）和 -0.990（$p > 0.05$），说明在其他条件不变的情况下，来自城市的新移民在经济融合、身份融合、文化融合和心理融合方面分别比农村新移民高 1.456 分、2.925 分、5.757 分和低 0.990 分，但是移出地仅对文化融合的影响达到了显著水平，说明来自城市的新移民在文化融合方面显著高于农村新移民。

从阶层地位来看，私营企业主对总体社会融合程度的回归系数为
2.947（$p>0.05$），说明在控制其他变量的情况下，私营企业主比蓝领工
人的社会融合程度高 2.947 分，然而这种差异并未达到显著。从具体的社
会融合因子来看，私营企业主对经济融合、文化融合、心理融合和身份融
合的回归系数分别为 9.098（$p<0.01$）、4.370（$p>0.05$）、9.292（$p<0.01$）和 -26.533（$p<0.001$），说明在其他条件不变的情况下，私营企
业主在经济融合、文化融合、心理融合和身份融合方面分别比蓝领工人
高 9.098 分、4.370 分、9.292 分和低 26.533 分；其中仅对文化融合的影
响未达到显著水平，说明私营企业主的经济融合和心理融合程度显著高
于蓝领工人，但前者的身份融合程度却显著低于后者。管理人员对社会
融合程度的回归系数为 8.448（$p<0.05$），说明管理人员比蓝领工人的社
会融合程度高 8.448 分。从具体的社会融合因子来看，管理人员对经济融
合、文化融合、心理融合和身份融合的回归系数分别为 6.383（$p<0.05$）、6.716（$p>0.05$）、10.030（$p<0.01$）和 -12.513（$p<0.01$），
说明在控制其他变量的情况下，管理人员在经济融合、文化融合、心理
融合和身份融合方面分别比蓝领工人高 6.383 分、6.716 分、10.030 分和
低 12.513 分，其中仅对文化融合的影响未达到显著水平，说明管理人员
的经济融合和心理融合程度显著高于蓝领工人，而在身份融合方面却显
著低于蓝领工人。对于专业技术人员来说，其对总体社会融合程度的回
归系数为 6.139（$p<0.05$），说明在控制其他变量的情况下，专业技术人
员比蓝领工人的社会融合程度高 6.139 分。从具体的社会融合因子来看，
专业技术人员对经济融合、文化融合、心理融合和身份融合的回归系数分
别为 6.339（$p<0.05$）、2.552（$p>0.05$）、4.987（$p>0.05$）和 -4.631
（$p>0.05$），专业技术人员在经济融合、文化融合、心理融合和身份融合
方面分别比蓝领工人高 6.339 分、2.552 分、4.987 分和低 4.631 分，其
中仅对经济融合的影响达到了显著水平，说明专业技术人员的经济融合
程度显著高于蓝领工人。对普通白领而言，其对社会融合程度的回归系
数为 5.063（$p>0.05$），说明在控制其他变量的情况下，普通白领比蓝领
工人的社会融合程度高 5.063 分，然而这种差异并未达到显著水平，说明
普通白领的总体社会融合程度与农民工没有显著的差异。从具体的社会
融合因子来看，普通白领对经济融合、文化融合、心理融合和身份融合

的回归系数分别为 7.321（$p < 0.01$）、6.238（$p > 0.05$）、4.188（$p > 0.05$）和 -12.255（$p < 0.01$），说明普通白领在经济融合、文化融合、心理融合和身份融合方面分别比蓝领工人高 7.321 分、6.238 分、4.188 分和低 12.255 分，其中对经济融合和身份融合的影响达到了显著水平，说明普通白领在经济融合程度上显著高于蓝领工人，但在身份融合程度上却明显低于蓝领工人。

四 结论与讨论

（一）城市新移民的社会融合由 4 个因子构成

如前所述，关于外来移民与主流社会关系问题的理论探讨，从基本取向上可以区分为"同化论"和"多元论"，前者强调本地文化的主导优势，而后者更具包容性。"同化论"认为，移民一定要学习、适应、接受所在地的生活方式和文化价值观念，抛弃原有的社会文化传统和习惯，才能实现同化和融合。而"多元论"则强调，当移入地文化具有更大的包容性时，城市新移民会倾向于维持原有的文化价值，同时他们也会在新的定居地重新塑造其身份认同、价值观念，从而有助于形成多元化的社会和经济秩序。上海从 19 世纪中叶开始成为移民城市，其承载亚文化的能力不断提高。正如城市社会学家费舍的亚文化理论所说，"城市中较高的偏差行为和无组织行为的发生率并不是由诸如人际的疏离、匿名性和非个性化的交往，而是由于一定数量的能够承载一个可自行生长发育的亚文化人口的存在，这个一定的人口称为'临界多数'"（Fischer，1975：1320）。"人口规模大的地点比起人口规模小的地点发展出越来越多的特殊亚文化"，因为"人口规模大的地方吸引了从一个范围更广的地方来的人们，每个人都带来了他们自己的文化；他们通过经济、空间、机构和文化特殊性衍生了更大的不同，因此大城市比起小城镇来说可能拥有更多地围绕种族、职业、休闲和其清晰的特征而组织起来的亚文化"（Fischer，1995：545）。正是因为当代大城市对亚文化有着巨大的承载力，使国内城市新移民面临的文化冲突远小于国际移民，所以，对其社会融合的研究维度不能像国际移民研究一样局限于文化融合。在我们的结构分析中还考虑到了心理融合、身份融合和经济融合三个因子，其中经济融合因子回应了经济学家们对移民经济融合问题的关注（赵延东、王奋宇，2002）。同时，这一结构也与田凯（1995）提出的流动人口社会融合的结构一致，其中身份融合的实际内容与其所提出的社会层面相对应。有意义的是，本研究很好地对心理层面和文化层面做出区分，突破了以往研究中将这两个方面混在一起进行分析的局限。

（二）城市新移民的总体社会融合程度偏低

城市新移民的总体社会融合程度偏低，与当地居民相比，在心理、文化、身份和经济等层面还存在较大的差距，这种差距需要经过长时间的社会互动与社会适应才能缩小或缓和。造成新移民的总体社会融合程度偏低的原因可能有以下几点。第一，无论在新移民与本地居民彼此交往的意愿还是在实际交往的行为方面，均存在较大的差距。在本次调查中，在"一起工作"、"聊天"、"做邻居"、"做亲密朋友"、"做亲戚或通婚"和"共同参与社区管理"的主观意愿方面，新移民和本地居民选择"愿意"的比例分别为 42.2% 对 52.5%、47.2% 对 57.7%、43.7% 对 44.7%、42.2% 对 41.0%、31.0% 对 27.5%、41.2% 对 29.5%。新移民与本地居民交往的意愿总体上低于本地居民与新移民交往的意愿。这种明显的差距影响了新移民与本地居民的交往，使他们有可能从主观上抗拒与本地人的日常交往。与此相一致，新移民经常接触的人、经常交往的朋友和同事中的非本地人分别高达 40.7%、59.2% 和 39.7%。社会交往网络的非本地化极大地影响了社会融合的进程。这也是在最初的因子分析中社会参与指标没有通过检验而被剔除的一个原因。第二，在实际生活中，新移民均有不同程度的遭受不公正待遇的经历。回答"偶尔"和"经常"受到不公正待遇的比例分别为 9.2% 和 51.6%，这种情况发生在商场、公交车、工作单位、政府部门、医院、学校、服务娱乐场所、居住小区等场景内以及找工作的过程中。在一个社会或地区，如果存在对某些群体的偏见态度和歧视行为，那么在很大程度上必然阻碍这个社会或地区实现各类社会成员和谐相处的目标。第三，移居时间较短。在我们的调查样本中，平均移居上海的时间为 4.64 年（标准差为 3.34 年）。在如此短的时间内，无论是对本地语言的学习与使用、对本地风俗习惯的掌握、对本地价值观的接受，还是在形成身份认同、获得稳定的职业地位和提升社会地位，以及作为定居标志的商品房的购置、作为最根本的社会融合的与本地人通婚，形成社会网络的本地化，都不可能在如此短的移居时间内取得明显的进展。第四，现行的户籍准入制度及与户籍制度相关的一系列社会政策对新移民融入当地社会产生了负面影响。虽然户籍制度在改革开放以来不断松动，与户籍制度直接挂钩的一系列社会福利待遇逐渐减少，甚至部分中小城市已经进行了以"居民身份"取代"农业与非农业户籍身份"的二元区隔，但是在多数大城市和特大城市户籍身份与社会福利待遇的关系依然十分紧密。

与朱力（2002）的理论分析不同的是，我们的研究结果显示出城市新移民的心理融合、身份融合、文化融合和经济融合程度呈现梯次降低的趋势，我们认为，城市新移民的心理融合和身份融合相对较高，反映了移入地"城市魅力"的效应。第一，正如王赓武（2002）所言，财富和经济增长的中心必然也会成为移民的聚集中心。按照"推拉理论"，上海相对公平的竞争环境、相对规范的制度环境以及较大的发展空间和较多的向上社会流动机会成为吸引众多国内外新移民到上海定居的重要原因。第二，较高的身份认同与新移民相对稳定的职业和对自己身份及户籍地位的现实评价有关。调查显示，75.2%的受访者在移居上海以后没有发生过职业流动，而来上海之前的相应比例是65.2%，这个数字说明新移民移居上海以后的职业是相对稳定的，这种稳定性是与其对目前职业的较高满意度密切相关的。在狭义的身份认同方面，认为自己是"上海人、新上海人"和"既是上海人又是外地人"的比例分别为23.8%和21%。第三，移入地方言的式微和本地风俗习惯及价值观念的变迁是造成相对较低的文化融合程度的直接原因。在我们的调查中，在工作场所、社交场合和家中讲普通话的比例分别高达93.7%、94.0%和69.8%，在上述三个场合讲上海话的比例则分别为2.8%、2.8%和2.0%。这可能与政府为了提高上海国际大都市的形象，在机关、学校和企事业单位大力推广和普及普通话的政策有关。第四，新移民的购房需求与实际购买率之间的差距直接影响了其经济融合程度。在本项调查中，计划长期在上海工作和生活的新移民占51.6%。而在"何谓上海人"的主观认定中，也有28.5%的受访者认为"应该在上海有房子"。但是，目前已购商品房的仅占29.0%。在目前没有购房的新移民中，有57.0%计划3~5年内在上海购置商品房。可见，新移民的购房需求与实际购买率之间存在较大的差距。

（三）影响城市新移民社会融合的因素分析

本研究发现，社会人口变量对城市新移民的社会融合产生了显著的影响。第一，不同性别的新移民的经济融合程度差异明显，表现为女性新移民的经济融合程度显著高于男性。女性有更强烈的团聚和陪伴的需要。一旦在移入地定居，她们会更加积极地将亲属接到身边。出于安定生活的考虑，女性也可能比男性更倾向于将收入用于购置房产。此外，与男性相比，女性通过婚姻的方式来直接提高经济融合程度的条件也更加便利。第二，已婚新移民的经济融合程度和身份融合程度明显高于未婚者，而前者的文化融合程度却显著低于后者。本次调查显示，已婚的城市新移民比未婚者有更高的经济收入（前者的平均月收入为5730.85元，后者为4031.07元），无论在购置房产还是在实现亲属团聚的目标方面，均比未婚者有更强的经济支付能力。同时，由于现实的需要，已婚新移民比未婚者更多地考虑职业的稳定性。此外，已婚新移民的闲暇生活的重心也可能从家庭外部转向核心家庭内部，减少了与本地居民交往的可能性，从而学习移入地语言、了解移入地风俗习惯和价值观念的机会也相应减少。第三，拥有党员身份的城市新移民的身份融合程度显著高于非中共党员。显然，拥有党员身份的新移民更容易找到体制内的职业，而按照现行的上海户籍政策，国家机关、事业单位和大中型国有企业等体制内单位在为雇佣员工申请本地户口时比体制外单位更有优势。因此，拥有党员身份的城市新移民更有可能在体制内单位发挥其专长，受到现行体制的保护。第四，教育获得对城市新移民的身份融合有着显著的积极影响。我们认为这与现行的户籍准入制度对学历的较高要求直接相关。受教育年限更高的人，不但更有可能取得移入地的户籍，而且更有可能找到稳定的工作，由此受到的社会排斥也更少。第五，经济收入对城市新移民的心理融合产生了显著的积极影响。增加经济收入、提升社会地位、改善工作环境和工作质量是多数新移民移居上海的主要原因，而经济收入是满足其他需要的一个基础性条件。当这些需要在移入地社会获得基本满足以后，他们自然就会对移入地的总体状况产生较高的评价。第六，居住时间对经济融合、身份融合和文化融合均产生了显著的积极影响。根据切茨维克对美国犹太移民的研究经验，移民在迁入地居住时间越长，就越有可能积累相关的劳动经验、语言能力等人力资本，从而越有可能获得经济成功（Chriswick，1984），所以提高经济融合、身份融合和文化融合的可能性会相应地增加；同时伴随居住时间而增加的人力资本（如工作经验、掌握当地语言的能力等）也会产生与受教育年限相同的作用，即职业更加稳定、更认同本地人身份。第七，来自城市的新移民在文化融合程度上显著高于来自农村者。这一结果体现的是包含于本地文化中的城市文化与农村文化的差异。来自城市的新移民，对作为城市文化共同特征的现代价值观念和生活方式比较熟悉。而对于来自农村的新移民来说，他们不但面临巨大的城乡文化差异，而且可能因为在社会交往中带着容易识别的乡土文化特征而受到本地居民的排斥。从阶层地位上看，私营企业主、管理人员、专业技术人员和普通白领在经济融合上均显著高于蓝领工人。与蓝领工人相比，其他阶层的成员拥有更丰富的人力资本，更可能找到相对稳定的工作，因此他们在移入地定居和长期发展的愿望也更加强烈。令人意外的一个发现是，除专业技术人员以外，其他阶层的新移民对身份融合程度的评价明显低于蓝领工人。尤其是对私营企业主和管理人员来说，由于职业需要，他们与本地人交往的机会比专业技术人员和蓝领工人多，这可能会增强他们的外地人身份意识，从而也会促使他们将自己认同为外地人。而专业技术人员和蓝领工人的社会交往范围由于受到职业性质的影响，更有可能囿于狭窄的圈子内。在心理融合上，只有私营企业主和管理人员的评价得分显著高于蓝领工人，而专业技术人员和普通白领与蓝领工人没有显著的差异。结合经济收入的分析来看，可能私营企业主和管理人员更高的经济收入使其对职业、居住状况和移入地社会都有更高的满意度，而其他阶层的新移民伴随经济增长获得的心理满足被迅速上升的生活成本抵消了。

参考文献

郭志刚，1999，《社会统计分析方法——SPSS 软件应用》，中国人民大学出版社。

吕青，2005，《新市民的社会融入与城市的和谐发展》，《江南论坛》第 5 期。

麦格，2007，《族群社会学》，祖丽亚提·司马义译，华夏出版社。

田凯，1995，《关于农民工的城市适应性的调查分析与思考》，《社会科学研究》第 5 期。

王春光，1999，《温州人在巴黎：一种独特的社会融入模式》，《中国社会科学》第

6 期。

王赓武，2002，《移民及其敌人》，载《王赓武选集》，上海教育出版社。

赵定东、许洪波，2004，《关系的魅力与移民的社会适应：中哈移民的一个考察》，《市场与人口分析》第 4 期。

赵延东，2007，《受访者推动抽样：研究隐藏人口的方法与实践》，《社会》第 2 期。

赵延东、王奋宇，2002，《城乡流动人口的经济地位获得及决定因素》，《中国人口科学》第 4 期。

朱力，2002，《论农民工阶层的城市适应》，《江海学刊》第 6 期。

Bogardus, E. S. 1925. "Measuring Social Distances", *Journal of Applied Sociology*, 9.

Chriswick, B. R. 1984. "The Labor Market Status of American Jews: Patterns and Determinants", in *American Jewish Year Book* 1985, New York: American Jewish Committee.

Fischer, C. 1975. "Toward a Subculture Theory of Urbanism", *American Journal of Sociology*, 80.

Fischer, C. 1995. "The Subcultural Theory of Urbanism: A Twentieth-Year Assessment", *American Journal of Sociology*, 101.

城市融入、组织信任与农民工的社会信任

——以纺织服装业农民工的调查为例

刘爱玉　刘明利[*]

一　为什么关注农民工的社会信任?

当代信任研究，始于 20 世纪 50 年代心理学关于人际信任的实验研究。20 世纪 70 年代之后，信任问题的研究逐渐走出纯粹的心理学范畴，成为社会学、经济学、文化学、管理学、组织行为学等领域探讨的重要课题。学界之所以对社会信任给予那么多的关注，正如众多研究所显示的那样，是因为它能够促进经济繁荣（Fukuyama，1995）、推动经济增长（Knack & Keefer，1997；Zak & Knack，2001；Beugelsdjik et al.，2004）、发展金融市场（Guiso et al.，2004）、改善法制和政府管制（Knack，2002）、防治腐败（Uslaner，2002；Bjørnskov & Paldam，2004）、提高教育质量（Coleman，1988；Putnam，2000）、增进个体健康（Putnam，2000；Rose，2000）、减少犯罪（Putnam，2000；Lederman et al.，2002；Uslaner，2002）、增进社会福利（Bjørnskov，2003；Helliwell，2003）。可以认为，社会成员对社会的信任是社会秩序的基础和保障。

既然社会信任如此重要，那么，各个社会群体的社会信任的状况如何及何以如此，则尤其值得探讨。本文关注的是农民工的社会信任状况及其影响因素，之所以对农民工这一特定群体的社会信任进行分析，主要基于两个方面的考虑。一是农民工群体在中国社会经济发展与和谐社

* 刘爱玉，北京大学社会学系教授；刘明利，北京大学研究生院副研究员。

会建设中所扮演的角色。在中国快速工业化、城市化过程中，农民工发挥了非常重要的作用，并成为我国产业工人的重要组成部分。到 2011 年第二季度末，全国农民工总量为 2.6 亿人，其中外出农民工数量为 1.6 亿人。根据第五次全国人口普查资料，农民工在第二产业从业人员中占 58%，在第三产业从业人员中占 52%，在加工制造业从业人员中占 68%，在建筑业从业人员中占 80%。庞大的农民工队伍支撑了中国的低价工业化，并保证了经济增长速度，支撑了农村的收入增长，促进了农村社会结构的转型，并在很大程度上形塑着中国的社会结构与走向。二是目前关于农民工社会信任研究的欠缺。近年来关于农民工研究的文献可谓浩如烟海，研究覆盖了众多领域，如农民工生存状态研究（国务院研究室，2006）、权益受损与行动研究（常凯，2005；蔡禾等，2009；刘爱玉，2011）、农民工城市化及城市融入研究（李强，2000；王春光，2001，2006）、农民工阶级/阶层研究（李培林，1996；朱光磊等，1998；陆学艺，2001；李强，2004；李春玲，2005；潘毅，2005）、社会流动与地位获得研究（赵延东、王奋宇，2002）、农民工价值观念及社会心理研究（朱力，2002；李培林、李炜，2007）、农民工与和谐劳动关系建设（常凯，2007；余晓敏，2007）、农民工公民权研究（苏黛瑞，2009）等。而关于中国人信任问题的研究，也涌现了较为丰富的成果。一些研究通过世界观调查，对中国人整体信任水平及与其他文化体下的居民信任水平进行了比较（马得勇，2007）。这种研究似乎把居民看作同质性的群体，而实际上，不同群体的社会信任及其影响因素是有非常大的差异的。所以也有学者对城市居民的社会信任（王绍光、刘欣，2002；李伟民、梁玉成，2002；张云武，2009）、农村居民的信任水平等（胡荣，2005；林聚任，2007）进行研究，甚至也有极少量的关于农民工信任的研究，如曾笑以厦门市农民工调查数据为例所进行的研究（曾笑，2011）。这种研究难能可贵，但对于农民工这么一个重要的社会群体而言，理应有更多的关注。

本文对于农民工社会信任状况及其影响因素的研究，主要基于 2009 年在北京、上海、深圳、泉州、宁波、绍兴、杭州、南阳 8 个城市 24 个纺织服装企业的 1051 名工人进行的问卷调查，该调查的有效样本为 1021 人，其中农民工样本 850 人，城镇工样本 171 人。

二 农民工社会信任现况

1. 社会信任及其测量

心理学将信任看作"个体特有的对他人的诚意、善意及可信性的普遍可靠性的信念"（转引自郑也夫，2001）。经济学以理性选择为出发点，多认为信任实际上是人们为了规避风险、减少交易成本的一种理性计算。经济学家阿罗（K. Arrow）认为，信任是经济交换的润滑剂，是控制契约的最为有效的机制，是含蓄的契约，是不容易买到的独特商品。社会学关于信任的研究最早可以追溯到齐美尔，他将信任看作"那种足以成为实际行动的基础的、关于将来行动确实性的假设，是有关人的知识与无知之间的中介项"（齐美尔，1994：359）。卢曼在齐美尔的基础上，认为信任是一种简化复杂性的机制，并区分了人际信任与制度信任（Luhmann，1979）。本文主张从社会学角度出发定义信任，即将信任看作"建立在法理（法规制度）或伦理（社会文化规范）基础上的一种社会现象"（彭泗清，2003：3）。在此基础上，本文将社会信任区分为两种不同的类型——法制性的社会信任和道德性的社会信任，前者源于法规制度，后者源于道德规范和价值观念。

从制度学派对社会信任形成过程中政府、法律等因素的重视出发，又可以将法制性的社会信任进一步细分为对政府的社会信任和对法律的社会信任。从文化学关于信任的分析考量，本文认为社会环境对社会信任的影响也极为重要。当代中国的社会环境，有两大特征与社会信任密切相关：一是从传统的熟人社区向现代的城市社会转型中，社会结构、生活环境发生了很大的变化；二是在市场经济发展过程中，随着贫富分化和社会分层，利益诉求日益多元，对基本公平、正义的信任危机日益突出。基于此，本文将道德性的社会信任进一步区分为两种：一是对生活环境的社会信任；二是对基本公平的社会信任。

具体到农民工，他们的社会信任至少包括以下两个层面：一是法制性的社会信任，即他们对政府、法律的信任；二是道德性的社会信任，即他们对城市环境、基本公平的信任。根据这一认识，本文设计了相应的量表，通过农民工对 10 个说法的同意程度来测量他们的社会信任水平。同意程度分为 5 级：非常不同意、比较不同意、一般、比较同意和非常同意。

农民工的政府信任对应"我相信政府能够保护我们打工者"和"如果受到权益侵害，找政府也没用"；法律信任对应"我相信通过法律途径能够保护我的权益"和"法律只是对有权和有钱的人有用，对穷人来说一点也没用"；城市环境信任对应"城市里还是好人多"和"城市是一个充满了欺诈、犯罪、陷阱的地方"；基本公平信任对应"只要努力，打工仔也能成为老板"、"这个社会还是很公平的"、"在这个社会里付出得多的人未必得到的多，再努力也没什么用"和"这个社会都是由那些有权有势的人说了算"。①

2. 社会信任总体水平

本文将衡量农民工社会信任水平的 10 个问题按照政府信任、法律信任、城市环境信任和基本公平信任四个类别进行分数汇总，得出每位受调查农民工的得分。政府信任、法律信任和城市环境信任原始分的最大值为 10 分，最小值为 2 分；基本公平信任原始分的最大值为 20 分，最小值为 4 分。为便于比较，通过极差标准化法②对原始分进行 0~1 分范围取值的转换，具体情况见表 1。

表1 农民工社会信任各项目平均得分

单位：分，人

项目		农民工			城镇工		
		平均得分	标准差	频次	平均得分	标准差	频次
政府信任	我相信政府能够保护我们打工者	0.59	0.241	842	0.66	0.235	169
	如果受到权益侵害，找政府也没用						
法律信任	我相信通过法律途径能够保护我的权益	0.60	0.248	841	0.64	0.250	170
	法律只是对有权和有钱的人有用，对穷人来说一点也没有用						

---

① 10 个说法中有 5 个正向询问和 5 个逆向询问，分析时对 5 个逆向询问进行了反向处理。

② 极差标准化公式：$X_{st} = \dfrac{X_i - X_{min}}{X_{max} - X_{min}}$（正向指标）。

项目		农民工			城镇工		
		平均 得分	标准差	频次	平均 得分	标准差	频次
城市 环境 信任	城市里还是好人多	0.57	0.495	843	0.66	0.473	170
	城市是一个充满了欺诈、犯罪、陷阱的地方						
基本 公平 信任	只要努力，打工仔也能成为老板	0.55	0.200	841	0.59	0.197	168
	这个社会还是很公平的						
	在这个社会里付出得多的人未必得到的多，再努力也没什么用						
	这个社会都是由那些有权有势的人说了算						

注：逆向题已做反向处理。

就农民工的四项信任而言，其每一项的平均得分都要低于城镇工，农民工信任得分最高的是法律信任（0.60分），其次是政府信任（0.59分）、城市环境信任（0.57分）和基本公平信任（0.55分），农民工的政府信任和城市环境信任与城镇工相比差距最大，法律信任和基本公平信任的差距相对较小，四项信任的总体得分都处于中间值。

我们将上述四项信任的10个变量建构成一个总体的社会信任量表，经统计检验，该量表的信度系数为0.77，因此量表建构有效。将10个问题的得分进行汇总，我们得出了每位受调查农民工的社会信任水平总体得分。结果显示，受调查农民工的社会信任总体水平原始分最大值为50分，最小值为10分，均值为33.1分，总体得分处于中间值。经极差标准化公式转换为0~1分范围取值的变量后，均值为0.579分，标准差为0.499分。

三 农民工社会信任水平差异之解析

1. 社会信任水平之影响因素探讨

社会信任水平的影响因素主要有三种理论解释，分别是个体因素影响论、社区因素影响论、社会因素影响论。个体因素影响论认为个体自身的主、客观特征是影响其社会信任水平的主要因素。社区因素影响论认为社会信任与个人对其所属社区的参考群体的认识有关，社区的客观特点和个人对社区的主观看法是影响其社会信任水平的主要因素。社会因素影响论则强调社会客观现实与个人对社会的主观评价是影响其社会信任水平的主要因素。

个体因素包括客观背景与主观特性和认知。一般探讨的客观背景包括性别、年龄、婚姻状况、受教育程度、收入水平、就业情况、宗教信仰、职业类型、健康状况等。布雷姆（Brehm）和拉恩（Rahn）对美国1972～1994年度"一般社会调查"数据的分析显示，较高的受教育程度、较高的收入水平、没有处于失业状态都会提高社会信任水平（Brehm & Rahn，1997）；而婚姻状况对社会信任水平的影响并不显著。同样是此项调查的数据，阿勒斯纳（Alesina）和费拉拉（Ferrara）将样本起始年份设为1974年后发现，男性、年龄越大、没有经历过离异或丧偶、受教育程度越高、收入水平越高、工作为兼职、健康状况越好，其社会信任水平越高；而宗教信仰则对社会信任水平没有显著影响（Alesina & Ferrara，2002）。吉索（Guiso）利用"世界价值观调查"1981～1997年66个国家的三次调查数据推论，年龄、受教育程度、收入水平、宗教信仰、健康状况对社会信任水平都有着积极作用，而性别因素的影响并不显著（Guiso，Sapienza，& Zingales，2003）。基于中国特殊的国情以及农民工在城镇化过程中的生存状况，本文关注的个体因素主要为性别、代际、户籍所在地、文化程度、婚姻状况与收入状况。

社区因素影响论认为社会信任是个人基于对其所属社区的参考群体的认识扩展而成的，社区的客观特点和个人对社区的主观看法是影响其社会信任水平的主要因素（Putnam，2000；Delhey & Newton，2003）。布雷姆和拉恩指出，社区较高的收入差异度降低了社会信任水平；德尔希（Delhey）和牛顿（Newton）发现，邻里关系的满意度对社会信任水平有着显著的积极作用（Brehm & Rahn，1997；Delhey & Newton，2003）。就中国目前的情况而言，城镇农民工工作、生活的社区主要有两种类型。一是常态社区，即通常所谓的城市社区，本文将以农民工的城市融入为切入点。城市融入主要通过社会结构的同化（structural assimilation）即实质性的社会结构的相互渗入来衡量，以此考察农民工与所在城市社区成员之间是否出现了比较亲密的私人接触、是否普遍地为当地人在日常生活和私人领域中所接受。二是工厂/企业组织。根据国家统计局发布的

《2009 年农民工监测调查报告》，农民工的居住形式是：10.3% 住工棚，7.6% 住操作间，33.9% 住工作单位提供的集体宿舍，17.5% 与别人合伙租房，17.1% 独自租房，另外 9.3% 住家里或寄住在亲友家，3.5% 是其他方式，只有 0.8% 住自购房（国家统计局，2010）。问卷调查显示，农民工住工厂集体宿舍者占 59.0%，住出租屋者占 30.1%，其他居住方式者占 10.9%。因此，农民工对工厂/企业组织的感受是在讨论社区因素时非常重要的因素，而之前关于农民工社会信任因素的研究则完全忽略了这一点。本文将通过企业特性考察企业社区的客观特性，以组织信任考察农民工对于工厂/企业组织的感受。

社会因素主要是指整个社会的客观实际及社会成员对于社会的主观看法。贝拉（Bellah）等发现，越是积极参与各种社团组织，越能从和他人交往的过程中认识到互助、合作、友善、共识、公益等人际关系处理方式在协调彼此关系、增进社会福利过程中的重要性，而它们又构成了社会信任的核心特征，这提高了其社会信任水平（Bellah et al.，1985）。基于"世界价值观调查" 1981～1997 年 66 个国家的三次调查数据，查克（Zak）和纳特（Knack）发现，与政府和法律体系质量密切相关的产权指数、合约履行能力、腐败指数、投资者权利都提高了社会信任水平（Zak & Knack，2001）。德尔希和牛顿则指出，与朋友交往越多的居民的社会信任水平越高，而居民参加社团组织有时对其社会信任水平有提高作用（Delhey & Newton，2003）。本文将以农民工打工所属城市作为其客观实际情况因素的体现，将农民工是否参加劳工非政府组织视为社会活动参与情况因素。

2. 个体因素与社会信任

性别与社会信任。总体来看，女性与男性在政府信任、法律信任和基本公平信任方面并无统计学意义上的显著差异，但在城市环境信任方面略有不同（$p = 0.016$），女性的信任度得分为 0.618 分，略高于男性的 0.581 分。

代际与社会信任。本文将 2009 年调查时年龄在 30 岁及以下者统称为新生代农民工，而将 31 岁及以上者称为第一代农民工。统计分析发现，新生代农民工与第一代农民工在政府信任和城市环境信任两个方面存在显著差异，但在法律信任和基本公平信任方面没有显著差异。从社会信任水平的代际差异可以看出，相比第一代农民工，新生代农民工的社会信任水平较低（见表2）。

表2　代际与社会信任

	代际		t 检验
	第一代农民工	新生代农民工	
政府信任	0.633	0.572	方差相等，$p = 0.001$
法律信任	0.608	0.601	方差相等，$p = 0.726$
城市环境信任	0.659	0.577	方差相等，$p = 0.000$
基本公平信任	0.539	0.550	方差相等，$p = 0.431$
社会信任	0.595	0.570	方差相等，$p = 0.056$

户籍所在地与社会信任。本地户籍农民工与外地户籍农民工之间的社会信任水平存在显著差异。总体来看，本地户籍农民工的社会信任程度高于外地户籍农民工，这种社会信任的差别主要是城市环境信任和基本公平信任的差异引起的（见表3）。

表3　户籍所在地与社会信任

	户籍所在地		t 检验
	本地	外地	
政府信任	0.617	0.584	方差相等，$p = 0.103$
法律信任	0.693	0.596	方差相等，$p = 0.073$
城市环境信任	0.637	0.593	方差相等，$p = 0.020$
基本公平信任	0.579	0.539	方差相等，$p = 0.019$
社会信任	0.609	0.570	方差相等，$p = 0.008$

文化程度与社会信任。不同文化程度的人在社会信任的四个方面以及社会信任总体水平上均无统计学意义上的显著差异。

婚姻状况与社会信任。不同婚姻状况的人在政府信任和城市环境信任上有显著差异，但在法律信任和基本公平信任上无显著差异，总体而言，社会信任水平因受调查农民工的婚姻状况不同而存在显著差异，已婚者的社会信任水平高于未婚者（见表4）。

表 4 婚姻状况与社会信任

	婚姻状况		*t* 检验
	未婚	已婚	
政府信任	0.559	0.622	方差相等，*p* = 0.000
法律信任	0.595	0.614	方差相等，*p* = 0.270
城市环境信任	0.551	0.653	方差相等，*p* = 0.000
基本公平信任	0.552	0.544	方差相等，*p* = 0.546
社会信任	0.562	0.595	方差相等，*p* = 0.005

收入状况与社会信任。依据农民工实际收入与期望收入的差距将其分成两类不同的群体。统计分析显示，不同收入状况者在基本公平信任上有显著差异，期望收入低于实际收入者的基本公平信任水平显著低于期望收入高于实际收入者，这种差异使两者在社会信任总体水平上有一定的显著差异（见表 5）。

表 5 收入状况与社会信任

	收入状况		*t* 检验
	期望收入低于实际收入	期望收入高于实际收入	
政府信任	0.590	0.608	方差相等，*p* = 0.374
法律信任	0.604	0.612	方差相等，*p* = 0.689
城市环境信任	0.604	0.605	方差相等，*p* = 0.964
基本公平信任	0.534	0.596	方差相等，*p* = 0.000
社会信任	0.573	0.604	方差相等，*p* = 0.036

3. 农民工目前工作所在企业特性与社会信任

企业所有制与社会信任。在不同所有制企业工作的农民工，其社会信任的四个分项以及总体水平有着显著差异，在国有企业工作的农民工的社会信任水平显著高于私营企业和合资/外资企业的农民工，合资/外资与私营企业的员工在社会信任各项的得分上虽略有差异，但在统计检验上差异并不显著（见表 6）。

表6 企业所有制与社会信任

	企业所有制			t 检验
	国有	合资/外资	私营	
政府信任	0.685	0.564	0.594	方差相等，$F = 5.885$，$p = 0.003$
法律信任	0.717	0.576	0.604	方差相等，$F = 7.52$，$p = 0.001$
城市环境信任	0.689	0.586	0.601	方差相等，$F = 4.925$，$p = 0.007$
基本公平信任	0.611	0.521	0.552	方差相等，$F = 5.041$，$p = 0.007$
社会信任	0.662	0.553	0.581	方差相等，$F = 9.266$，$p = 0.000$

企业和国际市场的关系与社会信任。农民工的社会信任水平因其工作的企业和国际市场的关系不同而有所不同，这主要表现在政府信任、法律信任和城市环境信任方面，而社会信任总体水平因此也有显著差异（见表7）。

表7 企业和国际市场的关系与社会信任

	和国际市场的关系		t 检验
	不太依赖	较大程度上依赖	
政府信任	0.616	0.560	方差相等，$p = 0.001$
法律信任	0.629	0.572	方差相等，$p = 0.001$
城市环境信任	0.617	0.583	方差相等，$p = 0.028$
基本公平信任	0.559	0.533	方差不相等，$p = 0.059$
社会信任	0.596	0.556	方差相等，$p = 0.001$

企业规模与社会信任。虽然在法律信任上，在1000人以上规模企业工作的农民工的信任较在500人以下小企业工作者高，前者的信任得分为0.630分，后者的信任得分为0.576分，方差分析的 F 值为4.80，显著性为0.008，但总体上而言，农民工在什么样规模的企业工作与其社会信任总体水平之间并没有统计学意义上的显著差异。

4. 组织信任与社会信任

组织信任可分为组织内信任与组织间信任。本研究关注的是组织内信任。Mayer 等（1995）把组织内信任定义为：基于组织内部成员之间互动后对彼此的认知和了解，一方期望另一方会执行对自身有重要意义的某种行动，而无须用监控等方式控制对方的行为，并愿意接受对方行动可能带来的伤害。组织内信任又可以区分为组织系统信任与组织人际信任。组织系统信任体现的是员工对一个组织中系统（包括组织政策、规则、报酬、绩效评估、安全、人力资源政策等方面的程序）可靠性、可信性的看法（McAllister，1995）。组织人际信任体现的是员工感受到的对管理者/同事的信心以及在多大程度上相信管理者/同事所告诉他们的（Sashkin，1990：6）。无论是组织系统信任还是组织人际信任，都在很大程度上受到了企业制度安排与实践、员工对制度的认知与评价的影响。所以探讨组织信任与社会信任之间的关系，实际上是在关心制度安排与实践、制度认知与评价对社会信任的影响。

组织系统信任水平由 8 个问题组成的量表而构建。8 个问题分别是："我很乐意继续在这个工厂里工作"，"我愿意向我的朋友推荐这个工厂"，"我觉得只要企业效益好，我们员工的工资和福利待遇就会好"，"我相信我们厂是尽力为员工们着想的"，"工厂的纪律和管理安排是合情合理的"，"厂里的安排总有它的道理"，"如果发生工伤，企业会对我们负责"，"我相信在金融危机的情况下，企业不会丢下我们不管"。量表的信度系数为 0.89，农民工组织系统信任的平均得分为 0.58 分，标准差为0.214 分。

就组织人际信任而言，员工 – 管理者信任的测量通过 6 个问题进行："我相信管理者所说的话都是诚实的"，"通常，管理者实际做的跟他说的不一样"，"我觉得管理者对我的奖惩是公平的"，"我乐意向管理者坦白我的想法或建议"，"管理者通常能够设身处地考虑我的处境"，"如果生活上有困难，我也愿与管理者倾诉"。量表的信度系数为 0.80，农民工对管理者信任的平均得分为 0.50 分，标准差为 0.196 分。

员工 – 员工信任的测量通过 3 个问题进行："如果我生活中遇到了什么困难，我相信我的工友们会尽量帮助我"，"如果有更好的岗位信息或工作信息，工友们会相互告知"，"工友在工作中遇到难点和疑点时，常来找我咨询"。量表的信度系数为 0.60，农民工员工信任的平均得分为 0.64 分，标准差为 0.196 分。

相关分析显示，组织信任与社会信任之间有着较高的相关性，组织系统信任与社会信任总体水平之间的相关系数达到了 0.511，与员工 – 管理者信任之间的相关系数为 0.456，与员工 – 员工信任之间的相关系数为 0.168（见表 8）。

表8　组织信任与社会信任

	组织系统信任	员工－管理者信任	员工－员工信任
政府信任	0.416 **	0.343 **	0.145 **
法律信任	0.422 **	0.371 **	0.133 **
城市环境信任	0.350 **	0.327 **	0.163 **
基本公平信任	0.396 **	0.365 **	0.102 **
社会信任	0.511 **	0.456 **	0.168 **

** $p < 0.01$。

5. 城市融入与社会信任

城市融入最终操作化为两个指标：人际交往与人际交往感受。人际交往通过"朋友往来"进行测量，在调查问卷中，询问的是"您在打工所在地的朋友中是否有当地人"以及"您平时与这些当地朋友联系的情况如何"。人际交往感受通过四个问题进行测量："我觉得大多数当地人都很好相处"、"我觉得与当地人交朋友是可能的"、"我觉得大多数当地人看不起我们外来工"和"较之当地人，我更信任我的同乡"。程度同样分为非常不同意、比较不同意、一般、比较同意和非常同意5级。

量表①的信度系数为0.57，农民工人际交往感受的平均得分为0.42分，标准差为0.493分。

从人际交往与社会信任之间的关系来看，有经常联系的当地朋友者，其政府信任、法律信任、城市环境信任、基本公平信任以及社会信任总体水平显著较高，尤其是与那些没有当地朋友的人相比就更为明显，可以认为，人际交往对社会信任有显著的正面影响（见表9）。

表9　人际交往与社会信任

	人际交往			t 检验
	有经常联系的当地朋友	有偶尔/不太联系的当地朋友	没有当地朋友	
政府信任	0.661	0.570	0.563	方差相等，$F = 12.528$，$p = 0.000$
法律信任	0.683	0.585	0.556	方差相等，$F = 16.977$，$p = 0.000$

---

①　4项说法中有2个正向询问和2个逆向询问，分析时对2个逆向询问进行了反向处理。

续表

	人际交往			t 检验
	有经常联系的当地朋友	有偶尔/不太联系的当地朋友	没有当地朋友	
城市环境信任	0.620	0.533	0.503	方差相等，$F = 7.771$，$p = 0.000$
基本公平信任	0.652	0.586	0.581	方差相等，$F = 21.927$，$p = 0.000$
社会信任	0.647	0.561	0.541	方差相等，$F = 25.87$，$p = 0.000$

从人际交往感受与社会信任之间的关系来看，社会信任的四个方面以及社会信任总体水平两两之间都存在显著相关，虽然相关系数值并不高，人际交往感受与政府信任间的相关系数为 0.159，与法律信任间的相关系数为 0.232，与城市环境信任间的相关系数为 0.185，与基本公平信任间的相关系数为 0.245，与社会信任总体水平间的相关系数为 0.272。

6. 社会因素与社会信任

打工所属城市与社会信任。在不考虑其他因素的情况下，打工所属城市对于社会信任的三个方面以及社会信任总体水平有显著影响。从表 10 可以看出，深圳农民工的社会信任水平显著偏低，而南阳、杭州、宁波农民工的社会信任水平显著较高。

表 10　打工所属城市与社会信任

	政府信任	法律信任	城市环境信任	基本公平信任	社会信任
北京	0.609	0.641	0.591	0.549	0.588
杭州	0.625	0.622	0.684	0.584	0.620
南阳	0.669	0.698	0.664	0.620	0.654
宁波	0.623	0.636	0.636	0.577	0.609
泉州	0.546	0.570	0.562	0.551	0.556
上海	0.605	0.587	0.634	0.547	0.584
绍兴	0.612	0.639	0.634	0.553	0.598
深圳	0.541	0.533	0.552	0.491	0.522
检验	方差不相等	方差相等，$F = 4.26$，$p = 0.000$	方差相等，$F = 4.09$，$p = 0.000$	方差相等，$F = 2.93$，$p = 0.005$	方差相等，$F = 4.86$，$p = 0.000$

劳工非政府组织参加与社会信任。在不考虑其他因素的情况下，参

加劳工非政府组织的农民工的政府信任、法律信任、基本公平信任和社会信任总体水平显著高于那些没有参加者（见表11）。

表 11　劳工非政府组织参加与社会信任

	参加状况		t 检验
	不参加	参加	
政府信任	0.585	0.654	方差相等，$p = 0.016$
法律信任	0.598	0.662	方差相等，$p = 0.030$
城市环境信任	0.600	0.623	方差相等，$p = 0.318$
基本公平信任	0.540	0.621	方差不相等，$p = 0.001$
社会信任	0.573	0.637	方差相等，$p = 0.002$

四　农民工社会信任水平的多变量分析

1. 变量描述

上文分析发现，在不考虑其他因素的情况下，个体因素中只有户籍所在地、婚姻状况、收入状况与社会信任之间有相关关系，社区因素中的企业所有制、企业和国际市场的关系、组织信任、城市融入与社会信任之间都有相关关系，社会因素的两个变量与社会信任总体水平间的相关关系也是统计显著的。

上述相关关系都是在没有考虑其他因素影响的情况下得出的，现在的问题是：两两相关的统计显著，在引入了其他因素的考虑后，其相关关系是否依然存在？从个体因素、社区因素和社会因素对社会信任水平的影响来看，何者发挥着更为重要的作用？为什么？

我们拟通过多元线性回归分析对上述问题进行尝试性回答。模型中的因变量为社会信任水平，自变量分为个体因素、社区因素和社会因素三大类。表 12 是对相关变量特性的基本表述。

表 12　变量基本特征与描述

	有效样本数	均值	标准差	变量描述
社会信任	840	0.58	0.499	取值范围为 0 ~ 1
性别	850	0.41	0.492	0 为女，1 为男

续表

	有效样本数	均值	标准差	变量描述
农民工代际	840	0.69	0.464	0 为第一代农民工，1 为新生代农民工
婚姻	839	0.50	0.500	0 为已婚，1 为未婚
文化程度	842	0.72	0.451	1 为初中及以下，0 为高中/中专/职高及以上
实际收入是否高于期望收入	810	0.23	0.422	0 为否，1 为是
是否本地人	850	0.79	0.410	0 为本地人，1 为外地人
城市融入	827	2.02	0.740	1 为有经常联系的当地朋友，2 为有偶尔或很少联系的当地朋友，3 为没有当地朋友
人际交往感受状况	770	0.42	0.494	0 为较差，1 为较好
组织系统信任	838	0.58	0.214	最小值为 0，最大值为 1
员工－管理者信任	837	0.50	0.196	最小值为 0，最大值为 1
员工－员工信任	838	0.64	0.196	最小值为 0，最大值为 1
是否在北京	850	0.22	0.414	0 为否，1 为是
是否在杭州	850	0.05	0.048	0 为否，1 为是
是否在南阳	850	0.06	0.231	0 为否，1 为是
是否在宁波	850	0.07	0.252	0 为否，1 为是
是否在泉州	850	0.17	0.378	0 为否，1 为是
是否在上海	850	0.15	0.360	0 为否，1 为是
是否在绍兴	850	0.11	0.318	0 为否，1 为是
是否在深圳	850	0.17	0.373	0 为否，1 为是
是否参加劳工非政府组织	850	0.09	0.289	0 为否，1 为是
企业性质	850	2.59	0.615	1 为国有企业，2 为合资/外资企业，3 为私营企业
对跨国公司订单生产的依赖程度	850	0.44	0.496	0 为无国际订单生产或有国际订单但依赖程度较低，1 为较大程度依赖国际订单生产
企业规模	850	2.08	0.957	1 为 500 人及以下，2 为 501～1000 人，3 为 1000 人以上

2. 模型选择与比较

本文先对控制变量进行了验证，并在控制个体客观因素变量和企业特性变量的基础上，依次纳入四类变量，构成了五个模型。

模型（1）只考虑个体客观因素和企业特性，模型的判定系数为0.039，即两者仅可解释社会信任水平差异的3.9%，用 Stata 软件 estatic 命令求出的模型 BIC 值为 -424。

模型（2）在控制个体客观因素和企业特性变量后纳入了"个人收入状况"变量，得出模型的判定系数为0.041，判定系数的变化为0.002，即新增加一个关于收入状况主观评价的指标后，其对社会信任水平差异的解释力增加了0.2%，这是一个微小的变化，通过嵌套模型的检验发现模型（2）并不优于模型（1）。

模型（3）在模型（2）的基础上纳入了社区因素中的"城市融入"变量，结果回归模型的判定系数增加到了0.135，"城市融入"变量的纳入增加了对社会信任差异的解释力，嵌套模型检验显示其显著优于模型（2）。

模型（4）在模型（3）的基础上纳入了"组织信任"变量，结果发现相比于模型（3），判定系数增加了0.201，说明组织信任对社会信任差异的解释力较强，嵌套模型检验显示该模型显著优于模型（3）。

模型（5）在模型（4）的基础上纳入了社会因素变量，发现模型的判定系数略有提升，从 BIC 的变化及模型检验来看，纳入社会因素变量能够在某种程度上改善对社会信任水平差异的预测。表13为模型比较基本情况。

表 13　社会信任模型比较

模型	R^2 变化	BIC 变化
模型（1）：个体客观因素 + 企业特性	—	—
模型（2）：模型（1）+ 个人收入状况	0.002	4
模型（3）：模型（2）+ 城市融入（人际交往 + 人际交往感受）	0.094	- 122
模型（4）：模型（3）+ 组织信任	0.201	- 99
模型（5）：模型（4）+ 社会因素	0.030	20

注：模型（1）与模型（2）比较不显著，其余的检验都显著。

3. 社会信任水平因何有异?

通过模型（1）到模型（5）的比较及检验，可以看出，在考察的对社会信任水平产生影响的三大类因素中，社区因素的影响最为显著和重要，个体因素和社会因素虽有影响，但影响力有限。

在控制企业特性、组织信任、城市融入等因素后，性别、婚姻状况、文化程度、代际、地方（打工所属城市）、收入状况等对农民工的社会信任均无统计学意义上的显著影响。以往关于城市居民的信任研究发现，年龄、性别、受教育程度等社会特征不同的居民，对于他人的信任度是不同的（王绍光、刘欣，2002）。如胡荣等的研究指出，男性的普遍信任度高于女性，但在一般信任和特殊信任方面不存在显著差异，随着年龄的增长，对他人的信任度也在提高（胡荣、李静雅，2006），文化程度较高者的综合信任度较高（Yamagishi, Cook, & Watabe, 1998；王绍光、刘欣，2002）。关于农村居民社会信任的实证研究显示，社会信任的程度与信任对象的个人特征具有紧密联系（胡荣，2005）。曾笑关于厦门市农民工社会信任的研究也认为，农民工的个人特性对于社会信任是有一些影响的（曾笑，2011）。我们的研究结论与之前的相关研究有所不同，可能来自两个方面因素的影响：一是作为研究对象的农民工主要来自纺织服装行业，且不只局限于一个城市，因此在代表性上会好于行业分散且只局限于一个城市的样本；二是在考虑影响农民工社会信任水平的因素时，我们纳入了之前被忽略的企业/组织特性与组织信任的影响，而这一因素对于农民工社会信任的影响大大超出了我们的想象。这一不同于以往研究的结论使我们认识到：当我们试图以农民工的性别、年龄、文化程度、婚姻状况、地方（打工所属城市）、收入等因素去解释其社会信任的差异，试图将社会信任的高低归因为个体性的因素，试图回避企业制度安排与实践、组织信任、城市融入等更为根本性的问题时，我们会因找错了药方而医治不了疾病。

企业社区的客观特性与农民工对于企业组织的感受是解释社会信任水平差异的最为重要的因素，但两者在影响程度上有着明显的差异。以组织信任为表征的对企业组织的感受对社会信任水平的影响远高于企业客观特性，就考虑各类因素之后的模型（5）而言，全部因素对于社会信任水平之差异可解释36.6%，而组织信任便解释了20.1%，约占55%，所以要了解农民工的社会信任状况，我们可以去考察农民工所在企业的制度安排与实践，农民工对这些制度的认知与评价，以及他们由于这些因素的影响而对企业组织、对管理者的评价和信任，就可以在很大程度上预测其社会信任水平。从组织信任的三个方面来看，对社会信任水平有统计学意义上显著影响的是组织系统信任和员工－管理者信任，员工－员工信任的影响并不显著，从模型（5）的标准化回归系数来看，又以组织系统信任的影响权重为大。在控制其他因素的情况下，组织系统信任得分每增加 1 个标准差单位，农民工的社会信任水平会相应提高0.39 个标准差单位，而员工－管理者信任得分增加 1 个标准差单位后，农民工社会信任水平相应提高的标准差为 0.173。企业客观特性要素之于社会信任水平，在控制其他因素后，有显著影响的主要是企业所有制，相比国有企业，在合资/外资企业工作的农民工的社会信任水平更低。

农民工在常态社区里的人际交往以及人际交往感受，也极大地影响着其社会信任水平，在控制其他因素的情况下，这两个反映城市融入的变量对于社会信任水平差异的解释力是 9.4%，约占目前已考虑影响因素的 25%。就反映城市融入较客观特性的人际交往而言，在控制其他因素后，与有当地朋友且经常联系者相比，有当地朋友但只是偶尔或很少联系者，其社会信任水平会低 0.151 个标准差单位，没有当地朋友者，其社会信任水平会低 0.081 个标准差单位。就反映城市融入较主观特性的人际交往感受而言，人际交往感受得分每增加 1 个标准差单位，则社会信任水平会相应提高 0.140 个标准差单位。从模型判定系数的变化来看，人际交往与人际交往感受对于社会信任水平的影响几乎同等重要，但人际交往感受的影响稍大一些：如果模型（5）的所有变量中除去人际交往，则判定系数会减少 0.014；如果除去人际交往感受，则判定系数会减少 0.016。

在控制其他因素后，农民工是否参加劳工非政府组织对于社会信任水平没有显著影响，但是打工所属城市对社会信任水平有一些显著影响。以北京为参照，模型（5）的分析显示，在南阳、宁波和泉州打工的农民工的社会信任水平显著较低，在其他城市打工的农民工的社会信任水平并没有统计学意义上的显著差异。总体而言，社会因素可解释大约 3% 的社会信任水平差异。限于篇幅，本文仅列出模型（1）、模型（4）和模型（5）的标准回归系数和标准误（见表 14）。

表 14 社会信任的多元回归分析结果

变量	模型 (1) 标准误	模型 (1) 标准回归系数	模型 (4) 标准误	模型 (4) 标准回归系数	模型 (5) 标准误	模型 (5) 标准回归系数
性别：男性	-0.038	0.013	0.018	0.011	0.023	0.011
代际：新生代农民工	-0.049	0.018	-0.021	0.015	0.007	0.015
婚姻状况：未婚	-0.017	0.017	0.074	0.015	0.054	0.014
文化程度：初中及以下	-0.057	0.015	-0.009	0.013	-0.024	0.013
户籍所在地：外地	-0.064	0.019	-0.003	0.016	-0.008	0.018
企业所有制：合资/外资企业	-0.217**	0.033	-0.141*	0.028	-0.160*	0.028
私营企业	-0.193**	0.027	-0.091	0.023	-0.115	0.024
企业和国际市场的关系：较大程度依赖国际订单生产	-0.051	0.018	0.044	0.015	0.007	0.017
企业规模：501~1000人	-0.006	0.032	-0.105**	0.027	-0.087	0.036
1000人以上	0.081	0.014	0.014	0.013	-0.009	0.038
收入状况：实际收入高于期望收入			0.029	0.013	0.037	0.013
人际交往：有偶尔/很少联系的当地朋友			-0.159***	0.014	-0.151***	0.014
没有当地朋友			-0.103*	0.016	-0.081*	0.016
人际交往感受			0.125***	0.012	0.140***	0.012
组织系统信任			0.367***	0.037	0.390***	0.038
员工－管理者信任			0.185***	0.040	0.173***	0.040
员工－员工信任			-0.036	0.030	-0.022	0.030

续表

	模型（1）		模型（4）		模型（5）	
	标准回归系数	标准误	标准回归系数	标准误	标准回归系数	标准误
打工所属城市：杭州					0.048	0.006
南阳					0.033	-0.097*
宁波					0.025	-0.071*
泉州					0.020	-0.174***
上海					0.044	-0.133
绍兴					0.036	-0.083
深圳					0.042	-0.105
参加劳工非政府组织					0.019	0.053
R^2		0.039		0.336		0.366
样本量		704		704		704

注：$p<0.1$，** $p<0.05$，*** $p<0.01$，**** $p<0.001$；作为参照类删除的变量有：女性、第一代农民工、已婚、高中/中专/职高及以上、本地人、国有企业、无国际订单生产或有国际订单但依赖程度较低、500人及以下小规模企业、实际收入低于期望收入、有经常联系的当地朋友、北京、不参加劳工非政府组织。

五　结论与讨论

1. 结论

基于 8 个城市 24 个纺织服装企业 1021 名工人的问卷调查资料，本文探讨了农民工社会信任水平状况及其影响因素。经验分析显示，农民工法律信任、政府信任、城市环境信任、基本公平信任以及社会信任总体水平平均得分显著低于城镇工。农民工社会信任平均得分为 0.579 分，城镇工的相应平均得分为 0.643 分，农民工社会信任总体水平处于中间状态。

多元线性回归分析显示，对农民工社会信任水平有显著影响的因素是城市融入（人际交往、人际交往感受）、组织信任（组织系统信任、员工－管理者信任）、企业所有制及打工所属城市。从影响的程度与显著性而言，可以概括为两大要素：城市融入和组织信任。

农民工的城市融入程度越高，即与当地人的社会交往越多、社会交往的感受越正面，则相应的社会信任程度也越高，这一点与以往的研究结论是一致的，如彭泗清和胡荣对于城市居民和农村居民的社会信任研究发现，社会交往对信任度的影响非常大（彭泗清，1999；胡荣，2005）。曾笑（2011）通过考察厦门市农民工的社会交往、心理认同、公共事务关注程度以及城市适应等因素对社会信任的影响，发现城市融入程度对于社会信任的正面影响。不过曾笑的研究没有指出城市融入对于社会信任水平差异到底能够解释多少，以及城市融入的客观层面与主观感受对于社会信任的影响。本研究发现，城市融入对于社会信任水平差异影响的解释大约占所有考虑要素能够解释的 25%，城市融入的主观感受——人际交往感受相对于客观层面的影响略高。

农民工的组织系统信任、对管理者的信任越高，则相应的社会信任程度也越高。在考察农民工的社会信任时考虑组织信任的影响，这在以往的研究中是缺失的，本研究发现，组织信任对于农民工的社会信任水平差异具有比城市融入更强的解释力，也比企业客观特性具有更强的解释力，其能够解释的社会信任差异大约占所有考虑要素能够解释的 55%。从组织信任的三个方面来看，员工－员工信任对于社会信任水平并无显著影响，组织系统信任相比员工－管理者信任而言，对社会信任差异具有更强的解释力。组织信任建基于企业社会责任制度的安排与实践，以及农民工对这些制度的认知与评价，所以，农民工的组织系统信任和对于管理者的信任，实际上反映了其对于正式规章制度和法律条文的信任。组织信任对于社会信任的重要性说明：农民工社会信任的建构，不仅仅需要国家在社会层面上的制度设计，通过一种比较公正的制度安排和社会保证机制，依靠对法律系统、制度系统和规则系统的信任，依靠对失信行为的严厉惩戒，提高失信行为的成本，减少和消除农民工对自身安全和利益安全的顾虑，增加对社会的信任，更需要企业层面的制度建设，因为他们的信任水平取决于企业的制度化实践，以及在这种实践中他们是否在企业得到体面的对待。

2. 讨论

以人际交往、人际交往感受为表征的城市融入之于社会信任的重要性，说明传统的信任途径——熟悉性、共享经验、相互展示（reciprocal disclosure）、威胁与制约、信守诺言以及稳定的相互联系（克雷默、泰勒，2003：222）依然具有现实意义。如果说农村社会是更偏向于熟人社会，那么城市社会则更偏向于陌生人社会。农民工离开熟人社会，来到城市的企业谋生、打工，在工厂或者社区居住、生活，因为户籍制度的阻隔和谋求城市永久生活的艰难，不断地在不同的企业和不同的城市流动，人与人之间交往的匿名性和易变性增强，社会信任建立越发困难，他们与城里人的互动状况、互动时的感受及由此获得的关于社会的信息，成为其建立社会信任的重要依据。在当下中国的制度和解构约束下，一如社会学家王春光在讨论农民工市民化问题时所分析的那样，由于进城农民工缺乏与城市居民的交往和理解，享受不到基本的市民权，于是，他们在城市社会中失去了话语权，成为城市社会问题的替罪羊和首选的排斥对象。在社会心理层面，不为城市居民所接纳和认可，反过来也导致他们对城市社会的复杂情绪，逐渐转向对内群体的认同，寻找内群体的情感支持和社会支持（王春光，2006）。在这种情况下，农民工的社会信任建构依然是熟人社会导向的。

由此推论，可以认为社会信任体现在社会互动中，互动使彼此了解与熟悉。卢曼认为，信任必须在熟悉的世界中获取（Luhmann，1979）。Gambetta 则认为，信任是伴随熟悉和友谊的人际交往的产品，同时也可以看作特定文化的产物（Gambetta，1988）。在 Zucker 看来，信任主要产生于声誉、彼此的社会相似性和法制（Zucker，1986）。塞利格曼的研究则表明，在现代社会，信任产生于社会关系和社会系统中，并对其具有整合、稳定的作用（Seligman，1997）。什托姆普卡基于人们社会行动的不确定性和风险性，更是认为信任是"相信他人未来的可能行动的赌博"；但是信任会因社会的急剧变革而受到损害，以至于信任在亲密的、小的社区共同体中比在陌生的城市人群中更容易获得（什托姆普卡，2005）。信任的关键变量是能否获得有关对方动机和能力的充分信息，重复博弈或者说因互动而产生的熟悉为这种信息的获得提供了条件。亚当·斯密曾经如此论述信任："当一个人一天交易 20 次的话，他就不大可能欺骗别人，因为那样会使他失去更多。当人们之间的交易很少的时候，我们发现人们就有可能进行欺骗，因为通过欺骗得到的东西比他们由此受到的损害要多。"（转引自张维迎、柯荣住，2002）虽然斯密认为基于个人利益考虑的"自私"是这种重复博弈及信任的基点，实际则体现了通过互动建立长期的社会关系对于信任的重要性。

在强调互动、社会交往对于社会信任建构的意义时，我们的经验研究也表明制度对于社会信任的重要性。这种对制度重要性的认识最早可以追溯到齐美尔，他在专著《货币哲学》中曾经提出，"离开了人们之间的一般性信任，社会自身将变成一盘散沙，如果信任不能像理性证据或个人经验那样强或更强，则很少有什么关系能够持续下来"（齐美尔，2002：178~179）。他认为，货币在现代社会逐渐获得了一个抽象的和永恒的地位，通过货币建立起了限于特定目的的非个人的联系，从而取代了传统社会的个人联系。因此，现代社会的信任是通过货币这种抽象的系统而建立的。以卢曼为主要代表的社会学家认为，信任是建立在理性的法规制度基础上的一种社会现象，信任本质上是简化复杂性的机制之一。在他看来，信任与社会结构、制度变迁存在明确的互动关系，信任本身就是嵌入在社会结构和制度之中的一种功能化的社会机制（Luhmann，1979）。以巴伯、福山为主要代表的社会学家认为，信任是建立在道德和习俗基础上的一种社会现象，人们之所以守信用或信任他人，是因为文化中含有倡导诚信的道德规范和价值观念，并得到人们的认可和内化。从新制度主义的立场来看，道德规范和价值观念体现的也是制度的非正式层面。

制度论者都认为，制度是信任的基础，人们之所以守信用，是因为受到法规制度的制约，不敢做出背信弃义的行为；之所以信任他人，是因为相信这些社会机制的有效性。社会信任的制度视角说明，在社会信任的建构上要注意以下几点。

首先，有效政府的存在至关重要。霍布斯（2009）认为，没有公共权威体制的社会必定是人们尔虞我诈、互相残杀的社会。在他的论断中，秩序之所以产生，是因为摆脱冲突的社会和经济交易，要以信任和消除违法乱纪为基础。但"自然状态"中的个人既没有社会关系，又没有制度脉络，信任和消除违法乱纪是不大可能的。霍布斯通过添加权威结构来解决这一难题。在他看来，有利于增进社会信任的政府，应该奖励守信者、惩罚失信者。

其次，要有健全的法制。制度学派相信，健全的法制能够使失信的代价增大，从而减少失信事件。更进一步，对制度的信心也会反过来增加社会信任。如果通过制度建设的方式为公民提供社会安全网，使其不必恐惧一时的疏忽会造成终生的遗憾，这样就会大大降低他人失信的潜在损害。或者，通过制度建设增加政府运作和政策制定的透明度，允许公民通过各种渠道表达自身意愿，就会增强对政治制度本身公正、稳定和可预测的信心。在这些制度环境下，社会信任有可能得到增强。

最后想指出的是，有学者认为中国社会以人际信任为主，国外社会以制度信任为主。但是这种简单的二元划分法，不仅固化了中外社会的信任机制，而且忽视了人际信任和制度信任的交叉性。从我们的经验研究来看，农民工的信任，既有来自人际因素的影响，制度因素的影响也不可忽视。可见，在中国社会，并非没有为陌生人之间的交往提供制度信任，而国外社会也不能完全离开熟人间的特殊关系与信任。农民工的信任既是关系的（互动），也是结构和制度的。

农民工的社会信任要增强的话，关键在于两个方面：一是通过企业社会责任建设、法制建设提升组织系统信任和员工－管理者信任；二是消弭社会排斥，使农民工更好地融入当地社会。

参考文献

蔡禾、李超海、冯建华，2009，《利益受损农民工的利益抗争行为研究——基于珠三角企业的调查》，《社会学研究》第 1 期。

曾笑，2011，《城市农民工的社会信任研究——以厦门市农民工调查数据分析为例》，《厦门特区党校学报》第 2 期。

常凯，2005，《罢工权立法问题的若干思考》，《学海》第 4 期。

常凯，2007，《构建和谐劳动关系——中国人民大学教授常凯访谈》，《中国社会保障》第 8 期。

国家统计局，2010，《2009 年农民工监测调查报告》，http://www.stats.gov.cn/ztjc/zt-fx/fxbg/201003/t20100319_16135.html。

国务院研究室编，2006，《中国农民工调研报告》，中国言实出版社。

霍布斯，2009，《利维坦》，黎思复、黎廷弼译，商务印书馆。

胡荣，2005，《中国农村居民的社会信任》，《中共天津市委党校学报》第 2 期。

胡荣、李静雅，2006，《城市居民的信任构成及影响因素》，《社会》第 6 期。

李春玲，2005，《断裂与碎片——当代中国社会阶层分化实证分析》，社会科学文献出版社。

李培林，1996，《流动民工的社会网络和社会地位》，《社会学研究》第 4 期。

李培林、李炜，2007，《农民工在中国转型中的经济地位和社会态度》，《社会学研究》第 3 期。

李强，2000，《我国城市农民工劳动力市场研究》，《大连民族学院学报》第 7 期。

李强，2004，《农民工与中国社会分层》，社会科学文献出版社。

李伟民、梁玉成，2002，《特殊信任与普遍信任：中国人信任的结构与特征》，《社会学研究》第 3 期。

林聚任，2007，《社会信任和社会资本重建——当前乡村社会关系研究》，山东人民出版社。

刘爱玉，2011，《劳动权益受损与行动选择研究：两代农民工的比较》，《江苏行政学院学报》第 1 期。

陆学艺，2001，《当代中国社会阶层研究报告》，社会科学文献出版社。

罗德里克·M. 克雷默、汤姆·R. 泰勒，2003，《组织中的信任》，管兵等译，中国城市出版社。

马得勇，2007，《政治信任及其起源——对亚洲 8 个国家和地区的比较研究》，《经济社会体制比较》第 5 期。

潘毅，2005，《阶级的失语与发声：中国打工妹研究的一种理论视角》，《开放时代》第 2 期。

彭泗清，1999，《信任的建立机制：关系运作与法制手段》，《社会学研究》第 2 期。

彭泗清，2003，《关系与信任：中国人人际信任的一项本土研究》，载郑也夫、彭泗清等《中国社会中的信任》，中国城市出版社。

齐美尔，1994，《社会学——关于社会化的各种形式的研究》（居安正日译本上卷），白水社。

齐美尔，2002，《货币哲学》，陈戎女等译，华夏出版社。

彼得·什托姆普卡，2005，《信任：一种社会学理论》，程胜利译，中华书局。

苏黛瑞，2009，《在中国城市中争取公民权》，浙江人民出版社。

王春光，2001，《新生代农村流动人口的社会认同与城乡融合的关系》，《社会学研究》第 3 期。

王春光，2006，《农村流动人口的"半城市化"问题研究》，《社会学研究》第 5 期。

王绍光、刘欣，2002，《信任的基础：一种理性的解释》，《社会学研究》第 3 期。

余晓敏，2007，《跨国公司行为守则与中国外资企业劳工标准———一项"跨国—国家—地方"分析框架下的实证研究》，《社会学研究》第 5 期。

张云武，2009，《不同规模地区居民的人际信任与社会交往》，《社会学研究》第 4 期。

张维迎、柯荣住，2002，《信任及其解释：来自中国的跨省调查分析》，《经济研究》第 10 期。

赵延东、王奋宇，2002，《城乡流动人口的经济地位获得及决定因素》，《中国人口科学》第 4 期。

郑也夫，2001，《信任论》，中国广播电视出版社。

朱光磊等，1998，《当代中国社会各阶层分析》，天津人民出版社。

朱力，2002，《论农民工阶层的城市适应》，《江海学刊》第 6 期。

Alesina, A., & Ferrara, L. 2002. "Who Trusts Others", *Journal of Public Economics*, 85: 207 – 234.

Bellah, R., Madsen, R., Sullivan, W., & Tipton, S. 1985. Habits of the Heart, Berkeley and Los Angeles: University of California Press.

Beugelsdijk, S., Groot, F., & Schaik, M. 2004. "Trust and Economic Growth: A Robustness Analysis", *Oxford Economic Papers*, 56: 118 – 34.

Bjørnskov, C., & Paldam, M. 2004. "Corruption Trends", in *The New Institutional Economics of Corruption*, Lambsdorff, G., Taube, M., & Schramm, M. (eds.). London: Routledge, pp. 59 – 75.

Bjørnskov, C. 2003. "The Happy Few: Cross-country Evidence on Social Capital and Life Satisfaction", Kyklos, 56.

Brehm, J., & Rahn, W. 1997. "Ndividual-level Evidence for the Causes and Consequences of Social Capital", *American Journal of Political Science*, 41: 999 – 1023.

Coleman, J. 1988. "Social Capital in the Creation of Human Capital", *American Journal of Sociology*, 94.

Delhey, J., & Newton, K. 2003. "Who Trusts? The Origins of Social Trust in Seven Nations", *European Societies*, 5.

Fukuyama. 1995. *Trust: The Social Virtues and the Creation of Prosperity*. New York: Free Press.

Gambetta, D. 1988. "Can We Trust?" In Bambetta, D. (ed.). *Trust: Making and Breaking Cooperative Relations*, New York: Basil Blackwell, pp. 213 – 238.

Guiso, L., Sapienza, P., & Zingales, L. 2003. "People's Opium? Religion and Economic Attitudes", *Journal of Monetary Economics*, 50: 225 – 282.

Guiso, L., Sapienza, P., & Zingales, L. 2004. "The Role of Social Capital in Financial Development", *American Economic Review*, 94: 526 – 556.

Helliwell, J. 2003. "How's Life? Combining Individual and National Variables to Explain Subjective Well-being", *Economic Modeling*, 20: 331 – 360.

Knack, S. 2002. "Social Capital and the Quality of Government: Evidence from the U. S. States", *American Journal of Political Science*, 46: 772 – 785.

Knack, S., & Keefer, P. 1997. "Does Social Capital Have an Economic Payoff?" *Quarterly Journal of Economics*, 112.

Lederman, D., Loayza, N., & Menendez, A. 2002. "Violent Crime: Does Social Capital Matter?" *Economic Development and Cultural Change*, 50: 509 – 539.

Luhmann, N. 1979. *Trust & Power*. John Wiley & Sons Ltd.

Mayer, R. C., Davis, J. H., & Schoorman, F. D. 1995. "An Integrative Model of Organizational Trust", *Academy of Management Review*, 20: 709 – 734.

McAllister, D. J. 1995. "Affect and Cognition Based Trust as Foundations for Interpersonal Cooperation in Organizations", *Academy of Management Journal*, 38, 1.

Putnam, R. 2000. *Bowling Alone*, New York: Simon and Schuster.

Rose, R. 2000. "HowMuch Does Social Capital Add to Individual Health? A Survey Study of Russians", *Social Science and Medicine*, 51: 1421 – 1435.

Sashkin, M. 1990. *The Managerial Mirror: Trainer Guide. Seabrook*, MD: Duchochon Press.

Seligman, A. 1997. *The Problem of Trust*. Princeton, New Jersey : Princeton University Press.

Uslaner, E. 2002. *The Moral Foundations of Trust*, Cambridge University Press.

Yamagishi, T., Cook, K. S., & Watabe, M. 1998. "Uncertainty, Trust and Commitment Formation in the United States and Japan", *American Journal of Sociology*, 104, 1: 165 – 194.

Zak, P., & Knack, S. 2001. "Trust and Economic Growth", *Economic Journal*, 111: 295 – 321.

Zucker, L. 1986. "Production of Trust: Institutional Sources of Economic Structure, 1840 ~ 1920", In Staw, B. M., & Cummings, L. L. (eds.). *Research in Organizational Behavior*, Greenwich, C. T: JAI Press, pp. 53 – 111.

女性私营企业家状况及企业家精神之思考

佟 新[*]

随着市场经济的发展，中国涌现出一批私营企业和私营企业家。私营企业有广义和狭义两种解释：从广义上看，所有非公有制企业都是私营企业；从狭义上看，按《私营企业暂行条例》（1988）的规定，私营企业就是私营独资企业，是指一人投资经营的企业，即由一名自然人投资经营，以雇佣劳动为基础，投资者对企业债务承担无限责任的企业。同时，私营企业亦被定义为：生产资料属于私人所有、雇工 8 人以上的营利性的经济组织。本文从狭义角度使用私营企业概念。私营企业是中国市场经济的产物，其产生和发展反映了中国市场经济发展的轨迹和特点；私营企业家代表了市场条件下中国企业家的成长特点。对中国私营企业主的研究表明，私营企业主阶层人员规模不断扩大，经济实力不断增强，私营有限公司成为私营企业发展的主要形式。在中国的国内生产总值构成中，除国有及国有控股经济以外的广义民营经济已占 GDP 的65% 左右，狭义民营经济占 40% 左右（张厚义，2008：290～302）。在对私营企业主的研究中很少关注到性别，透过对私营企业家的性别比较研究，有助于我们理解市场条件下女性参与市场并获得发展的状况及其特点。

本文关注以下几个方面的问题：第一，女性私营企业家的数量及研究意义；第二，以性别比较为基础，分析两性私营企业家发展的特点；第三，尝试讨论女性私营企业家的类型；第四，讨论是否存在女性企业家精神。

---

* 佟新，北京大学社会学系教授。

一 中国私营企业家与女性私营企业家

中国的私营企业是在 1978 年市场化改革后逐渐发展起来的，随之产生了一个新的社会群体——私营企业家。在现阶段的中国，有多少女性成为企业家或女性参与创业活动并没有统一的数据。对此，我们可以从几个方面有个估计。

全球创业观察（Global Entrepreneurship Monitor，GEM）项目是由美国百森商学院、英国伦敦商学院发起，组织各参与国在创业领域最优秀的大学研究小组共同参与完成的，其目标是研究全球创业活动的态势和变化、创业与经济增长之间的关系以及相关国家创业政策评估。2003年的研究显示，以 40 多个国家和地区为样本，GEM 的男性全员创业活动指数为 11.84%，女性仅为 6.90%。中国男性创业活动指数为12%，女性为 11.16%，和男性十分接近。女性的全员创业活动指数排在了全球的第 6 位。中国无疑属于女性创业很活跃的国家（苏敏，2005）。

1993 年全国工商联首次对中国私营企业家进行调查，在这次抽样调查中，女性比例为 9.9%，此后十多年来女性私营企业家的比例缓慢增长。2008 年，全国工商联对中国私营企业进行的第八次抽样调查（调查按万分之七的比例抽样，共调查 4098 家私营企业的企业家）表明，女性私营企业家占 15.8%。

调查表明，2008 年底全国已有 2900 多万名女性企业家，约占全国企业家总数的 20% 左右；女性自主创业比例在 21% 以上，已接近男性水平，其中个体和私营经济中的女性企业家占女性企业家总数的 41%。最后一组数据是目前看到的女性企业家所占的比例的最高值，但除去个体经营者，女性企业家依然是凤毛麟角式的人物。这种状况是世界性的，且具有长期性。这说明女性参与创业活动是艰难的。美国的抽样调查表明，女性成为企业家的可能性只是男性的 60%（Reynolds et al.，1997）。

对女性私营企业家的研究首先是描述当今女性私营企业家的基本状况，寻找这些女性私营企业家的成功之路，为更多的女性参与创业活动打下基础。

二 性别比较：女性私营企业家的现状和特点

本部分使用的数据资料来自 2008 年全国工商联主持的第八次中国私营企业抽样调查（按万分之七的比例抽样），本次共调查了 4098 家私营企业的企业家，其中女性有 647 人，占 15.8%。我们重点对 647 位女性的数据进行统计分析，并进行相关性别比较研究。分性别的研究表明，两性私营企业家在年龄、受教育程度、创业规模、企业员工规模、经营行业、经营状况等多方面存在差异，但也存在共性。

第一，与男性相比，女性私营企业家的年纪较轻、文化水平相对较高。

女性私营企业家以中青年为主，40 岁以下的创业者占 33.4%，40 ~ 49 岁为高峰期，占 43.5%，两者相加为 76.9%，即女性私营企业家年龄多在 50 岁以下。相对于男性而言，女性私营企业家的年纪较轻。男性私营企业家年龄在 40 岁以下的比例为 22.8%。在 50 岁后仍管理企业的女性占 23%，而男性占 33%。这在一定意义上意味着女性私营企业家的职业生涯可能比男性短。

女性私营企业家的文化水平很高。有 12% 的女性私营企业家受到研究生教育，26% 拥有大学学历。特别是年轻一代的创业者受教育程度更高，30 岁以下的女性私营企业家拥有大学及以上学历的占 65.5%，比同龄男性私营企业家高 31.3 个百分点（见表 1）。

表 1　创业者（私营企业家）分性别、分文化和分年龄的状况

单位：%

年龄	性别	研究生	大学	大专	高中、中专	初中	小学及以下	总计
30 岁以下	男	9.2	25.0	34.2	26.3	5.3	0.0	100.0
	女	10.3	55.2	20.7	13.8	0.0	0.0	100.0
30 ~ 39 岁	男	11.6	29.3	26.9	28.0	4.0	0.1	100.0
	女	13.0	30.8	22.2	27.6	5.9	0.5	100.0
40 ~ 49 岁	男	17.8	21.4	25.8	28.2	6.2	0.5	100.0
	女	13.9	23.6	26.1	28.9	7.5	0.0	100.0

续表

年龄	性别	研究生	大学	大专	高中、中专	初中	小学及以下	总计
50~59 岁	男	8.1	16.7	29.8	31.9	12.2	1.2	100.0
	女	8.9	16.1	24.2	34.7	12.9	3.2	100.0
60 岁及以上	男	6.2	15.2	28.7	27.5	16.9	5.6	100.0
	女	9.1	18.2	27.3	31.8	9.1	4.5	100.0

49 岁及以下的女性私营企业家拥有大学学历的比例皆高于男性，特别是 30 岁以下的女性私营企业家拥有大学学历的比例远远高于男性。这有两点意义：其一，有较高学历的年轻女性可能会成为创业的主力；其二，女性私营企业家进入创业行列的门槛较高或在未来发展道路上更可能被甩出这一队列。

第二，女性私营企业家更多地在服务业中创业和发展。

数据表明，私营企业家在经营主业上有性别差异（$\chi^2 = 132.883$，$p < 0.001$），表现为以下几点。首先，两性私营企业家的经营范围以制造业和批发零售业（服务）为主。但男性私营企业家更多地从事制造业，其比例高于女性，差距达 16 个百分点。女性私营企业家从事批发零售业的比例比男性高 12 个百分点（见表 2）。其次，男性私营企业家从事第一和第二产业的比例高于女性，达 59.7%，女性为 37.3%，比男性少 22.4 个百分点。女性创业活动集中于服务业，占比达 47.3%，接近一半的比例，比男性高 19.9 个百分点，这些服务业包括信息服务业、批发零售业、住宿餐饮业、居民服务业等。这一方面可能与女性对市场的敏感性有关，使她们迅速进入与人们日常生活相关的服务业；另一方面也可能与这些行业的技术含量较低、投入成本较小有关。但随着社会发展和市场的变化，第三产业作为朝阳产业为女性创业提供了未来发展空间。

表 2 不同性别企业家企业经营的主要行业分布

		农林牧渔业	制造业	建筑业	信息服务业	批发零售业	住宿餐饮业	居民服务业	其他	总计
男	样本数（人）	210	1295	185	139	468	109	59	364	2829
	比例（%）	7.4	45.8	6.5	4.9	16.5	3.9	2.1	12.9	100.0

续表

		农林牧渔业	制造业	建筑业	信息服务业	批发零售业	住宿餐饮业	居民服务业	其他	总计
女	样本数（人）	25	154	14	42	147	34	21	79	516
	比例（%）	4.8	29.8	2.7	8.1	28.5	6.6	4.1	15.3	100.0

注：其他行业包括采矿、电力煤气水、交通运输、金融、房地产、租赁、科研技术、公共设施、教育、卫生、文化体育、公共管理等行业，因这些行业在行业中所占比例较小，故将其合并计算。

第三，女性私营企业家企业规模较小，员工规模亦较小。

从经营和组织状况来看，2017 年女性私营企业家的年销售额多在 500 万元以下，占女性私营企业家总量的 56.0%；而男性私营企业家的年销售额在 500 万元以下的只有 39.7%，特别是经营销售额在 1000 万元以上的男性私营企业家比例明显多于女性（见图 1）。

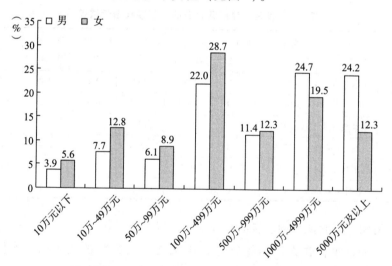

图 1 企业家性别与 2007 年企业销售额

从员工规模来看，两性私营企业家存在显著差异（$\chi^2 = 107.262$，$p < 0.001$）。女性私营企业家经营的企业员工规模普遍比较小，有 1/3 以下的企业员工人数小于 10 人，有 2/3 以上的企业员工人数在 50 人以下，100 人及以上员工的大企业只占 1/5 左右。男性私营企业家经营的企业员工规模则几乎相反，只有不到 1/5 的企业员工人数小于 10 人，有约 1/2 的企业员工人数在 50 人以下，100 人及以上员工的大企业占 1/3 以上（见表 3）。

表3 私营企业家性别与企业员工规模

单位：%

性别	小于10人	10~49人	50~99人	100~499人	500~999人	1000人及以上	总计
男	15.6 (515)	33.9 (1121)	14.5 (480)	27.1 (897)	5.0 (166)	3.9 (129)	100.0 (3308)
女	28.9 (179)	40.2 (249)	11.3 (70)	16.2 (100)	2.3 (14)	1.1 (7)	100.0 (619)

注：括号中的数字为样本人数。

从发展的动态来看，对比开业初期和调查年（2008 年）企业的员工规模，两性企业家的企业员工的增长情况是不同的，存在显著差异（$\chi^2 =$ 17.794，$p < 0.005$）。女性私营企业家经营企业的员工规模没有变化的比例高于男性；而男性私营企业家经营企业的员工规模增长的数量远高于女性（见表4）。

表4 两性创业者经营企业的员工规模增长情况

		员工负增长	员工无变化	员工增长近一倍	员工增长2~5倍	员工增长5~10倍	员工增长10倍以上	总计
男	样本数（人）	456	637	799	797	216	294	3199
	比例（%）	14.3	19.9	25.0	24.9	6.8	9.2	100.0
女	样本数（人）	93	154	154	134	40	33	608
	比例（%）	15.3	25.3	25.3	22.0	6.6	5.4	100.0
总计	样本数（人）	549	791	953	931	256	327	3807
	比例（%）	14.4	20.8	25.0	24.5	6.7	8.6	100.0

第四，男女两性创业者的收入水平有巨大差异。

长期以来，在人们的想象里企业家是"大款"的代名词，他们拥有自己的企业。调查显示，两性创业者收入存在巨大差异。有44%的女性私营企业家年收入在 5 万元以下，有12.7%的年收入在 5 万 ~ 10 万元，年收入在 10 万 ~ 25 万元的比例为30.6%，而年收入高于 25 万元的女性只占极少部分。女性私营企业家在调查年的前一年，即 2007 年的平均年收入是 14 万元（标准差是 24.52 万元）。而男性私营企业家的平均年收入是155 万元（标准差达3408.04 万元），是女性的 11 倍之多；两性私营企业家的收入差远大于社会有酬劳动的两性收入差。企业家的"大款"形象似乎仅属于男性。对珠三角地区女性私营企业家的调查亦得出了相同的结论。

第五，女性私营企业家在发展过程中显示出自主和能动地建立自身政治资源的能力，但依然比男性略低。

有 19% 的女性参与了各级人大代表的工作，有 34% 参与了各级政协的工作。女性从事创业活动增加了她们参与社会政治活动的机会。但通过进行性别比较我们发现，男性私营企业家在获得政治资源方面有更多的优势（见表 5、表 6）。

表 5　两性创业者成为人大代表的比例

单位：%

性别	乡	县（市）	地级市	省	全国	不是人大代表	总计
男	4.3（106）	15.2（378）	9.5（236）	2.4（60）	0.7（17）	68.0（1691）	100.0（2488）
女	1.5（7）	8.4（38）	7.0（32）	1.8（8）	0.2（1）	81.1（368）	100.0（454）

注：显著性检验 $\chi^2 = 33.979$，$p < 0.001$。
　　括号里的数字是样本人数。

表 6　两性创业者成为政协委员的比例

单位：%

性别	县（市）	地级市	省	全国	不是政协委员	总计
男	25.1（652）	13.1（340）	2.2（56）	0.3（7）	59.3（1538）	100.0（2593）
女	19.2（90）	12.8（60）	1.5（7）	0.2（1）	66.2（310）	100.0（468）

注：显著性检验 $\chi^2 = 9.793$，$p < 0.05$。
　　括号里的数字是样本人数。

行业性组织发挥了协调私营企业同业生产、规范市场行为的作用。参加行业组织是企业维护合法权益、接受政府监督、规范行业行为的一个重要途径。相对其他群体而言，私营企业主的社团参与意识比其他社会成员更强。调查表明，女性参与政府部门主管的行业协会的比例达 51.5%；成为工商联会员的比例为 58.9%；参加工商联主管的行业商会或同业公会的比例为 45.8%。这些比例均比男性低约 10 个百分点。但与其他类别的女性相比，女性私营企业家在政协中的比例是较高的。

值得注意的是，一些具有强市场约束性的变量并没有显示出性别差异。这些变量包括以下几方面。一是创业资金来源。两性创业资金皆主要来源于个人和家庭的生意或生产积累。在开办企业时，男性私营企业家以自有资本创业的占 67.47%，女性占 67.43%。有亲友支持的两性创业者只占很小的部分，都在 10% 左右。二是公司类型。两性创业者皆有 72% 左右是以有限责任公司为主的经营，独资企业、合伙企业、股份有限公司和一人公司等经营形式占有较少比例。三是资本增值率和资本负债率。四是管理模式。在选择家族制管理、经理人制和董事会制方面皆有一半以上是选择家族制管理，即由企业家亲属组成的管理集团，这些亲属包括企业家的父母、配偶、兄弟姐妹或子女。在"企业有关重大决策由谁决定、企业日常管理由谁负责"方面也不存在性别差异。

综上所述，可以看出：第一，私营企业家的性别差异主要表现在社会因素相关的变量方面，如年龄、学历等；第二，在创业的结果上有差异，如进入的行业、收入和参政状况；第三，在与市场约束紧密相关的要素上，两性无差异，正如"市场不相信眼泪"一样，在激烈的市场竞争中女性要凭借自身努力，面对和男性同样的市场条件，创办和发展自己的组织，而那些年富力强、受过较好教育、从事服务业的女性私营企业家更有可能持续发展。

三 女性私营企业家的创业类型和能动性

本调查对 24 位各种类型的女性私营企业家进行了访谈，还在各类媒体上收集了大量女性私营企业家的资料，在这些资料的基础上，总结女性私营企业家的成功之路和创业类型。事实上，女性企业家的经营业绩是令人关注的。从 2003 年对女性企业家的调查统计来看，女性领导的 150 万家企业中，仅有 1.5% 的企业亏损，98% 的企业赢利（苏敏，2005）。2008 年，全国工商联的第八次中国私营企业调查表明，女性私营企业家在经营规模上比男性小，但其盈利能力并不比男性差。

就其创业和企业发展而言，男女两性都是在市场中打拼，应有相似的发展轨迹；但与男性不同，女性私营企业家的职业生涯与其生命周期有内在联系，婚姻、生育和抚养子女的生命事件以各种方式嵌入她们的职业历程中。女性私营企业家的工作总会与其家庭有千丝万缕的联系。一项对女性管理者的调查发现，家庭和工作是相互影响的，且家庭对工作的影响程度略高些，大多数女性管理者能平衡好家庭和工作的关系，越是高层管理者越能处理好家庭和工作的关系。① 女性企业家们会建立一套应对策略尽量兼顾工作与家庭，协调家庭角色和工作角色的要求，避免冲突。

访谈亦发现，女性私营企业家具有巨大的能动性，她们会在生命周期的不同阶段能动地在市场上把握机会。这种能动性表现为两方面：一是机遇识别能力；二是扩大资源的能力，即通过创业活动，获得了更多的经济资本、政治资本和社会资本。Kirzner 认为，"机遇识别"是企业家精神和企业家行为的核心，初始资源的总量不是关键性问题，重要的是那些被其他人忽略的个人的"探寻潜在的有价值机会的能力"（Kirzner，1997）。访谈发现，女性私营企业家不一定具有熊彼特强调的创新能力，但有较好的识别机遇的能力。透过女性私营企业家的机遇识别能力，我们可以看到至少有四种类型的职业成功模式。

一是"心中有梦肯于努力型"女性私营企业家，这类女性企业家具有创业和发展的志向，并为实现梦想而努力。这一类型在访谈的 24 位女性私营企业家中占多数比例。这类女性的能动性最强，她们可能资金有限，也可能遇到诸多挫折，但心中的梦想使她们有决心和毅力克服困难，利用专业、人脉等多方面的优势，获得可持续发展。因此，她们具有机遇识别能力，是成功女性企业家的主流。李女士（42 岁，某专利事务所责任人）在美国拿到博士学位，并一直看好中国相关市场的发展。2005年，她看市场时机成熟，就在北京成立了自己的事务所。访谈中，她对业务娴熟，对市场了然于胸，相信自己的选择，她认为目前是最好的发展时机。索女士（38 岁，某饭店负责人）来自农村，20 年前以"阿姨"的身份到北京打工，凭借自身的勇气、聪慧和梦想，进入餐饮业，从服务员到领班，再到经理，再到自己开店，在每一个转折点中，她都抓住一切可能的机会学习，在挑战中不断获得自我发展。随着互联网的发展和女性受教育程度的不断提高，具有自主创新意识和创业梦想的女性大量涌现，特别是服务业、信息业为这类女性企业家的发展提供了更大的空间。

二是继承式的女性私营企业家。她们多是因为血缘或姻缘关系而继

---

① 北京大学光华管理学院女性领导力研究课题组，《2006 年女性管理者调查报告》，http://finance.sina.com.cn。

承了父辈或丈夫企业的女性企业家。一方面，她们在生活中耳濡目染地学习了一些经营之道；另一方面，她们是被动地进入市场竞争中，承担着巨大的压力。这类女性企业家一般资金较多、社会关系或社会资本较强，虽然可能受制于家族企业，但同时也享有了家族关系所带来的利益。这种继承有两种方式。一种是从丈夫处继承事业而不断发展的女性企业家。这包括由于丈夫事业做大或丈夫去世或离异等原因而接替或继承了丈夫的事业或部分事业，也包括一些共同创业的夫妻因事业已经有所发展，两人各自主管不同的企业的状况。张女士（54 岁，现为某文化产业公司董事长）45 岁时丈夫突然因工作劳累去世，她接替了丈夫的公司，并从租赁事业逐步转向了文化产业。后来，她因自己的性别身份而成为市政协委员，并借助政府的信息，将事业越做越大。另一种是从父母处继承事业的女性企业家，这多是一些家族式企业。现在一些家族企业已经开始培养第二代，并将家族企业向第二代传递。小胡（30 岁，现为某化工工业公司总经理）高中时被已经是私营企业家的父亲送到英国留学，26 岁她大学毕业后进入父亲的公司。开始时父亲只是让小胡做一些简单的工作，而学习过管理的小胡开始对公司经营有了自己的想法，并几次与父亲讨论，最后父亲让小胡经营一家小公司，小胡事业有了起步，并得到了较快的发展。其父亲已经开始考虑将小胡经营的产品作为总公司的主业。

三是转型类女性私营企业家。所谓转型，是指从计划经济向市场经济的转型，这类女性企业家一般年龄在 40 岁以上，有在国家机关或国有企业工作的经历，且这些经历成为她们企业发展重要的信息资源、经济资源、社会关系资源。这类女性私营企业家的经营类型多样，既可能是服务业也可能是工业制造业，这主要取决于其自身经历和持续的社会资源。她们是一批成熟型的女性私营企业家，与体制有千丝万缕的联系，利用体制中的关系甚至是体制的权威开始创业。刘女士（48 岁，现为某美容美发公司总经理）曾是主管美容美发业的上级部门中的一名干部，后成为某美容美发公司的总经理，十几年中，她不断扩大企业规模，连开了三个连锁店。她说，她的工作性质与传统体制有千丝万缕的联系，在原单位的工作为其事业发展奠定了重要基础。访谈中我们还发现一个非常有意思的现象，这些转型创业的女性常常会谈起对原有组织中男性领导的不满，这种不满主要指向男性领导的贪婪或权力滥用，这些不满成为其跳出原有组织的重要动力。

四是混合型的女性私营企业家。她们具有上述类型的两种以上优势，成为起点较高的女性私营企业家。

上述女性私营企业的类型不能涵盖所有的女性私营企业家创业类型，但与主流企业家发展理论有所不同，主流企业家发展理论强调的多是资本运作、创新等。值得注意的是，上述职业发展类型亦是无异于男性的，只是这些类型的女性企业家占有更高的比例。借助自身的梦想、由婚姻等带来的扩大的亲属关系网络以及工作经验等来发展事业，这是女性私营企业家们通过自身的优秀来辨识可能的发展机会，并得以发展。

四　理论讨论：有独特的女性企业家精神吗？

行文到此，似乎可以收尾，但是最初的问题还没有得到最好的解释：为什么女性企业家的比例如此之少？为什么 15% ~ 20% 的私营企业家是女性，她们成功的秘密是什么？

已有研究多从社会环境方面对女性企业家如此之少进行解释，有观点认为，女性创业率低的原因在于女性在社会交往中常常受到限制，这影响到她们获取企业创建和成长所必需的信息和资源（Lerner et al.，1997）。因为女性被排斥在男性生意洽谈的网络之外。女性在银行、投资公司、企业、政府部门所占的比例低，使女性很少有机会与男性打交道。毫无疑问，商场如战场，它一直是男人角逐名利的场域。可以说，没有女性整体在企业、商业和各类经济领域中的位置，就不会有女性企业家大幅度的增长。

那么，女性私营企业家成功的秘密是什么呢？除了有能力辨识机会，并抓住机会外，是否存在特有的精神气质或企业家精神呢？当然，私营企业家并不完全等同于企业家，虽然有一些私营企业家开始将企业交给专业管理人员打理，但我们访谈的私营企业家大约有 80% 是自己打理企业。

中国现有企业家精神（entrepreneurship）研究是性别盲的。这些理论是以男性经验为主的，强调创新是企业家精神的灵魂。坎迪隆（Richard Cantillion）和奈特（Frank Rnight）两位经济学家，将企业家精神与风险（risk）或不确定性（uncertainty）联系在一起，强调没有敢冒风险和承担风险的魄力就不可能成为企业家。这样的企业家精神的理论几乎反映的全部是男性的经验，将女性企业家和创业者排斥在外。新近的企业家精神的定义是，"依靠个人、团队或一个企业，建立一个新企业或创业的努力，例如通过自我就业、创造新的业务组织或扩张现有企业的做法"①（Donnell et al. ，1980）。这既包括创新的努力，也包括组建团队，共同努力的能力。那么，这两方面的能力是否有性别差异？对此有两种不同的观点。一种观点是两性相同论，一项对于 2000 对男性和女性管理者的比较研究表明，女性管理者数量少的现象不能用两性不同的管理方式来解释。另一种观点则是差异论，越来越多的人认识到管理风格上性别差异的存在。有研究认为，女性较易受家庭环境的影响。在受教育方面，女性多接受艺术类教育，男性多接受工程类教育。在创业动机方面，男性认为创业的唯一动机是赚钱，而女性则认为独立、有成就感是创业的首要动机，最后才是赚钱。在创业年龄方面，男性一般始于 30 岁左右，而女性一般始于 35 岁左右。在社会支持网络方面，男性首选的支持者是生意伙伴，而女性最佳的支持者是配偶和家庭。在创新企业方面，女性倾向于在与服务有关的领域内创新企业，而男性则倾向于进入制造、建筑或高技术领域。其结果是女性企业家拥有小企业，在企业开创速度上女性比男性快大约 3 倍（Bowen et al. ，1986）。

一种经验论认为，女性独特的领导风格在于：女性具有与男性不同的社会经验，较男性具有更高的人际交往能力、修养和敏感性；女性的领导方式比男性更有效和更人性化（Helgesen，1990）。女性关怀伦理的解释是：女性领导比男性更加关心他人，她们更加注意与下属经常性沟通、分享信息、鼓励广泛参与以及重视他的自我价值感（Rosener，1990）。也有学者分辨出两种管理风格：女性领导更多地具有"转换型领导方式"（transformational leadership），这种管理风格是将"服从"关系转换为"信奉"关系，更容易受到下属的信任和尊重，男性更多的是一种"交易型领导风格"（Bass et al. ，1994）。总之，两性企业家如果有某种差异，那么这种差异定是来自性别、职业和组织结构的不同（Mirchandani，1999）。

———————————

① 2008 年 GEM 报告，见 http://www.gemconsortium. org/download/1260092564270/GEM _ Global_08. pdf。

中国国内相关研究较少。在各类访谈中，我们能够感受到这些女性企业家的独特精神，既有渴望在男性主导的领域中发展的勇气，也有力求不同于男性主流管理思想的尝试。这些精神力量和挑战精神或许正是女性企业家的精神气质之一。但本文认为，这种气质正是与男性主流社会互动的结果，是男性主流的经营氛围和文化建构了女性企业家的精神气质。这种主流的文化以两个极端的模式来想象女性企业家：一个极端是女性是男性性欲化和母性化的想象，这样的女性是坚强、隐忍和富有牺牲精神的；另一个极端是女强人，她们不断反抗社会对女性气质的期望，她们好胜、不屈服、具有控制欲。这种社会想象加之媒体对女性企业家形象的固化，产生了巨大的建构作用，使女性私营企业家常常出现认同困境。正是在这种社会建构的过程中，产生了至少两种女性私营企业家的精神：一类女性私营企业家期望在经营管理中保留自己的女性特质，即注重人情味，强调人际关系的和谐，可称其为"家庭式管理精神"；另一类女性私营企业家期望在经营管理中努力保持竞争、理性和制度化的管理风格，希望做得"比男人更好"，可称其为"去女性化的管理精神"。

"家庭式管理精神"如广东同德药业有限公司董事长周小萍（耿兴敏，2009）所言：

> 女性企业家，一般做事谨慎一点。在我的职业生涯里，做一行，就做好一行。我个人的感觉，女性管理现代企业，使企业内部更像一个家。首先女性企业家在经营管理中更注重柔性融会贯通管理，更容易与下属及客户处理好关系，所以一般会以经营家庭的方式来经营企业。其次在经营管理的过程中，女性更注重沟通、互惠互助、合作共赢等；处理问题过程中，你会发现，细致、执着也是女性企业家的一大特点。这些特点都是优势。

这一管理精神与其生活经验有着高度的一致性或内在统一性。而"去女性化的管理精神"则恰恰相反。

总之，本文从社会建构的视角分析两性的管理和成就，可以说，在创业动力机制方面两性没有差异。但在实现成功创业的手段和管理上具有性别特征，因为两性有不同的社会期望、成长的社会环境和市场条件，女性更需要在自我认同上进行调整，策略性地建立自我形象和工作方式，这种选择的能动性决定了其女性企业家精神的特点。

参考文献

张厚义，2008，《中国私营企业主阶层：成长过程中的政治参与》，载汝信、陆学艺、李培林主编《2008 年中国社会形势分析与预测》，社会科学文献出版社。

苏敏，2005，《中国是女性创业活跃的国家》，《中国青年报》3 月 28 日。

崔郁，2009，《与时代同行的中国女企业家群体》，《中国妇运》第 1 期。

王学勤等，《北京市私营企业主社会群体意识研究（2001 年 6 月—2003 年 1 月）》，《社会经济问题调研》2003 年第 3 期。

耿兴敏，2009，《周小萍：女性管理的企业更像一个家》，《中国妇女报》8 月 13 日，第 B2 版。

Reynolds, P. D., & White, S. B. 1997. *The Entrepreneurial Process: Economic Growth Men, Wemen, and Minorities*, Westport, Conn: Quorum Book.

Kirzner, I. M. 1997. "Entrepreneurial Discovery and the Competitive Market Process: An Austrian Approach", *Journal of Economic Literature*, 35: 60 – 85.

Lerner, M., Brush, C., & Hisrich, R. 1997. "Israeli Women Entrepreneurs: An Examination of Factors Affecting Performance", *Journal of Business Venturing*, 12: 315 – 339.

Donnell, S. M., & Hall, J. 1980. "Men and Women as Managers. A Significant Case of no Significance", *Organizational Dynamics*, 8: 60 – 76.

Bowen, D. D., & Hisrich, R. D. 1986. "The Female Entrepreneurs: A Career Development Prospective", *Academy of Management Review*, 11: 390 – 399.

Helgesen, S. 1990. *The Female Advantage: Women's way of Leadership*. New York: Doubleday.

Rosener, J. 1990. "Ways Women Lead", *Harvard Business Review*, 68: 119 – 125.

Bass, B. M., & Avolio, B. J. 1994. "Shatter the Glass Ceiling: Women may Make Better Managers", *Human Resource Management*, 33, 4: 549 – 560.

Mirchandani, K. 1999. "Feminist Insight on Gendered Work: New Directions in Research on Women and Entrepreneurship", *Gender, Work and Organization*, 6.

信息隐瞒、信息甄别和标会会案[*]

——以春风镇标会会案为例

张　翔　邹传伟[**]

一　引言

本文是一项案例实证研究。我们尝试通过对 2004 年温州春风镇标会会案[①]发生和解决过程的分析，来较为深入地考察退出成本和信息机制在该起标会会案的发生和解决过程中所起的作用，以期为张翔、邹传伟（2007）关于标会会案的发生机制以及张翔（2008）关于社会冲突激化升级和缓解消除机制的相关论述提供进一步的实证证据。

合会（也常被称为"互助会"等）是一种多人间轮流储蓄和借贷的融资合约。合会会员在会主召集下入会认购会股，定期聚会，交纳会金给其中一人使用。每股会员有一次得会机会。标会是一种以会脚每次投标时愿意支付会息的高低来决定获得会金顺序的合会。标会一般由会主获得首期会金，从第二轮起由会脚对会息投标来依次确定得会顺序。标会会主有组织竞标、收发会金，并在会脚无法按期交纳会金时代其垫付会金的义务。

标会会案是指某一地区在短期内发生大面积的多个标会倒会，从而引发大量经济纠纷乃至刑事案件的现象。小的标会会案往往涉及数百万元金额，而大的标会会案涉及金额常常突破数亿元。近年来，在我国江

　　＊　本文曾发表于《金融研究》2009 年第 12 期。

　**　张翔，浙江大学公共管理学院副教授；邹传伟，万向区块链首席经济学家。

　①　为了保护当事人隐私，本文中我们对相关地名、人名等信息做了化名处理。

苏、浙江、福建等地区都先后发生过规模不等的标会会案。

二 标会风险控制和会案研究相关文献

合会的风险控制措施主要有事先严格地挑选会脚和会主、事中的互相监督、事后禁止违约者（甚至其亲属）将来入会以及其他社会制裁等。

众多的研究者（Geertz，1962；Ardener，1964；Fernando，1992；Ven den Brink & Chavas，1997；李金铮，2000；Gugerty，2000；张兴国、杨洪涛，2008）都指出基于社会关系的合会会员可以通过挑选有声誉的会主和排除高风险的会脚，减少倒会风险。汉达、科顿（Handa & Kirton，1999）对牙买加合会的实证研究发现会主对合会持续运转有重要影响。他们发现会主一般由年纪较大、较为富裕、组会经验较丰富的人担任。

很多研究者（Gugerty，2000；Ven den Brink & Chavas，1997；夏小军，2002；张翔，2006）都提到可以通过定期聚会加强会员之间的信息交流和相互监督来控制合会风险。罗德明、潘士远（2004）指出，如果个体入会决策是基于对会主的信任而不是基于对会主和会员的全面了解，那么如何确保会主诚实地披露信息还是一个问题。他们认为现有的理论框架还很难解释会案的发生。他们猜测会案的发生可能是在投资性合会的网络下，任意一个与会者在投资中受到一定程度随机冲击的结果。张翔、邹传伟（2007）认为对会主的"会套会"行为的理解是理解会案的关键，但是他们不同意会案的发生完全是随机冲击的结果。

很多研究者（Geertz，1962；Ardener，1964；Fernando，1992；Besley，Coate，& Loury，1993；Handa & Kirton，1999；Biggart，2001；胡必亮，2004）都指出，因为合会会员往往居住在同一社区，所以事后集体禁止违约会员（甚至其家属）将来入会以及进行其他社会制裁如损坏其声誉、使其失业、破坏其财产等是一种非常重要的风险防范机制。

上述关于标会风险防范机制的研究和会案发生有关，但直接关于标会会案的研究特别是实证研究很少。

众多的研究者（张震宇、毛春华，1993；李援亚，2005）都注意到"会套会"现象所蕴含的倒会风险。但对于"会套会"和标会数量的关系缺乏明确的模型讨论，对于人们为什么不及时中途退会也没有给出解释。

郭平欣（Kuo，1996）在标会成员对倒会风险具有共同知识假定下讨论了标价的决定方式。他的"倒会风险的共同知识假定"在解释会案现象时可能太苛刻了。

柯荣柱、叶敏（2004）用信任博弈模型简单地讨论了抢标现象。但是他们没有讨论"会套会"行为与标息上升之间的关系，也没有讨论"会套会"行为的信息机制问题。

邱建新（2005）提供了一个详细的标会会案案例。但他没有从中抽象出具有一定一般性的会案发生机制，无法告诉我们他对崇川镇标会会案的解释是否适用于其他标会会案。

张翔、邹传伟（2007）对会案的发生机制做了理论上的较为完整的讨论。他们认为职业会主的"会套会"行为相当于在一些标会中吸存，在另一些标会中放贷以牟取利差。职业会主作为实际的金融存贷中介，因担心"挤兑"而较少采用"说坏话"机制，相反他们可能有屏蔽不利信息的动机。这被他们称为"信息隐瞒"机制。这些职业会主可通过炫耀性消费等形式"发信号"来吸收会员。声誉机制则是另一种解决办法。两者往往同时运用，相互促进。他们证明了一种标会套利的可能性。如果很多人进行标会套利会使标会数量剧增，导致会息飙升。标会退出条款的缺失及标会多人、分期、多轮的履约方式使标会成员退出成本高，当标息超过特定水平后他们的理性选择就是抢标和组织新会。因为前述信息隐瞒机制的存在，人们对标会套利行为信息不足，对其中的风险缺乏认识。这是面对可能蕴含高风险的高标息，有人不退出反而继续参与和组织标会活动最后导致标会会案爆发的深层原因。

张翔（2008）还以春风镇会案为例，从退出成本和信息机制的角度对社会冲突激化升级和缓解消除机制做了初步的探讨。因为当时会案尚在清会处理中，很多标会合约的详细信息无法取得，所以没有对标会会案中信息隐瞒行为进行实证研究。

我们通过对春风镇标会会案中部分标会成员的参会、得会和组会行为的分析，对标会成员是否存在信息隐瞒行为做实证检验，还将从信息甄别的角度对当地政府在春风镇标会会案清会过程中所采取的措施做初步分析。

三 春风镇标会会案简介①

春风镇位于温州市 C 县山区盆地，是个有 600 多年历史的矿业镇。春风镇下辖 17 个行政村、9 个居民区、2 个办事处，总人口 43000 余人，其中非农业人口占 54%。

春风镇标会会案由民间标会演变而来。春风镇民间一直有为红白喜事组会融资的传统。20 世纪 90 年代初，大量矿工转向井巷业，标会开始被用来为井巷业发展进行融资。2001 年左右有人开始"会套会"，从中牟利。标会大量增加，导致资金紧张，会息上升。

2003 年开始出现标会崩盘的迹象，体现在大量新的标会被组织，标息越来越高（千元折扣标②标息有时达到 500 元甚至更高），标会金额上升（单股会金从 500 元上升为 1000 元甚至更高，单会参与人数从十多人上升到 30 人甚至更多），会期缩短（聚会频率从一月一会发展到半月一会），有时因会主无法按时给付会息而发生会脚围堵会主讨要会金的情况。

2003 年下半年，镇上部分大会主经过协商约定在会金支付困难时互相提供临时融资支持，部分大会主还把自己组织的部分或全部标会中途改为会息固定的轮会。因为固定会息较高，刚开始轮会时一般会脚不愿意得会，基本上都是大中会主得会。2004 年 5~7 月，会主巴耀武、沈献池、曲金昌先后出现拿不出会钱的情况，但他们最终靠借钱维持了下去。

2004 年 8 月，自己组会少、抢标多的会主林里一③找县里的记者来报道春风镇高息标会的情况未果后，又在社会上制造舆论说标会即将倒会。

---

① 张翔（2008）曾经对本案例做了基本描述，本文为了行文连贯将引述该文介绍春风镇标会会案的部分内容。其中部分内容根据我们新的调查资料做了修订和补充。

② 标会根据会息支付方式不同可分为折扣标和贴水标。折扣标中，已得会者在得会后各轮按期交纳约定数额会金，未得会会脚每期实际交纳的会金要扣除当期得会会脚愿意支付的标息部分。贴水标中，得会者在得会后各轮支付会金以及他的得会标息。本案例中，我们分析的标会都是折扣标。

③ 据说此人以前是个负债户，通过做会不仅还了债，而且过上了奢华的生活。民间传说她曾到香港花 30000 元打美容针。参会抢标多，组会少的人最有动机希望倒会发生，因为倒会的话他的会主难以向他追偿债权。

春风镇人心惶惶，抢标行为进一步加剧。2004 年 10 月，抢标行为已经很普遍，个别标会出现"倒贴标"①。而且当时很多人即使中了标，会主也已拿不出会金，一些大会主甚至逃到附近山上以躲避会脚的追债。

2004 年 10 月 15 日再次发生大会主遭会脚围堵的情况，该会主后来由其他 10 位会主各出资 3000 元保出。一部分大会主觉得这样下去不是办法，决定中止手头标会。他们多次聚会商议如何清会，参会程度不同的会员提出了不同的方案，但大家争吵之下没能决定最终的清会办法。10 月 20 日他们又聚集在当地一个庙里商量清会办法，但到 10 月 22 日还是没有结果。这时部分会脚已经非常焦急，一些会脚打 110 电话报警，说会主们正在密谋企图卷款逃跑等，要求政府采取措施。

10 月 22 日下午 5 时，镇政府向县委、县政府报告该镇标会有倒会迹象。县委、县政府闻讯后立即组织 22 个部门和乡镇干部召开紧急会议，成立专门的会案处置工作领导小组。22 日当天政府就控制了南下宫的 70 多名参会人员，后来对 68 名参会人员"办学习班"，组织清会。政府的会案处置指导思想是"政府规范引导，民间自主清偿，法律有力保障"，清会工作的总目标是"一切为了社会稳定，一切为了人民群众"，具体目标是"最大限度减少人民群众的损失，不发生死人事（案）件，不发生群体性事件，不发生群体性上访"。

镇政府 10 月 25 日上午设立清算登记点，动员参会人员进行债权债务登记，先后登记大小会主 1213 人，普通会脚 3854 人，标会 5750 个②。会主中组会超过 10 个的大中会主 147 人，组会超过 100 个的大会主 3 人，最大的会主组会 123 个。据了解，还有部分标会因会主和会脚之间关系比较密切，会脚不愿增加会主的债务，而由民间自行清理。此外，还有部分标会会主在倒会后未经登记也未经民间自行清理即逃逸③。这两部分标会会主并未登记在清会办的会主名册上。所以据估计，整个会案可能实际涉及近万人。

---

① 清会办工作人员说千元会最高叫出了 1060 元的标价，我们收集到的 632 张会单中最高标价是千元会的标价，达到了 982 元。

② 这里因部分标会会主之间有直系亲属关系，如妻子以丈夫的名字组会，但是夫妻俩都被分别登记。所以这个数字存在重复计算，我们粗略估计实际总共约有 5500 个会。

③ 据清会办工作人员说，组会 10 个以上的就有 300 多人出逃，没有登记清算债权债务。据说他们出逃的原因之一是避免冻结的房产被拍卖，因为一般不能强制拍卖；之二是估计政府冻结、处理的时间较短。

会案发生后，政府曾专门聘请澳门专家设计了清算软件，但过了一个月，政府对清会方案还是没有头绪①。落会群众②开始出现焦虑情绪。在此后的半年，落会群众多次在镇政府聚集，要求政府抓会主、拍卖其财产、赔钱，有的群众甚至还提出让政府先替会主垫钱还给会脚的要求，聚集的群众人数最多时达数百人。2004 年 12 月 15 日，落会群众聚集在春风镇政府门口，导致省交通要道一度被阻塞；2005 年 8 月 9 日还发生了部分落会群众到 C 县县政府集体上访的情况。

春风镇政府为解决会案投入了大量的人力物力，并根据不同情况采取了不同的措施，取得了不错的效果：春风镇标会会案没有发生一起其他标会会案中常见的涉会人员人身死亡案件，也没有发生涉会人员之间的非法拘禁、绑架、殴打、破坏或者哄抢财产等案件。从这方面来看，地方政府对会案的处理措施较为得当，当然也遗留了一些值得反思的问题。

下面我们将从退出成本和信息机制的角度对春风镇标会会案的发生和解决过程做一分析。

四 退出成本、信息隐瞒机制与标会会案的发生

我们将在本节通过对小会主刘仙花组织的 5 个标会的深入分析来看退出成本和信息隐瞒机制在会案发生中的作用。大会主们大都被判刑，中会主或逃亡或外出打工或不太愿意接受访谈。刘仙花是少数愿意全额赔付的会主。我们在清会办偶然遇到她，她接受了我们的访谈，并为我们提供了会主间互记空账、会员间亲属关系和重名情况等重要信息。她自己仅组会 5 个，且 2003 年 7 月后就没有再组织新会，所以她不是典型的职业会主，但从她组织标会的会脚的行为中我们可以看到大中会主的典型行为③。

---

① 会案爆发初期，春风镇一领导对落会群众说："谁叫你们入会的？为什么倒会了找政府呢？"落会群众却最反感这样的观点，这一度使清会工作受到影响。后来县政府调整了春风镇的领导班子。

② 落会群众是当地对会案中参会多、得会少、经济损失严重的标会成员的称呼。

③ 我们收集到 632 张会单，但因为会单中会脚姓名很多只有名没有姓，另外还存在不少用亲属名字甚至伪造姓名入会的情况，所以大部分会单中会员的实际身份需要我们进一步访谈核对。很多会主组会行为一直延续到倒会前夕，相关统计指标需要进一步的考虑，本文没有进一步详细分析全部会单。

　　刘仙花的丈夫是当地有名的风水先生，所以她家境不错。2003 年 3 ~
7 月刘仙花先后组织了 5 个标会。刘仙花告诉我们，她做会是因为她当时
参加了很多别人组织的标会，家庭收入难以支付每月应缴的会钱。如果
通过投标得会获得资金，她又觉得标息太高不划算。当时她的一个表侄
建议她自己组织标会。于是她在 2003 年 3 月组织了第一个标会。当时响
应的人很多，这可能是因为大家觉得她的家境不错值得信赖。人们当时
对她说："如果你要做会，一定要跟我知晓一声，让我入一股。"所以
刘仙花可以挑选会脚，她通知她认为可以让其入会的人，而对不愿让其
入会的人保密。刘仙花原来没打算安排 JLC 入会，但 JLC 将刘仙花拉出
家门偷偷地央求加入一股。刘仙花没有办法，只好将原来留给自己的一
股会金让给 JLC。JLC 在倒会时没有得过会，刘仙花全额赔偿了她的
损失。

　　表 1 是刘仙花于 2003 年 3 月 13 日组织的第一个标会的会单。

表 1　标会会单

序号	姓名	标款（元）	净收款（元）	日期	得会顺序
会主	刘仙花	500	16500	2003. 3	
1	WYZ				
2	YRH				
3	LJH				
4	QNC				
5	XLZ				
6	GHW	310	12160	2004. 10	19
7	CZC				
8	QS	121	12991	2003. 7	4
9	QS	198	11550	2003. 11	8
10	LQ	220	12100	2004. 4	13
11	LQ				
12	XH	213	12027	2004. 3	12
13	XH	213	12666	2004. 6	15
14	YJ	105	13245	2003. 5	2

序号	姓名	标款	净收款	日期	得会顺序
15	YJ	269	12465	2004. 9	18
16	YL	145	12440	2003. 8	5
17	YL	268	10336	2004. 1	10
18	LXW	200	11300	2003. 10	7
19	LXW	238	10788	2003. 12	9
20	CXX				
21	CH	110	12980	2003. 4	1
22	CH	220	11660	2004. 2	11
23	YYZ	107	13290	2003. 6	3
24	YYZ	243	12369	2004. 7	16
25	LX	158	12234	2003. 9	6
26	LX	197	12757	2004. 5	14
27	LH				
28	CHC				
29	QJH	230	12820	2004. 8	17
30	CXX				
31	QXX				
32	ZKW				
33	RJW				

注：本会共33股（不包括会主），每股500元，自2003年3月13日开始，每月标一次，定于每月13日下午1：40在××路×××号按时标会（电话：×××××××××），凡不按时到者一律作弃标处理，各会员务必于每月13~18日前交清会款，中标者于19日随带私章到会主家领取会款，为使本会圆满成功，望各会员共同遵守。

这个标会共33股，每股会金500元，每月投标一次，到2004年10月倒会前已投标19次，包括会主在内共20人次得会。春风镇的标会基本上都是折扣标会，得会金额计算公式为：得会金额 = 单股会金 × 已得会人次 + （单股会金 − 折扣标息） × 未得会人次。这里的已得会人次和未得会人次不含此次得会者，但要加上会主得会的那一次；如出现一人有数股会金的情况则按股数算而不按人数算人次。

　　会主刘仙花要负责组织每次聚会和投标，每次投标后刘仙花要在会单的中标会脚名字后面填写标款（折扣标息）、净收款、日期、得会顺序等信息。从会单后面的说明文字来看，每次投标时不想参加此次竞标的会脚可以不来，由会主在投标后 5 天内到各会脚处收齐会金，然后把收齐的会金交给此次得会会脚。这是春风镇标会发展后期的通行做法①。

　　上面这个标会有 9 个会脚各出现两次，这是因为存在"一人两股"现象，所以 33 股分属 24 个会脚（会主刘仙花的丈夫 ZKW 也占一股）。9 个占两股的会脚中除了会脚 LQ 只得会一次外，其他 8 个会脚都已得会两次，这 9 人共得会 17 次。

　　另外根据访谈，刘仙花认定 WYZ 等人为"外围群众"，就是指"偶尔参与，而非一直在倒腾会、做会主的会脚"，这 20 人在单个标会中均只有一股，在 5 个标会中共占 27 股会金。

　　上面这个标会里所有会脚都实际给付了会金，在刘仙花后 4 个标会中，部分会脚因同时是刘仙花参加标会的会主，所以互相抵销记空账，没有发生实际的资金给付行为，称为"互抵股"。

　　表 2 是我们根据访谈整理的刘仙花组织的 5 个标会（聚会频率均是一月一会）的基本情况。

表 2　标会情况

刘仙花组织的标会	组会时间	单股金额（元）	总股数（股）	互抵股数（股）	中标数（次）	实际会脚人数（人）	一人两股者			外围群众		
							人数（人）	互抵股数（股）	中标数（次）	人数（人）	互抵股数（股）	中标数（次）
标会 1	2003.3.13	500	33	0	19	24	9	0	17	7	0	0
标会 2	2003.5.13	500	38	24	17	26	12	18	15	5	0	0
标会 3	2003.5.13	500	38	23	17	26	11	18	14	4	0	0
标会 4	2003.7.13	1000	27	17	15	27	0	0	0	0	0	0
标会 5	2003.7.13	1000	28	16	15	28	0	0	0	6	0	0
合计	—	—	164	80	83	131	32	36	46	27	0	0

---

　　①　一般的合会每次聚会时全部成员都会到场，但在标会"会套会"大规模发生时，往往是本轮想投标的会脚参加竞标。这样，合会的信息汇聚机制作用削弱，合会的顺利运行更依赖会主个人的担保义务。邱建新（2005）的会案中也发现了这种情况。

刘仙花前 3 个标会中一人两股者人数多于外围群众。我们通过对照从政府清会办获得的全镇登记会主名册，发现这些一人两股者都是做会 10 个以上的大中会主。后两个千元标会没有一人两股的现象，但大多数会脚也都是大中会主。每个标会的实际会脚数基本稳定，大中会主占会脚数和股数的大多数。后两个千元会总股数减少，但整个标会的会金规模反而增加。

刘仙花组织的 5 个标会在会案爆发前已经完成 83 次中标得会，一人两股的大中会主就占了 46 次，这还没计入那些一人一股的大中会主的中标数，而那些被刘仙花认定为外围群众的会脚无一人有中标得会记录。这表明外围群众没有在会案爆发前中标得会，大部分会金被以一人两股者为代表的大中会主标走。

刘仙花组织的后 4 个标会总共 131 股会金中互抵股就占了 80 股，说明大部分会脚没有实际交纳会金。通过对照会主名册我们发现 80 股互抵股中 76 股的所有者是做会 10 次以上的大中会主，还有 2 股的所有人QYH 是做会 9 次的会主。外围群众无一人有互记空账的情况，这表明外围群众不仅倒会前自己没有得会，而且是这些标会实际流入资金的主要供给者。

我们把刘仙花组织的 5 个标会中所有会脚参会、得会和组会的简要情况罗列在表 3 中[1]。

从表 3 我们可以看出，被刘仙花认定为外围群众的 20 个会脚（序号 1 ~ 20）中，除了会脚 RJW 在登记会主名册上被记录组织标会1 个外，其他外围群众包括 5 个累计参会两股及以上的会脚在登记会主名册上均没有组会记录，刘仙花对他们属于外围群众的认定应该基本无误。

---

[1] 我们根据清会办提供的经过会主和会脚双方确认签字的清会单据获得参会股数和标回股数原始数据。因为存在用亲属名字或化名入会等情况，刘仙花组织的 5 个标会相关会脚的名字我们还通过访谈加以确认和合并处理。我们根据从清会办另外取得的登记会主名册并做统计合并后获得组织会数数据。我们根据对刘仙花的访谈把她组织标会的会脚区分为外围群众和其他会脚。会主刘仙花和她丈夫 ZKW 在 5 个标会中各占一股，均未标回。所以刘仙花 5 个标会共 164 股，此处只列出 159 股。

表3 会脚参会、得会和组合会的简要情况

序号	外围群众	参会股数(股)	标回股数(股)	组织会数(个)	序号	其他会脚	参会股数(股)	标回股数(股)	组织会数(个)	序号	其他会脚	参会股数(股)	标回股数(股)	组织会数(个)
1	WYZ	3	0	0	21	YJZ	9	5	63	41	NJW	2	2	29
2	CHC	3	0	0	22	CHL	8	7	58	42	QYZ	2	2	31
3	MLX	3	0	0	23	SQZ	8	7	37	43	AJZ	2	1	45
4	LFZ	2	0	0	24	LLY	8	6	54	44	CXX	2	0	7
5	CQC	2	0	0	25	LXW	8	6	31	45	CLC	1	1	0
6	RJW	1	0	1	26	LXZ	8	6	10	46	HQC	1	1	23
7	QXX	1	0	0	27	YYZ	8	5	23	47	GHW	1	1	13
8	XLZ	1	0	0	28	LQZ	8	4	51	48	LMW	1	0	13
9	LH	1	0	0	29	LQZ	6	5	59	49	YJZ	1	0	12
10	ZZW	1	0	0	30	QRZ	6	4	113	50	QJZ	1	0	2
11	YXL	1	0	0	31	MY	6	3	33	51	QNC	1	0	2
12	CZC	1	0	0	32	YS	4	3	24	52	ALY	1	0	0
13	ZSZ	1	0	0	33	LZC	4	2	21	53	LJH	1	0	0
14	JLC	1	0	0	34	YYL	4	2	27	54	LYC	1	0	0
15	JFZ	1	0	0	35	QYH	4	1	9	55	YRH	1	0	0
16	RLW	1	0	0	36	XJL	4	1	46	56	YYC	1	0	0
17	YZ	1	0	0	37	YZZ	2	2	14					
18	JNH	1	0	0	38	XHC	2	2	28					
19	LXZ	1	0	0	39	MRZ	2	2	22					
20	XMZ	1	0	0	40	RZZ	2	2	24					

36 个"其他会脚"（序号 21 ~ 56）中有 24 个会脚在 5 个标会中累计参会两股及以上，他们中除了会脚 CXX 外都至少中标得会一次，唯一累计参会两股而未中标得会的会脚 CXX 组会 7 个，是这 24 个会脚中组会个数最少的。在参会一股的 12 个其他会脚中仅 3 人已中标得会，其中的两人分别组会 23 个和 13 个。

会脚 LMW、YJZ 分别组会 13 个和 12 个，参会一股但没有中标得会记录。经查对会单，LMW 在其所在标会中已得会会脚都是比 LMW 组会更多的会主。YJZ 在其所在标会已得会会脚中除了一个会脚 LXZ 组会（10 个）比 YJZ 组会少 2 个外，其余的已得会会脚都比 YJZ 组会更多。所以 LMW 和 YJZ 尚未得会也不算意外。会脚 CLC 在登记会主名册上没有组会记录，她参会一次并已于倒会前一个月的 2004 年 9 月 13 日中标得会，可能她此时已经意识到倒会的危险[①]。

我们从上面对刘仙花组织标会的会脚的行为中发现：那些本身是大中会主的会脚更多地得会；自己组会少甚至不组织标会的会脚更少地得会。

下面我们根据上述资料对这一发现进行统计检验。

为了减少会主刘仙花对会脚是否属于外围群众主观判断的任意性，我们的分析将直接根据会脚的参会、得会和组会行为定义两个变量。被解释变量是得会系数（dehuipct）。得会系数等于某人在其参加的所有标会中倒会前已标回股数占参会股数的比例，取值在 0 与 1 之间。本文因为资料限制只能考虑会脚在刘仙花 5 个标会中的参会和得会情况。数据来源是上述通过访谈修正后的刘仙花 5 个标会中所有会脚参会和得会情况。我们认为这一系数能较为客观地反映该会脚对倒会的预期：数值越大则该会脚认为倒会概率高的可能性越大，否则该会脚高息抢标就是不理性的行为。我们定义的解释变量是组会个数（zuhui），表示该会脚自己作为会主所组织标会的数量，数据来源于从清会办另外取得的登记会

---

① 到了会案爆发前夕，越来越多的外围群众也开始意识到倒会的风险，开始参与抢标，这进一步抬高了标价。我们在访谈中遇到过一个外围群众 MZ，其女儿 JFZ 是温州市某局干部，MZ 家做家具零售生意，家境比较殷实。MZ 当时参与了 5 个会，2004 年 10 月倒会前已得会 3 个。这是因为其女儿 JFZ 在 7、8 月给她信息说：福建某市的会倒了，春风镇这么高标息的会同样非常危险，应该提前标回。她参与的 JYZ 千元会已经标到了 520 元。她便在倒会前两三个月开始抢标。而她的另外 1 个会在农历五月"排"给了她，但因为家中有白喜事，没有及时去拿，结果 1 万多元的会钱全部被会主侵吞了。

主名册。

这两个变量的描述统计如表 4 所示。

表 4　变量描述统计

变量	平均值	标准差	最大值	最小值
dehuipct	0.35	0.41	0	1
zuhui	16.52	22.86	0	113

如果通过统计检验发现这些会脚（很多会脚同时也是会主）抢标退出和组织新会的行为正相关，那么这就是这些人的确存在信息隐瞒行为的很好证据。

我们使用了两种回归模型：一是线性回归，二是 Logit 回归。结果如表 5 所示。

表 5　回归模型分析

	线性回归	Logit 回归
常数项	0.1680 ***	− 3.3207 ***
	(0.0546)	(0.9476)
zuhui	0.0108 ***	0.3294 ***
	(0.0019)	(0.0977)
R^2	0.3649	0.7592
p 值	0.0000	0.0000

其中，括号中的数字表示系数估计的标准误差，*** 表示在 1% 的水平下显著，Logit 回归报告的是伪 R^2。两个回归模型均在 1% 的水平下整体显著，各参数估计也在 1% 的水平下显著。zuhui 的系数估计为正，说明会脚组织会数越多，得会比例越高。这说明那些本身是大中会主的会脚更多得会，组会少甚至不组织标会的会脚更少得会。

我们可以看到大中会主因为退出成本存在而进行信息隐瞒的典型行为：在标息高于某一特定水平后，大中会主在自己参加的标会中抢标，同时组织新的标会，以获取资金维持自己做会主的原有标会的运转。

大中会主在其参加的标会中的抢标行为说明他们存在倒会预期，标价越高说明他们的倒会预期越强。但在抢标的同时大中会主又在组织新会。他们在组织这些新会的时候是不会对参加新会的新会脚说他们是因为自己手头资金紧张而组会，相反他们会更多地告诉新会脚参加他们组织的标会如何安全且有丰厚的收益。很多群众听信了他们而加入他们新组织的标会，甚至还苦苦要求入会。

我们猜想大中会主的这种信息隐瞒的做法未必都是故意的，他们中的一些人可能就是感觉自己资金紧张需要组织新会来应付困境。而在组织新会时，他们可能也没有要故意隐瞒。但是如果要成功地组织新会，他们就不能说自己资金紧张马上面临崩盘。大中会主们主观上是否存在故意隐瞒的动机很难判断①，但重要的是要确定大中会主们客观上是否的确存在既抢标又组会的行为。前面的分析和统计检验的结果表明这种行为的确存在。这是我们所谓的信息隐瞒机制的确存在的最有力的证据。

大中会主们在抢标的同时，互记空账的现象也很普遍。刘仙花告诉我们："互记空账的做法在后期非常普遍，大会主基本上都这么做……我在下别人的会的同时，也会要求别人下我的会，两相抵销，便不必在两个会的会主之间现金往来了。至于接下去的会脚标会的支付，我向那些大会主催款时，他们倒都是会对我说'我马上安排给你'，结果也总确能如此。在我向那些大会主讨要每月的会钱时，即使是后期，他们给钱都很干脆。"我们前面对 5 个标会中互记空账的分析也证明了刘仙花说的"互记空账很普遍"这一点。

当我们把这些大中会主按时给付会金的行为和他们在参加标会中高价抢标的行为以及组织更多新标会的行为放在一起时，我们会发现按时给付会金成了大中会主维持自己声誉以吸收更多新会员入会的一种必要手段。而一旦倒会，这些大中会主又会是完全不同的说法：自己根本没钱了，钱都下到其他的会里了。

除抢标的大中会主和完全不抢标的外围群众外，还有一类就是类似于刘仙花这样的中小会主以及偶尔得标的会脚。刘仙花组织标会是因为她参加他人标会多，每月还款压力大。本来她可以通过高标得会来调剂资金，但是因为标息已经很高，她又觉得通过中标得会获得会金的成本太高，所以她选择了自己组织标会做会主以获得新的资金。而在她做会

---

① 当然，我们通过访谈也找到了许多具体的事实能说明信息隐瞒动机的存在。比如，某会主以投资实业或者安排儿子工作等名义组会或者投标得会，而实际上把会金又投资进行"会套会"。

以后，她也感觉到了危险，但是又无可奈何。

刘仙花告诉我们："后期因为付会钱越来越困难，我也曾想要多标回会钱，但坏就坏在 2004 年初开始，那些大会主搞起来'排会'，排的标息 400 元或者 500 元（千元会）。这样一来，我就很难得会了。我向那些大会主要求排一个会或者半个会给我，会主总是说这个月已经定了，下个月再说；到下个月，他又会说忘记了。因此（我）总是得不到会钱应急。另一方面，我自己组的会又是不能排的；一旦排会，那些入会的大会主就会借口不给钱，'你排会而不标，不公平，我就不给会钱'……因此最后大半年，我是在担惊受怕中度过的：既不能将钱拿回来，又不能退出游戏，不知何时会倒会。"当外围群众正在疯狂的时候，刘仙花已经感觉到倒会的风险，但此时她已经骑虎难下，眼看着新的标会的标息越来越高，干着急。这是退出成本起作用的一种表现。

刘仙花组织的 5 个标会名义标息走势如图 1 所示（为方便比较，我们将标会 4 和标会 5 两个千元会的名义标息除以 2）。

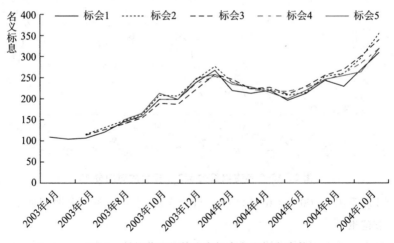

图 1 刘仙花组织的 5 个标会名义标息走势

从图 1 可以看到 5 个标会的名义标息走势具有较强的一致性。名义标息波折上升，与 2003 年相比，倒会前的 2004 年标息明显更高。

清会办工作人员告诉我们，在标会后期有个别人认为标会前途很好，低价收购其他会脚继续参会的资格。但是从总体上看，转让标会资格的情况较少发生。在我们收集到的由 13 个会主组织的 632 个标会共 16964 股会金中，仅发现 80 次转会情况。其中 53 次是会脚和组织该会的会主之间的转会，接受转会的会主 2 人；另外 27 次转会的受让人虽然属于会外人士，但也都是组会 10 次以上的大中会主。这意味着转会非常困难。这是退出成本起作用的另一种表现。

我们发现面对高退出成本，春风镇标会成员们最常用的是通过组织或参加新标会并抢标的办法来"转嫁"自己的风险。虽然组织或参加新标会并抢标成功后，他们还可能为新标会付出相应的会金，但其现金流可以暂时改善。所以当标息上升到一定程度以后，不仅是原来的职业会主而且很多原先的会脚也有动机去组织或参加越来越多的标会并抢标。而在标息加剧上升的同时，新的标会越来越难组织了。

图 2 是 13 个会主所组织的 632 个标会①的时期分布图，即每个月的新组会个数。

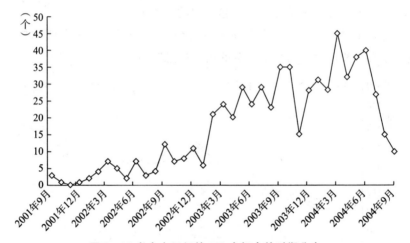

图 2　13 个会主组织的 632 个标会的时期分布

可以看出，2004 年 6 月之后，组会个数明显下降，表明组织新会已经越来越难了。

对于很少抢标甚至从未得会的会脚而言，因为职业会主的信息隐瞒行为，他们对于职业会主组织的标会的实际运转情况所知甚少，对于"会套会"可能引起标息飙升的可能性了解则更少。而对于职业会主而言，其对于大量"会套会"操作可能引起标息飙升的了解也是不足的：他知道自己组织标会的实际运转情况，但事先无法准确预期到底有多少

---

① 数据来源于我们从清会办获得的 13 个会主组织的所有登记在清会办的待清理标会清会单据，这些标会的相关债权债务都经过了债权人和债务人双方的确认。

人会在他的标会运转期间也进行同样的"会套会"操作，更无法准确预期这些人进行"会套会"操作到底会对当地的标息产生什么样的影响。这可能会导致他对自己标会现金流的计划跟不上市场上标息的变化。

如果上述标会成员受到"会套会"行为信息不足约束的看法是正确的，那么那些经历过会案的人在会案后对入会特别是入标会变得更加谨慎。因此，我们应该看到：

（1）发生过会案的地方，合会融资特别是标会融资在当地民间借贷市场上的份额会下降；

（2）发生过会案的地方，如果有人还继续入标会，那么这些新的标会中应该含有更多的风险控制措施，如更严格的标会成员挑选标准、默认的最高标息限制等。

这两个推论与我们的访谈结果相符：春风镇标会会案发生后，合会融资特别是标会融资在民间借贷市场上的份额大大减少了；会案发生后新组织的标会的成员更局限于互相知根知底的亲友，对于标息也有最高限制的默契。更详细的证据还有待进一步的调查。

这样，通过对春风镇标会会案的分析，我们找到了信息隐瞒行为和退出成本存在的证据，还提出了验证"信息不足"解释的两个推论及初步证据。这些证据表明，在标会标息升高带来倒会预期后，标会退出条款的缺乏及标会多人、分期、多轮的合约履行方式使未得会会脚和会主中途退出的成本太大，职业会主和会脚们出于维护自身声誉而进行信息隐瞒——"抢标"和组织新会以维持旧会——的行为就会逐渐盛行。人们对于"会套会"行为特别是与此相关的信息隐瞒机制信息不足，导致人们对大量"会套会"行为可能带来的会息迅速上升等风险认识不足，这是人们敢于加入高退出成本的标会的原因。

五　退出成本、信息甄别机制和标会会案的解决

处理标会会案重要的一点在于让落会群众及时认识哪些损失已经发生且无法挽回，从而想办法集中精力去挽回那些可能挽回的损失。

春风镇标会会案清会过程中实际上确立的基本债权债务关系是：未得会会脚是会主的债权人，会主是已得会会脚的债权人。这样确定债权

债务关系有利于多数人监督少数人还债①，而且与标会会主在会员不按时交纳会金时有先垫款义务这一民间惯例一致。

如果会案不爆发，本来应该是已得会会脚和会主共同继续交纳会金给每期的得会会脚。而在上面这种算法下，会主要先独自清偿对所有未得会会脚的债务，然后他才能向已得会会脚要求债权。会案发生后，会主往往被会脚围堵讨要会金。多个未得会会脚监督一个会主还债容易，而会主要求已得会会脚还债难。这使大多数会主实际上即使愿意也往往无法全额清偿所有债务，而部分已得会会脚特别是一些抢标多而组会少的标会成员因此获益不少②。

会案发生后，部分落会群众想通过聚众向政府施加压力来挽回经济损失，甚至有人提出政府代为赔偿经济损失的要求。面对这些聚集在镇政府的数百名落会群众，如何让他们明白损失已经发生而又能稳住他们的情绪，同时调动他们解决会案的积极性去挽回可能挽回的损失，是个困难然而关键的问题。

2004 年 11 月 3 日，C 县政府颁布了《C 县人民政府关于处置春风"连环会案"的通告（第 2 号）》，明确指出，连环标会"违反了《中华人民共和国刑法》、《中华人民共和国商业银行法》及国务院《非法金融机构和非法金融业务取缔办法》等法律法规的规定，具有违法性"。2004年 12 月 15 日，部分落会群众堵塞省交通要道，地方政府对一般群众予以疏导和劝说，对带头闹事的五人则给予治安拘留的处罚，较为妥善地处理了这一事件③。

---

① 标会处理中防止债务人转移资产很重要。政府警力有限，无法监督所有的会主和会脚的行为。如果已得会会脚需要还债给未得会会脚，则纯粹的未得会会脚需要监督的人数将大增。所以这样确定债权债务关系也是警力有限的约束条件下不得已而为之的选择。

② 一个典型例子是某会主仅组会 10 个，法院判决书上写明她参会 499 场。从该会主家发现的会单表明该会主参会 2460 个，估计参会 3000 股以上；该会主在倒会前的三个月抢标获得了 300 多万元。但是其中很大一部分会单并未登记清算，所以没人知道确切数字。

③ 访谈中发现有人认为政府应该更早些制止标会。但政府方面也有他们的苦衷。合会融资方式在民间有悠久的历史，我国目前没有专门的关于合会的立法，政府无法确定多高的标息为非法，所以在标息上升时政府如果强制要求所有标会停止运转，有可能会使落会群众把倒会责任归咎到政府头上。我们在访谈中发现一些政府工作人员有此种担心，一个前镇人大主席就说政府知道会息在逐步升高，"这是一个脓疮，但是它自己还没有破，你去捅了它出了问题就是你的责任"。应该说这种担心不是没有道理。我们认为没有更早地制止标会的发展与其说是地方政府的处置失当，还不如说是合会立法滞后的结果。

政府的这些做法清楚地表明了政府的态度：标会会案形成的债权债务是不受法律保护的，试图通过聚众对政府施压更无助于会案的解决。这大大降低了落会群众特别是那些希望政府代为赔偿的群众的期望，使他们不再抱有政府代偿他们全部损失的不切实际的想法，降低了他们继续向政府聚众施压的预期收益，从另一个角度来看是降低了他们不继续参加聚众施压（退出）的成本，从而防止了标会会案事态的进一步扩大。

但政府并非对落会群众不管不顾，而是积极采取各种可能的措施鼓励群众自主清偿，为落会群众挽回损失做了大量的工作：首先，政府比较及时地控制了大部分大会主；其次，政府比较及时地做好了会案登记和债权债务确认工作；再次，政府在掌握了标会基本情况的基础上于2005年初提出分类处理会案的几条措施，即"清算清偿一批、集中控制一批、法律制裁一批、慰问安抚一批"。这几条措施对解决会案起了关键性的作用，非常值得进一步分析。

"清算清偿一批"，是指政府鼓励标会的债权人和债务人之间自行达成债权债务清偿协议。其具体内容一般为会主承诺一次性或分期付清总债务的一部分，未得会会脚们承诺放弃对其余部分债权的追偿。只要双方能达成新的债权债务清偿协议，该会已发生的会款总额将不计入该会会主非法吸收公众存款的额度中。

如果会主和会员之间不能达成债权债务清偿协议，则该会已经发生的历次会金将加总后计入该会主非法吸收公众存款的额度中。而当这一额度达到一定数额时，政府将起诉该会主。从我们已获得的材料来看，被判刑会主的最低非法吸收公众存款额度为174万余元，被立案会主的最低非法吸收公众存款额度为50余万元。当然非法吸存额度只是考虑因素之一，是否存在转移资产行为和挥霍行为、群众意见等也是考虑因素。

被起诉会主一般会以非法吸收公众存款罪被起诉，如果经查证还存在转移资产等行为则还可能加判集资诈骗罪。如果会主被判刑入狱，则其债务将实际上暂时中止追偿，等会主出狱后再说。这就是"法律制裁一批"的含义。有一部分会主累计非法吸存额度达不到立案的要求，政府会对这部分会主采取冻结和拍卖其个人资产、监控他及其主要亲属的大额取款、动员未得会会脚等社会各界监督其行为等措施。这就是"集中控制一批"的含义。

许多会主和会脚之间是亲友关系，如不能达成协议，则会主被起诉入狱的可能性将增加，而会脚的债权也得等到会主出狱后追偿。而达成协议则意味着作为债权人的未得会会脚要分担部分损失。实际情况往往是：会主和会脚之间关系比较好的达成债权债务清偿协议，而关系疏远的会主和会脚无法达成协议。这样一批累计债务较大、群众意见强烈的大会主被起诉判刑，矛盾双方被物理隔离，减少了矛盾双方发生恶性冲突的机会。而那些累计债务不够起诉条件的会主，则往往被债权人监督，部分被藏匿的资产因而被发现，继而被拍卖还债。

政府通过上述三条措施，可以把会主群体区分为民愤很大的会主、民愤较大的会主与民愤较小的会主，然后分别采取不同的对策。从退出成本角度来看，政府这三条处理措施为债权人也提供了不同的选择：要么要钱（自行清偿并分担损失），要么要人（让会主入狱），要么监督会主（追偿债务），总之都把债权人的注意力从政府转移到尽量想办法挽回可能的经济损失上。而政府采取的种种帮助清会的措施（如帮助控制会主、帮助冻结和拍卖会主的资产等）也增加了群众挽回部分损失的信心，从而降低了他们退出聚众施压队伍的成本。

此外，镇政府设置了专人负责群众的接待和劝说工作，一再说明会案目前的实际平均清偿率只有不到15%①。所以即使群众继续在政府闹一年两年也未必能挽回多少损失，不如自己想办法生产自救。春风镇是个矿区，有从事井巷业经验的人外出打工一个月能有4000～6000元的收入。两相比较，很多群众就被劝离了镇政府门口。公布清会实际平均清偿率和宣布标会行为违法有异曲同工之处，都是通过传递信息改变群众的预期，从而降低他们的退出成本。

"慰问安抚一批"，是指政府对于一些身体残疾拿着抚恤金入会而血本无归、工作无着落、生活困难的落会群众给予补助。会案发生后的一年中，地方政府累计落实了50多万元的慰问金和10多万元的慰问物资，数十名落会的特困户被纳入低保补助范围。这样，这批退出成本最大的

---

① 政府规定未得会会脚是会主的债权人，会主是已得会会脚的债权人，这可能是春风镇会案损失大、清偿率低的重要原因之一。标会会案的酝酿经历了数年时间，很多早期的高息标会已经完结，政府宣布所有标会停止运转后登记的标会并不包括这些已经完结的早期标会。部分早期标会的会主和会脚可能已经获利退出，但政府却无法追溯这些早期标会。这可能是标会损失大的另一重要原因。当然还有部分损失是会主消费、外逃以及转移藏匿会金资产造成的。

群众也顺利被劝离镇政府。

据不完全统计，到 2007 年 7 月，有 174 个会主的将近 300 个会已经完成清偿；147 个会主的 1000 多个会已经登记并确认了债权债务处于清偿过程中，其中包括已经判刑的 27 个会主（我们手头掌握的 16 个会主的审判书显示他们累计组会 744 个）；还有一部分人由于各种原因如当事人外逃、外出打工等而无法确认债务，其数量待考。

我们可以从信息经济学的信息甄别模型的角度对春风镇政府上述清会措施进行进一步的分析。罗斯查尔德和斯蒂格利茨（Rothschild & Stiglitz，1976）从信息不对称角度研究了健康保险市场上一个逆向选择问题的解决方案。如果保险公司无法知道投保人的健康状况，它就只能根据投保人的平均健康水平设定保费标准，但知道自己健康状况好于这一平均水平的潜在投保人就会退出健康保险市场，而保险公司也会理性预期到这一点而提高保费，其逻辑结果就是来投保的都是知道自己必然生病的人，而保险公司会理性地取消这个险种。他们提出，保险公司可以通过提供两种不同的合约来解决这个逆向选择问题：知道自己是高风险的投保人会选择高保费但出险后获得高赔付率的合约，知道自己是低风险的投保人会选择低保费但出险后获得低赔付率的合约。保险公司通过提供不同合约让处于信息优势地位的投保人选择来达到"分离均衡"。这就是他们提出的保险市场信息甄别模型。

春风镇政府在会案爆发后就相当于一个保险公司，要想解决数百名落会群众天天包围镇政府的问题，很重要的一点就是要把这些群众区分开：哪些是损失最厉害、最容易和会主爆发激烈冲突的会脚，哪些是损失程度一般但来看热闹搭便车的会脚，哪些是自救能力较强的会脚，哪些是自救能力较弱最需要政府帮助的会脚。但是政府缺乏相关的必要信息。

政府提出分类处理会案的几条措施，相当于提供了不同的合约供这些落会群众选择：和会主关系较好的会脚往往选择自行重组债权债务，关系一般的无法达成重组债权债务的新协议，于是累计欠债较少的会主被会脚继续监督还债，而累计欠债较多的会主是最容易被会脚们暴力追讨债务的，这些人被政府判刑关进了监狱，这样大部分的会脚都被成功劝离镇政府。另外，镇政府还通过公布实际清偿率信息去动员那些有生产自救能力的人出去打工，那些能被劝离的会脚往往自救能力比较强，而那些留下来继续包围镇政府的往往就是最需要政府帮助的落会群众。

春风镇政府在处理春风镇标会会案的过程中，自觉或不自觉地运用了类似保险市场上的信息甄别机制，降低了区分聚众群众的相关信息费用，为会案的顺利解决奠定了基础。

当然无论如何，春风镇标会会案都给春风镇的落会群众造成了很大的经济损失。我们说从结果上看政府采取的措施较为妥当，并不是要否认这一点。会案爆发就会有损失，处理措施妥当与否要从"两害相权取其轻"的角度来理解。而我们这里仅仅是想从信息甄别以降低退出成本的角度对春风镇地方政府所采取的一系列处理会案的措施进行解读。

六　小结

本文通过对春风镇标会会案中会员参会、得会和组会行为的分析，对会员是否存在信息隐瞒行为做了实证检验。我们发现春风镇标会会案中会员的组会个数和他们的抢标行为呈正相关。这表明，部分会员一方面在自己参加的标会中抢标以规避倒会风险，另一方面又在大量组织新标会以缓解资金压力。他们的信息隐瞒行为推迟了标会会案的爆发时间，但扩大了标会会案的规模。

另外，我们还从信息甄别的角度对当地政府在春风镇标会会案清会过程中所采取的措施做了分析。我们发现，地方政府把参会群众群体进行了细分，采取针对性措施降低了落会群众的退出成本，这是春风镇标会会案清会过程较为顺利的关键。

参考文献

胡必亮，2004，《村庄信任与标会》，《经济研究》第 10 期。

柯荣柱、叶敏，2004，《标会和轮会的利率决定——兼论利率市场改革》，浙江大学天则民营经济研究中心会议论文。

李金铮，2000，《借贷关系与乡村变动——民国时期华北乡村借贷之研究》，河北大学出版社。

李援亚，2005，《民间金融：风险分析和监管探索——从福安标会崩盘说起》，《统计与决策》第 1 期。

罗德明、潘士远，2004，《互助会引论》，《浙江社会科学》第 3 期。

邱建新，2005，《信任文化的断裂：对崇川镇民间"标会"的研究》，社会科学文献出版社。

夏小军，2002，《温州民间"会"的功过》，《金融与保险》第 7 期。

张翔，2006，《合会的信息汇聚机制——来自温州和台州等地区的初步证据》，《社会学研究》第 4 期。

张翔，2008，《退出成本、信息和冲突——以一起标会会案的发生和解决为例》，《社会学研究》第 1 期。

张翔、邹传伟，2007，《标会会案的发生机制》，《金融研究》第 11 期。

张兴国、杨洪涛，2008，《从"标会"透视我国民间金融的生存空间》，《经济师》第 1 期。

张震宇、毛春华，1993，《社会主义市场经济条件下的温州金融现象透视》，浙江大学出版社。

Ardener, S. 1964. "The Comparative Study of Rotating Credit Association", *Journal of the Royal Anthropogical Institute of Great Britain and Ireland*, 94: 201 – 229.

Besley, T., Coate, S., & Loury, G. 1993. "The Economics of Rotating Savings and Credit Associations", *American Economic Review*, 83: 792 – 810.

Biggart, N. W. 2001. "Banking on Each Other: The Situational Logic of Rotating Savings and Credit Associations", *Advances in Qualitative Organization Research*, 3: 129.

Fernando, N. A. 1992. "Informal Finance in Papua New Guinea: An Overview", in Adams, D. W., & Fichett, D. (eds.). *Informal Finance in Low-income Countries*, Westview Press, Colorado.

Geertz, C. 1962. "The Rotating Credit Association: A 'Middle Rung' in Development", *Economic Development and Cultural Change*, 10, 3: 241 – 263.

Gugerty, M. K. 2000. "You Can't Save Alone: Testing Theories of Rotating Savings and Credit Associations", Mimeo, Havard University.

Handa, S., & Kirton, C. 1999. "The Economics of Rotating Savings and Credit Associations: Evidence from the Jamaican 'Partner'", *Journal of Development Economics*, 60, 1: 173 – 194.

Kuo, P. 1996. *Defaults, Bidding and Participation in Rotating Credit Associations: An Equilibrium Analysis*, The Institute of Economics, Academia Sinica.

Rothschild, M., & Stiglitz, J. 1976. "Equilibrium in Competitive Insurance Markets: An Essay on the Economics of Imperfect Information", *The Quarterly Journal of Economics*, 90, 4: 629 – 649.

Ven der Brink, R., & Chavas, J. P. 1997. "The Microeconomics of an Indigenous African Institution: The Rotating Savings and Credit Association", *Economic Development and Cultural Change*, 45, 4: 745 – 772.

分层艺术品市场与"艺术价值－市场价格"关系的互动分析模型

——基于深圳大芬村的个案研究

严　俊[*]

艺术品交易过程中实现的是审美效用与货币的交换（Frey，1997；马海平，1997；林松，2003；于志学，2004）。而与一般商品不同的是，艺术价值作为艺术品交易过程中的核心要件[①]却往往是含混不清的（盖格尔，1999；Wolff，1993）。同时，交易结果也不仅仅是社会对艺术价值认可的货币体现，甚至成为艺术价值确立的重要环节（Heilbrun & Gray，2001）。"卖得好的不一定是好画"，此类常见的业内评价在揭露市场力量独大带来的"美学迷失"之外，往往也暗含对市场的向往和屈服。但"艺术品市场如何运作"的独特逻辑，或称艺术价值与市场价格之间的关系，是被经济学的文化产业研究（Grampp，1989；Chanel，1995；Scott & Power，2004）忽略已久的问题；在对画家村和艺术品市场零星的讨论中更是很少见到系统的理论和分析框架（Gans，1963；普拉特纳，2005；于长江，2005，2008）。

下文将从两方面建构本研究的理论框架：首先，提出"分层艺术品市场"视角，即利用"技法水平"和"象征意义"两个维度的交互来对整体艺术品市场进行分类考察，以避免既往笼统讨论的弊病；其次，针对其中最具"艺术价值"建构意义的新兴原创艺术品市场提出分析其独特运作规律的"价值－价格"互动模型。利用这一理论框架，笔者对在

---

* 严俊，上海大学社会学院副教授。

① 是指对买卖双方，乃至涉及交易具体活动的多方都十分重要的因素。

深圳大芬村获得的经验资料进行了整理与分析，初步印证了这一设想，并在文章最后对主流经济学的产业集群理论、信息传递模型以及不同价值体系之间的关系问题进行了讨论。

一 艺术品分类与分层市场

如果交易的产品都被归为待研究的艺术品，那么它们之间有没有区别①？以往诸多研究一般笼统讨论艺术品（采用较为严格的艺术品定义）和艺术品市场，几乎没有进行分类（王晓梅，2007；Montias，1990；Gérard-Varet，1995）。这种全景式讨论能够指出艺术品市场的共性（比如信息不对称导致的价格结果等），但很难就具体问题展开分析；或者先不对艺术品进行分类，在初步统计检验后发现不同艺术品交易所处的范围（市场）不同，艺术品的某些属性（比如画的尺寸、风格等）比较明显地影响了交易价格（Rengers & Velthuis，2002；Velthuis，2003，2007），却没有意识到：不同交易范围内的运作规则存在很大差别，更无法深究差别的具体内容；某些影响因素直接决定了艺术品的分类。分类的意义不仅仅在于表明价格的差异，同时还可能提示了不同的美学与商业价值的运作逻辑，其中有一些尤其明显地具有社会运作的可能性和必要性。如果的确如此，则需要首先对艺术品按照一定标准进行分类，然后在不同类别的市场里探讨艺术品的生产、交易和传播机制（Klamer，1996；Pratt，2004）。大体来看，艺术品在"纯粹艺术－新兴艺术－工艺"中的定位，主要取决于作者和作品本身两个方面的因素。

仅从艺术品本身的特征来看，从"象征意义"（创新程度）和"技法水平"两个维度可以将艺术品分为四类（见图1）。

---

① 抽象讨论艺术的定义很难得出确定的结论，所以艺术品市场的议题或许可以从另一个角度来研究：由于市场与艺术的关系由来已久（房龙，1989）且日益无孔不入，研究可以首先着眼于市场。在对广义艺术品市场（包括生产、评论、展览、销售等）的边界和内容做出确定之后，将处于其中待交易的产品统称为艺术品（研究对象），而不在艺术品的本质属性上纠缠。这样做的目的，是以实用主义来应对艺术品定义的不确定性和开放性，将关注点放到围绕交易的人的行为和影响后果上。同时，这一定义方法使讨论变得更加动态：新的艺术形式能被不断纳入（Mattick，2003）。这既符合历史现实，也为讨论艺术价值在市场中的生成方式留下了空间（Getzels & Csikszentmihalyi，1969；Silver，1981；徐陶，2005）。

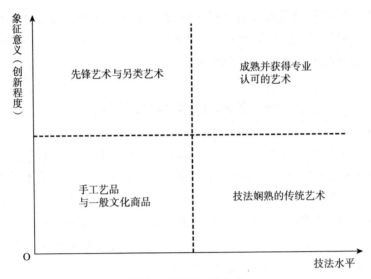

图1　艺术品二维分类

但在加入作者因素之后（很多时候，市场消费的不仅仅是作品，同时还包括作者），分类的标准则需要适当拓宽。作者的知名度、教育背景、社交圈子和作品本身的风格与所属流派、表现手法与主题的"新颖程度"[①] 都影响着最终被市场认可的程度和方式，从而决定了其市场位置。据此，笔者采用的分类框架如下（见图2）。

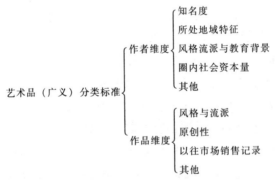

图2　分类框架

[①] 有关"新颖程度"或称创新度，是一个有明显社会建构意味的范畴。按照 Howard S. Becker 在 "Art Worlds" 的看法（Becker, 1974, 1982, 1990），convention（常规）这一概念描述了社会的一套原有美学规则体系，而创新正是对其的改变，而不能独立存在（Becker, 1978）。

这一框架更多地体现属性描述的作用，无法严格作为分类的指标体系。但在对艺术品市场的总体观察和对少数个案（包括大芬村和 798 艺术区）的探索性调查中可以发现，艺术品在这个描述体系内向 3 个小类群聚合：复制品（行画①）、新兴原创作品、传统艺术品。由于不同艺术品的经营方式、从业人员和周边群体都有着明显的区别，艺术品与市场存在一定程度的同构性②。据此本文将整体艺术品市场大致分为三个层次：低端（工艺品）市场、中端（高增值潜力）艺术品市场和高端（稳定）艺术品市场。需要注意的是，艺术价值作为艺术品市场的核心交易内容③始终是存在的：无论订购装饰画、投资潜力画家还是参与拍卖名作，消费者都是用货币购买主观认定的艺术价值；但它的确定性和可塑性在不同层级的市场中迥然不同，这是在产品和经营形态表现下更为本质的差别。

1. 复制品（行画）与低端（工艺品）市场

此类艺术品以仿制世界名作和主流流派代表作为题材。交易过程中，作者的属性④在艺术价值⑤层面上可以忽略，只考虑其工艺技巧熟练程度。因为完全没有原创性（题材和技法上均为重复），此类艺术品的价格较低且不具备升值空间和收藏价值，属于一般文化商品，市场遵循一般商品交易逻辑。需要注意的是，艺术价值变量的影响并非不存在。首先，仿制对象通常是具有高美学认同（社会公认）的作品；其次，基础技法和题材也能体现美学差异，从而对买家造成影响⑥。除此之外，

---

① 行画（háng huà）是商品油画的简称，即可以商品化生产和经营的油画。20 世纪 60～80 年代，中国香港、新加坡和韩国等地成为欧美市场商品油画的主要生产国家和地区，并于 80 年代末传入中国，大芬村正是行画产业在中国最早落地的地点之一（除此之外，在福建和广东的其他地区也出现过很多这样的行画生产集群）。后来这一说法逐渐传播到全国各地，行画逐渐在产业类型之外获得了象征意义，即缺乏独立创造性、单纯迎合市场的作品。

② 这种结构性的划分一方面来自不同艺术品本身差异导致的分工，另一方面也来自生产、消费、经营和评论者们趣味之间的区隔（Bourdieu，1984），进而形成了各类闭合场所。

③ 对于任何一个层次的艺术品市场而言，交易的双方都进行着"美学效用"与"货币价格"的交换。

④ 多数作者为专业技能低下的普通画工和工艺品经营者。

⑤ 这里提出的艺术价值指代的是，根据现行审美标准能够对艺术品进行鉴赏的可能性。这一类型艺术品不具备艺术价值，并非指人们在购买、消费时完全不从审美角度考虑，只是不做认真鉴赏和理解。

⑥ 对"好看不好看"的不同看法也体现了审美能力的差异。

还有一些特别的功能性偏好（如风水画或肖像画的遮丑要求）需要纳入考虑。

2. 新兴原创作品与中端（高增值潜力）艺术品市场

此类艺术品的特征同时覆盖作者和作品的属性。此类作者或具有较为正式的艺术教育背景，在创作风格和理念上有自己的看法和尝试。但由于市场和专业领域认可度均较低，所以其作品初始价格较低。不过由于在基础技术训练和观念创新上均有一定的努力，因此这类艺术品可能具有很大的升值空间。被美术界称为"中国当代艺术的 F4"的王广义、张晓刚、方力钧、岳敏君四人的作品在 20 世纪 90 年代初期可以被视为这一类别，他们的成功恰恰证明了这一类型作品的巨大潜力。此类艺术品艺术价值的未来发展存在高度不确定性，有较大的运作空间。

除了历史价位的影响外，几乎所有改变市场价格的努力都要通过操控这一变量得以发生。由于在（广义）交易过程中存在很多社会行动者、具备多社会因素的运作空间，所以此时的市场呈现网络化互动和明显的"圈子效应"。同时，这一市场也是新的艺术价值与市场价格同时生产的重要领域①。其交易结果对艺术家与其作品的后续发展存在直接而深远的影响。对于形成中的中国艺术品市场而言，这一层次的市场研究格外值得关注。

3. 传统艺术品与高端（稳定）艺术品市场

此类作品具有较稳定的社会评价和专业艺术价值评价，作者一般是成名艺术家或者学院体制内的专业教师。无论是既往的销售记录和渠道，还是作者的社会关系网络，均保证了其作品在市场上能够取得相对稳定的价格。此类艺术品作者主要为艺术评价相对稳定的著名画家；交易方式以拍卖和画展经营为主；针对高端画廊、展览馆和具有较雄厚资本的私人藏家，交易范围局限在较小的互动圈内。由于艺术价值基本确立，所以不存在较大的运作空间。但是其作用却未必削弱，只是机制发生了变化，例如更加看重作品的历史意义、可替代性（数量留存）、在流派或作者作品中的代表性等方面。在接近文物古董的交易程序中，历史交易结果和大资本拥有者的偏好作用明显。

---

① 这一类型市场是研究重点关注的对象，大芬村就是典型。

　　虽然市场由于不同的商品类型而存在分层结构①，但不同层级间存在过渡和互相融合的可能。这主要体现在创作者的纵向流动和艺术品价值的生产和再定义。位于低端市场内的创作者（作品生产者），能够通过自我教育、改变风格或运作社会力量的方式来改变市场位置，进入上层市场领域；而随着艺术价值的运作成熟和市场价格积累，原本处于流行领域的新风格作品也能进入高端市场，成为"经典"。从实际情况来看，艺术家和作品的层级流动是同时发生、相辅相成的。

二　针对原创艺术品市场的解释："价值－价格"关系的互动分析模型

　　艺术品市场中交易的核心环节是艺术价值与价格的交换。由于中端市场内的艺术品和艺术家都处于美学评价和市场认可的"成长期"，所以对这个层次艺术品市场的研究需要将目光投向更为广阔的"社会－经济"过程。本文以"艺术价值的建构"为中心，考察艺术品市场内不同群体间的互动过程及影响（见图3）。

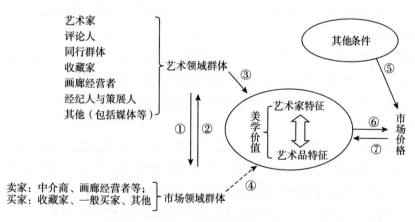

图3　整体分析框架

1. 参与者和整体分析框架

　　如果将价格形成作为市场交易行为在一个时间环节内的终点，一般意义上的艺术品市场至少需要两类群体：艺术领域群体和市场（狭义）

――――――――――

　　①　这一区隔主要体现在市场本身的运作规则方面。

领域群体。前者包括艺术家、评论人、同行群体、收藏家、画廊经营者、经纪人、策展人等子群体；后者包括中介商、画廊经营者（卖家），收藏家、一般买家（买家）等子群体。两个群体之间相互影响：在控制艺术品历史价格和美学评价后（实际上，这些结果正是既往交易过程的结果），通过具体的社会互动或媒体传播，艺术领域群体提供（生产）更确切和权威的艺术价值信息（箭头①）；市场领域群体则通过一贯偏好影响艺术判断的做出（箭头②）。需要注意的是，这两个群体间存在重合：部分行动者具有双重角色。

　　另一个重要的因素是作为社会行为与艺术品价格生成之间的艺术价值（包括艺术家特征与艺术品特征）。与很多艺术品市场研究（Grampp，1989；Caves，2000）不同，本研究将艺术价值设定为（广义）交易过程中的一个变量。在控制基础条件（包括作品基本技法等）和原有评价（以往的社会互动产物）后，还存在一定的建构空间（视艺术品和市场类型而定），主要受到来自艺术领域社会互动和市场领域社会互动的双重影响。其中，艺术领域直接参与建构艺术价值（箭头③）；市场领域力量则可能通过其他方式影响艺术价值，尤为明显是以往价格的作用。对于确定艺术家和同类风格的作品而言，之前的市场交易结果对艺术常规（art convention）主要内容（艺术价值）的确定有重要的信号意义（虚线箭头④）。以上社会过程并非发生在同一时间和场所内，但其结果累积发生作用。当艺术价值在直接参与交易双方间达成共识时，艺术品价格形成（箭头⑥）；而以往的价格结果又将成为影响艺术价值的重要因素（箭头⑦）。

　　关于这一框架还有三个方面需要注意。首先，虽然艺术价值确立是市场价格形成的必要条件，但这并不意味着每次交易的结果必然是物有所值（箭头⑥所代表的影响要正确发生，需要一系列的社会条件）。实际上，我们可以观察到大量反例：信息不对称的情况使买家常常购入次品甚至赝品。但这并不妨碍统一分析框架的成立，因为即便是以欺骗的手法，卖方也必须让买方认可其给出的艺术价值；而且艺术价值往往是不稳定的①。从长期结果来看，市场价格与艺术价值的脱节必定存在。其次，艺术价值的确立注定是一个权力过程。分析框架过于简略，无法体

_____

　　① 在常规快速变化的当代艺术领域，这一点表现尤为明显。

现出不同群体间就艺术价值确立的争斗和博弈。正因为这是一个话语权和经济资本作用明显的过程，最终的结果也注定只能是少数人的共识。对很多具体交易而言，这一过程完全是既成历史，可以作为外生变量给定。最后，艺术品价格同时受到所谓"其他条件"的强烈影响（箭头⑤），如已经有广泛研究但争议颇多的金融市场与艺术品市场之间的消长关系（Goetzmann，1993；Chanel，1995），或者是特定社会思潮下人们对艺术品的特定偏好①等。

2. 互动分析的两个概念工具：艺术常规与双重策略

上文的分析细化了广义艺术品市场内的各类行动者，并描述了他们通过塑造中介变量"艺术价值"来实现市场价格的过程。但仅有这一框架还不足以深入分析现实的互动过程，它至少遗留了两个方面的问题：首先，人们根据什么标准，用何种方式来塑造艺术价值？在这一过程中他们需要考虑什么因素（包括约束和资源）？其次，核心行动者（尤其是艺术家）的行为动机和策略是怎样的？考虑到各个环节可能出现的问题，他们是否有更为复杂的策略（而非简单地遵循"社会行动 — 艺术价值 — 市场价格"的单链逻辑）？本节将引入艺术常规（convention）和双重策略（dual-strategy）两个概念来补充原有模型。

（1）塑造艺术价值的方法：迎合与再造艺术常规

Howard S. Becker 指出，艺术世界里常规无处不在，它引导和规范艺术家的合作行为，从审美意义上强烈影响着创作者和观（听）众之间的关系，还让艺术家与支持群体（support personnel）之间的协同工作变得简单（Becker，1974）。如果将广义的艺术市场视为艺术世界②，那么常规的意义主要体现在两个层面：（协作）行为规范和（美学）价值标准。简而言之，对一个确定的艺术世界而言，发育良好的常规体系能让相关从业者们知道如何去协同合作，共同完成艺术品从生产、展览、流动到出售的全过程，如 Becker 所述，彼此熟悉的雕塑家和策展人对作品大小、类型和场馆空间选择之间关系的考量通常不谋而合（Becker，1974）；同时也使包括观众在内的更多艺术的参与者能够找到和掌握评价艺术的角

---

① 以"中国当代艺术的 F4"中的方力钧和岳敏君为例，他们所代表的玩世现实主义和政治波普在 20 世纪 90 年代初正好迎合了西方藏家和市场对改革开放时代中国人精神面貌的好奇，因此更多地受到市场青睐（吕澎，2007）。

② 因为广义的市场过程包括艺术作品的创作和审美建构等"非经济"环节。

度和标准，即使这种标准常常被先锋的艺术家认为是大众的、程式化的。这种布迪厄意义上的解码过程，正是依赖一套成型的"编码"（code）让高度不确定的美学评价在一定程度上变得确定（Bourdieu，1984）。

艺术（尤其是当代艺术）自我颠覆的特征使艺术家（和其他从业者）在面临常规时感到格外矛盾：过度遵循常规会被认为是陈词滥调，鲜有脱颖而出的机会，尤其在创新已经成为当代艺术常规的基础内容之后；而过度创新则要承担极大的风险，无论是从"艺术作为集体行动"还是从受众接受的角度，真正挑战常规的创新从来都不是艺术家个人能够独立完成的。如果考虑到艺术品市场中行动者强烈的经济取向，这一矛盾往往会更加扑朔迷离：人人都期待成为划时代的新概念代言人，从而获得巨大的成功；而巨额的投资与无法预估的回报又总是让人止步不前（Raphael，1980）。

如果将分析框架中影响某一艺术家（包括其作品）的人群视为一个团队，那么艺术品市场的"不可分析性"往往源于不同团队在"市场 – 美学"洞察力和运作技巧上的差异①。但在运作的基本模式上，可以归类为迎合与再造艺术常规两种②。假定在艺术常规（尤其是审美标准）十分强硬的前提下，艺术家的创作通常会迎合这种约定，表现为在既有标准体系内的技法和内涵的不断精进，而包括评论人和策展人在内的协作团队也会使用这一常规来评价和推荐艺术品。这种状态对于一个有待完善且潜力广阔的艺术门类（或派别）而言，无疑是具有积极意义的。无论是古希腊光辉灿烂的雕塑艺术还是中国唐宋的诗词文化，都一再说明了这一点。但当一个形式逐渐触碰到创新可能性的边界时，这种强大的惯性则会成为艺术发展的阻力。对于市场的投资者而言，这类艺术品具有相对稳定的收益回报，但无法带来投机的巨大收益；假定在艺术常规逐步松动或面临危机的时候，会有越来越多艺术家的创作表现出频繁的创新，甚至与传统发生激烈的对冲。20世纪源于西方当代艺术界的"后现代主义"风潮正是这一假设的现实表现。同样，艺术集体行动的其他参

---

① 在流行文化领域，对比中韩两国"造星"的方式和效果就能很好地理解这一点。通过系统挑选、培训以及针对细分市场的包装，韩国的大众文化在包括中国在内的亚洲绝大多数国家和地区掀起了热潮。这种工业化流水线的文化生产方式，正是"作为集体行动的艺术"的当代极致版本。

② 对常规的迎合与再造，可视为对艺术价值（中介变量）的运作。

与者也会在这场"摧枯拉朽"的斗争中与艺术家并肩作战。一般来说，当纯粹的"解构"进行到一定阶段时，包括"解构"在内的新规范已经逐步被建立起来，成为新的艺术常规。这个新标准的地位上升的过程，正好是市场行动者们绝佳的"入市"契机（Moulin，1987）。

需要注意的是，在迎合或再造艺术常规的过程中，艺术家、评论人、策展人、投资人甚至观众的行动并不具备完全、清晰的目的性（Karttunen，1998）。由于信息不对称、宏观政策环境等结构条件以及其他偶然因素的制约，很多成功的艺术家或潮流都在整体上表现为意外的结果（Menger，1999）。但在一种趋势和背景条件基本清晰化之后，各方行动者的合力则能够有目的地加速或延缓这一过程（Baumann，2007）。

（2）"利誉均沾"：艺术家的双重策略

在统一市场分析框架中，艺术价值与市场价格之间存在双向联系，即在控制信息不对称等干扰因素（箭头⑤）的前提下，艺术价值（社会建构结果）对应着一定的市场价格①（箭头⑥）；在同样的条件下，更好（或更低）的市场价格指示②着艺术品更高（或更低）的艺术价值（箭头⑦）。这种双向联系表明参与这一游戏的行动者存在两种主要的偏好：艺术价值与市场价格。对非创作核心圈的行动者（包括市场作用群体和一部分艺术作用群体）来说，存在两种偏好的原因也许主要是艺术价值作为市场价格的物理标准提供了获得终极目的（价格收益）的合法性；而对创作核心圈的行动者（艺术家群体）而言，"利誉均沾"（又有名又有钱）才是理想的结果。据此，在"经济收益－市场收益"的连续统上，不同行动者选取适合各自偏好的均衡点，采取相应的社会行动使之实现。这是本研究分析艺术市场中微观互动逻辑的重要概念工具，笔者将其定义为"双重策略"：在信息和其他条件约束的前提下，行动者用以实现某种"货币－声誉"收益的社会行动策略。

关于多重偏好的行为研究并不新颖，Gary Becker 在其著名的"拓展效用函数"系列研究中已经有过全面而深入的应用（Becker，1978）。本研究没有采用"双重偏好"作为分析工具的原因在于以下几点。第一，

---

① 至少在理念上，每一次交易的理想结果应该是艺术价值与市场价格的统一。这一标准可以由相似艺术品的历史价格集合来确定。

② 对大众而言，由于存在信息不充分（包括市场地位的不对称、专业知识匮乏等）的前提，利用价格作为评价艺术品价值的信号是便利的选择。

偏好作为一个内在的动机假定有太强的心理学意味，在具体的调查过程中很难被观测和确定。但行为策略直接联系可以观察的现实社会过程，因此在处理田野资料时更为直接、有效。第二，判断偏好与行为结果之间的确切联系，取决于对环境因素的全面掌握。这对参与其中的行动者和研究者而言都是过强的理性假设，不利于发现潜在的其他影响因素。第三，并非所有的双重策略行动者都一定具有多重偏好。如果对艺术品价格的获取必然需要经历一定程度和方式的美学建构，那么从理论上讲，单纯经济偏好的艺术家也必须采用双重策略。

最后还有一个问题需要注意。虽然在"货币 - 声誉"双重策略视角下展开的分析与拓展效用函数的应用研究有类似之处，但由于艺术品市场的特殊性，它仍然具有十分独特的意义：在长期、交易反复发生的市场过程中，艺术声誉与市场价格并非独立变量，二者存在互相影响（促进和阻碍）的可能性。因此，它更接近一个重复博弈的过程而不同于传统的经济学思路。

三 个案基本情况介绍

本研究选择的个案是深圳大芬村，其位于广东省深圳市龙岗区布吉镇，核心区域面积约 0.4 平方千米，拥有深圳户口的本地居民有 300 多人（大多为洪姓客家人），外来人口 10000 多人（如果考虑居住在周边、来本村工作的画工，长期居住的外来人口有 30000 人左右）①。从 2005 年开始，笔者间断性地到大芬村进行调查，通过采用参与观察法、结构/半结构式访谈法、问卷调查法等多种研究方法，对艺术品市场和从业者的社会 - 经济活动进行了比较系统的考察。

车行过深圳布吉关一直往东，不出 15 分钟就到了大芬村。建筑外墙浓烈的色彩、遍布各处的油画图案和雕塑装饰（见图 4、图 5）彰显这里和别处的不同。与周边林立的玻璃体楼宇和高架桥相比，大芬村显得逼仄局促，让人很难想象正是在这么一个约 0.4 平方千米的城中村里出产了占美国市场 70% 的装饰品油画，也就是通常所说的"行画"。

---

① 资料来源：大芬村村委办公室提供的资料。

图4 大芬村南入口1（2006年） 图5 大芬村南入口2（2006年）

从一个深圳关外的小村变成今天世界闻名的油画产业村，大芬村的历史在1987年①被香港画商黄江改写。由于日韩行画生产的人工成本日渐升高，所以大量的作坊转移到港台等地。20世纪80年代末，这一产业逐步转入内地。作为"文革"期间从内地到香港的广东人，黄江了解深圳的大体情况：有大量具有一定工艺水平且廉价的画工可以从事仿制品油画生产。从1987年开始，他在大芬村以及广东其他几个地方租用民房进行油画的收集和转销，同时招募学生帮助他完成与外商签订的订单，由此将油画这种特殊的产业带进了大芬村。这种油画生产、收购和集中外销的体系，催生了大芬村的早期形态，并持续繁荣到世纪之交。但近年来，尤其是金融危机之后，大量行画经营者由于海外市场的急剧萎缩，入不敷出，逐步退出大芬村；原创性的画廊和艺术家开始得到发展。今天的大芬村呈现艺术品多元化、原创作品与仿制品并存的局面，产业生态十分丰富。因此，笔者认为大芬村是研究艺术品市场的良好个案。

① 在2004年12月7日18：18央视《对话》节目采访的过程中，黄江提到自己于1989年8月来到大芬村。但在大芬村的调查过程中，有很多受访者跟笔者提到黄江来大芬的时间应该是1987年，其中经历过一次反复。所以1989年应该是黄江第二次来大芬村，并就此留了下来。

四 大芬村的分层艺术品市场：画廊和画工

如前所述，大芬村存在多样的艺术商品和丰富的产业生态。根据定性调查资料，大芬村的从业者们在三个不同层次的市场上表现为以下特征。

仿制品是大芬村的主流商品，并占据世界全部交易额的近七成。虽然绝大多数艺术家都不承认这类商品属于艺术品，并据此否定大芬村作为艺术村的称号，但从分类框架的角度来看，它们依然具备很多艺术品的特征，只是某些特征则显著消失。经过近 20 年的市场训练，这类艺术产品也具备了独有的特征：由于市场需求主要集中在海外①，仿制品交易首先通过画廊来获取海外顾客或中间人的订单，然后由画廊在与自己有联系的画工中进行分配，在事前规定好的交货日期收货打包，发往海外；对于画工而言，快速高效地生产仿制品有一些必须掌握的技巧，包括构图和色彩的技法等，往往与学院教育的要求不尽相同。从业者一般为普通画工和从事赝品制作的低收入画家②；采取一般商铺或作坊经营方式；市场针对一般买家和旅游者；影响艺术价值的专业群体基本萎缩。

2000 年前后，大芬村开始出现一批原创从业者和相关画廊。从专业艺术评论的角度来看，大芬村的所谓原创作品仍然不能被称为"艺术"，但它们确实打破了行画的审美常规，呈现丰富的个性。画家们在迎合市场的过程中，也在逐步发现自己的艺术定位。艺术品作者一般为具有学院背景的年轻画家；主要采取画家自我经营或画廊展览运作方式；针对具有艺术眼光的画廊经营者、艺术品投机商人和有运作能力的收藏家。

在大芬村，交易的成熟艺术品和已成名艺术家并不多，主要集中在传统的写实主义油画、中国山水画以及书法、金石作品等领域。大芬村的这类艺术家通常具有良好的艺术教育背景，并有在内地艺术文化机构任职的经历，目前主要的销售和展览渠道也都与原来的工作背景密切相关。

---

① 海外顾客主要将艺术产品用于房屋装修、宾馆装饰等方面。

② 与画工不同的是，这类人具有一定的技法训练和专业知识背景，因此在积累足够的经济资本后，能够跳跃至高层市场，实现身份转变。

　　问卷调查结果进一步说明了大芬村丰富的产品和从业者类型，对应的结论是：虽然艺术产业在地域上高度集中，但并不存在一个统一的市场类型。下文将从画廊和画工（画师）两个角度来描述这一状况。

1. 画廊

（1）多层次的规模类型

　　在大芬村开一间画廊初期的主要投入包括：店面房租、装修费、（包括桌椅、电脑的）家具费以及第一笔存货的购入费。如果经营仿制品油画，那么初期投入会比较低，快速流转的订单可以盘活经营；但如果经营他人的原创作品，初期需要一笔很大的投资。调查结果显示：在被调查的 200 家画廊中，初期投资在 10 万元以下的占 74%；7.5%（15 家）的画廊投资在 50 万元以上（见图 6）。从图 7 可以看出，初期投资的来源主要为"个人或家庭独资"（82%）；较大规模的画廊更多采用合股投资经营的方式（11%）；而随着大芬村知名度的提高，一些有意从事行画经营的画廊和（其他行业）企业也开始进驻大芬村（3%）。

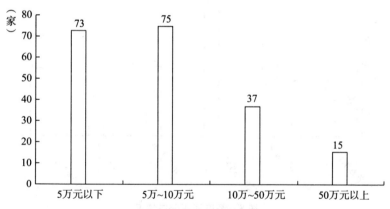

图 6　画廊初期投资规模

　　依据不同的投资额度和经营类型，大芬村画廊的空间面积（见图 8）和格局分化较为明显。57% 的画廊是 10～30 平方米的一般商铺大小；10 平方米以下（8%）的多为开放式工作室，分布在商铺之间的过道和居民楼梯间改建的狭小空间内；50 平方米以上的多半为公司化运作的大型画廊（如集艺源和太阳山的展厅等）。因为多数中等大小（10～30 平方米）的规划建设商铺拥有较大的层距（5.2 米左右），很多经营者将其改造成"阁楼 + 厨房 + 展厅"的格局。

　　从租金的分布情况（见图 9）来看，绝大多数画廊的月租金在 1000～

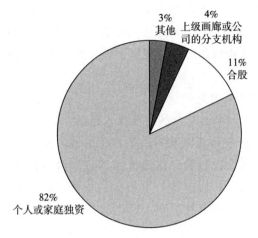

图 7　画廊投资来源情况

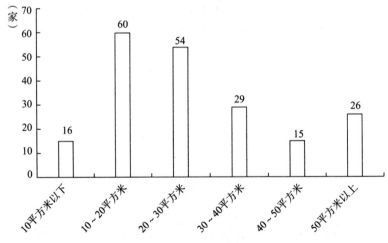

图 8　画廊面积分布情况

4000 元（73%），与面积的分布情况基本吻合——以中小型面积为主[1]；月租 5000 元及以上和 1000 元以下的画廊都仅占一成左右（11%，8%）。

（2）多样化的经营者专业背景

从 1999 年出现第一家正式对外营业的画廊开始，大芬村画廊的经营者就来自转型画工或积累一定财富后的院校毕业生。这一情况在相当程

---

[1]　除与面积相关外，画廊租金还与地理位置和楼层有关。邻近主要道路的铺面最贵，而里巷二层以上的比较便宜。

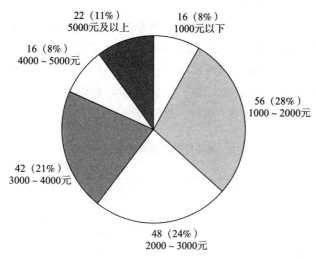

图9 画廊租金情况

度上是因为画廊经营的专业性门槛，即便是行画产业，对艺术常识的了解也是必需的。但随着近几年大芬产业持续繁荣，一些游资也开始进入大芬村油画产业。调查结果显示：200家画廊经营者中，完全没有艺术教育背景的占18%；45%的经营者毕业于艺术院校①（见图10）。

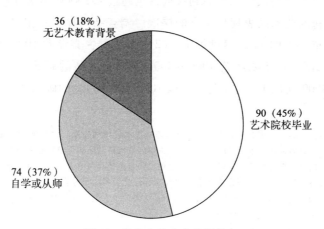

图10 经营者的专业背景情况

---

① 笔者对被调查者定义的"艺术院校毕业"包括中专及以上的正式学位教育和1年以上的院校进修经历。

（3）丰富的经营类型

虽然大芬村被称为"油画村"，但并非不存在其他类型的艺术商品。作为一个繁荣的仿制品市场，它实际上充当着周边或更远地区的"装饰品超市"，油画、雕塑、国画和书法作品以及手工艺品一应俱全[①]。只是油画依然占据市场的绝对份额，主要经营油画的画廊占被调查总体的73%。从内容的创意程度[②]来看，原创作品与仿制品同时存在（见表1）。

表1　大芬村画廊经营类型分布情况

单位：家，%

风格类型	画廊数量	占比	创意程度	画廊数量	占比
油画	147	73	原创作品	52	26
雕塑	11	6	高级定制仿制品	58	29
国画和书法作品	16	8	批量仿制品	72	36
手工艺品	14	7	一般工艺品	18	9
环境艺术	2	1			
其他	10	5			

（4）分化剧烈的艺术品单价

从批量生产的低价工艺品到接近甚至超过798画廊作品价格的原创油画，大芬村的艺术品表现出丰富的层次。调查结果显示：主要单件商品[③]的价位分布（见图11）相对集中，62%的画廊主要经营100~1000元的中档价位商品[④]；主要经营1000~5000元艺术商品的画廊占调查总数的1/5；以5000元以上[⑤]商品为主和以100元以下为主的画廊占比均为9%，

①　值得注意的是，调查中出现了两家经营环境艺术设计的画廊，这是笔者在走访中未发现的。随着房地产市场的发展，国内年轻人对装修风格的多样化要求越来越高，而小区环境设计的订单也开始日渐增多。大芬村之前已经有相当部分的画工参与过装修设计或公共空间设计之类的工作，所以在大芬村出现这样的公司和商家也在情理之中。

②　这个指标有较大的主观性，基本上基于受访者的个人判断。但在大芬村，经营者关于仿制品的"一般工艺—批量仿制—高级定制"分类看法的分歧不大。以油画为例，采用流水线生产的、尺幅较小（一般为25cm×35cm以下）或完全依靠喷绘制作的为一般工艺品；主要采用人工手绘、题材较为复杂（如肖像、写实花卉与景物）但出货量较大（常见）的大中幅油画为批量仿制品；个别订单、专门题材（一般也较为复杂）的为高级定制仿制品。

③　经营环境艺术的画廊的单件商品为最终校订的1张设计图纸。

④　从定性调查经验来看，这个价位主要为批量仿制品和部分高档仿制品。

⑤　就目前的市场情况来看，除非因为欺诈，否则这个价位的商品肯定为原创作品。

其中最便宜的工艺品是 10 元的小幅（15cm×20cm）抽象画，最贵的则是一幅写实油画，店内标价达 15 万元。

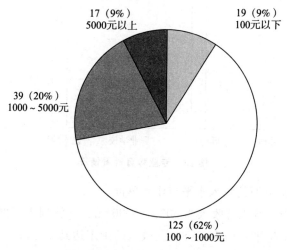

17（9%）
5000元以上

19（9%）
100元以下

39（20%）
1000～5000元

125（62%）
100～1000元

图 11　主要商品单价分布情况

2. 画工（画师）

（1）多样化的受教育水平与专业背景

大芬村画工的受教育水平分化明显。受访画工中，大专及以上学历者占总数的 33%；高中和中专学历者达 46%；另有 1% 左右的画工为小学学历（见图 12）。121 位受访画工有"学徒工"的经历，占受访总数的 40%；45% 的受访画工有艺术院校和职业学校的学习经历（见图 13）。

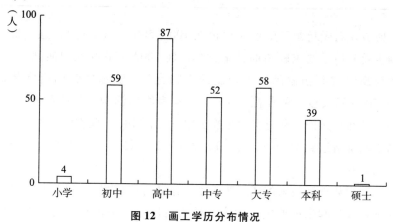

（人）

100

87

59

52

58

50

39

4

1

0

小学　初中　高中　中专　大专　本科　硕士

图 12　画工学历分布情况

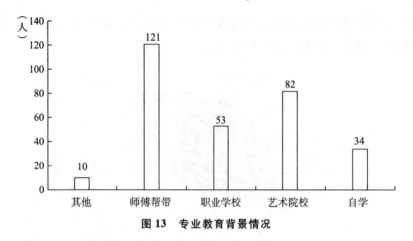

图 13　专业教育背景情况

（2）层次分明的收入水平与作品单价

40%的受访画工月收入为 3000～5000 元，与深圳工厂熟练技术工的通常工资基本持平；1000～3000 元收入的画工达到 80 人；5000 元以上的高收入画工也占总数的近 30%（见表 2）。

表 2　画工月收入情况

单位：人，%

月收入	人数	占比
1000 元以下	18	6
1000～3000 元	80	27
3000～5000 元	117	39
5000 元以上	85	28

四成左右受访画工的作品单价在 100～500 元（38%），这一价位的油画主要是质量要求较高的批量订单；而 1000～5000 元的油画（14%）则多为高级定制仿制品（如定制的人物肖像、大型宾馆的门堂装饰画等）；5000 元及以上的作品（6%）基本为原创油画，与从业人群一样，这类作品在今天的大芬村仍然是极少数（见图 14）。此次调查中了解到的最高单幅价格达到 15 万元人民币，为 LY 的一幅"雪域少女"题材的写实主义油画。

撇开少数外迁而来的成名艺术家，作品价位在 5000～10000 元的是大芬村本地成长起来的原创艺术家。虽然在作品价格上他们与体制内成名的前辈们已经相差无几，但在自我经营方式和作品走向方面差别明显。

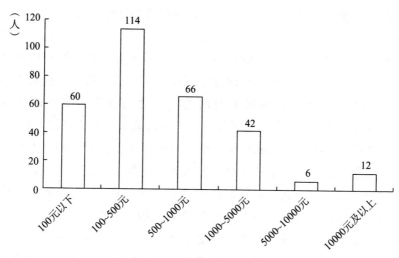

图14 作品单价分布情况

与前者主要利用内地原有的社会网络来经营不同，年轻的大芬原创艺术家更多地依赖本地的资源：或者是业务转型的海外中间商，或者是慕名而来的个人爱好者和藏家。

（3）专业分工的时间表现

不同类型和质量要求的油画耗费的时间不同。但在大芬村的画工中已经出现了比较明显的专业分工（按照题材类型和技能水平），画工通常会接类型比较熟悉的订单。数据表明，近半数的画工平均单幅作品的耗费时间在一天以上；仅有5%左右的受访画工能够在1小时内完成一件作品（见表3）。

表3 大芬村画工作品耗时情况

单位：%

平均每幅作品的实际耗费时间	占比
1 个小时以下	5.33
1～3 小时	18.00
3～8 小时	17.33
1～2 天	21.00
2 天以上	28.67
未统计	9.67

大芬村分层市场持续存在的原因在于结构与互动两个层面，同时涉

及经济与（美学）象征意义。从油画市场产品和从业者的结构特征来看，大芬村油画市场分层有以下原因。首先，艺术商品间巨大的艺术价值差异导致了经营方式或运作逻辑的不同。通常看来艺术品市场内的产品并不存在显著差异，都属于文化创意消费品，但根据本研究分析框架部分中对艺术的分类考虑，不同类型的艺术品之间在市场交换的基本效用——艺术价值上存在巨大的差异。这一情况在大芬村表现得尤其明显。与北京 798（纯粹原创艺术）或琉璃厂（纯粹工艺品）不同，大芬村所能提供的艺术商品涵盖了从一般工艺品到原创作品的广泛内容，这些统称为"艺术品"的文化产品在经营方式上实际差异巨大，必定在经济实践中分属于不同层次甚至完全不同类型的市场。其次，从业者之间个人和教育背景的巨大差异导致了他们更容易进入与个人能力和艺术观念相匹配的市场。与艺术品分层同样的理由，虽然按照经营规模可以将大芬村的从业者们简单分为"画工、画廊主和公司经营者"等层次，但在不同规模层次上仍然可以选择"原创—工艺"连续变化中的某一组合形式。从业者的艺术教育背景和个人（家庭）经济情况在这一过程中起到十分重要的作用。就能力而言，具有更高艺术教育（培训）水平和更高（稳定）经济收入的从业者因为具有更好的专业素质和经济基础，所以相对容易进入艺术价值更高（但可能不稳定）的原创艺术品市场①，反之同理。受个人背景影响同时影响个体市场归属的另一个因素是观念，包括看待艺术的态度、对原创市场的理解和个人的人生价值取向。虽然极端案例始终存在，但大体来看大芬村油画从业者的观念与市场所属存在以下关系：有更良好艺术教育背景的经营者对从事原创经营持有更积极的态度，并且对经济条件改善后个人的原创定位更加确定，反之同理②。

　　而从群体社会互动过程中的偏好③与约束层面来看，大芬村油画市场分层的理由也十分充分。首先，不同层次市场内的同行聚集对于经营者

---

① 这里的基本假设是，在控制风险因素的前提下，原创艺术品经营的高利润对所有的从业者都是具有诱惑性的。

② 关于这个方面可以通过对数据的深入统计分析获得，但因为此次问卷调查的数据量较小，所以笔者放弃了这一工作，可以留待后续的研究深入挖掘。这里的分析可以作为后续深入分析的假设模型。

③ 对画工而言，他们完全考虑经济收益；而对原创工作者来说，他们除了要考虑经济收益外，还有更多个人艺术伦理和美学理想的考虑——关于这一点，在个案故事的叙述中已经有了比较清晰的展现。

来说具有最直接的经济意义。这一"社会－经济"网络的作用在统计描述和个案故事叙述中都能看到。对于行画经营者（包括画廊主和画工）来说，广泛多样的订单的网络和临时雇工来源是他们生存的基本条件，与同类经营的画廊主和画工建立良好的社会网络十分必要。对于大芬村本地成长的原创画家而言，他们在通过行画满足基本生活之外，努力开拓的原创市场高度依赖运作与交流的网络。这些正是"作为艺术的集体行动"过程（Becker，1982），并非画家个人能够独立实现的。即使对于已具有一定艺术声誉与市场定位的成熟艺术家来说，也同样需要依赖原本拥有的社会经济资源来进行自我经营。无论是主要出于直接经济利益还是声誉炒作的考虑，大芬村的从业者们都有足够的理由形成小群体。其次，（艺术）象征意义之间可能存在的互相污染导致从业者之间主动区隔。作为"世界第一油画村"的大芬村时刻传递着繁荣市场之外的象征意义——粗制滥造的行画市场，毫无艺术可言。无论出于对经济收入的考虑还是对艺术声誉的向往，画工们对原创画家更多的还是羡慕，但原创画家则并不视他们为同类。迫于经济压力的 LJP 不得不与画工和仿制品画廊保持着密切的订单来往，却不觉得和他们属于一个"圈子"。而对更多已经摆脱经济问题的大芬村原创画家来说，在必要的经济交往之外，他们始终做着"去大芬化"的努力。这种对大芬村行画市场象征意义的警惕也使不同层次间的个体互动不具有心理基础①。

正是由于结构与互动的双重原因，大芬村的分层市场结构持续存在：任何一个新加入的个体，都会在简单试错之后找到最适合自己的群体和生活方式，并慢慢开始与周边区隔。这类故事在大芬村不断地上演。

五 大芬村一个原创群体的经营实践

虽然大芬村的原创画家总数无法统计，彼此之间也并未形成统一的群体和社会网络②，但在局部仍然可以发现一些小群体：成员间"经济－

① 在对原创画家的调查过程中，大芬村画工海风一直跟笔者在一起。他对大芬村的原创世界缺乏基本的了解，交流过程中也显得十分拘谨。
② WZX 与 ZLH 都是大芬村的原创画家，两人的画廊在老围同一条巷子里，前后相距不足百米。但直到 2007 年 9 月 13 日做"莲蓬与花"的展览前（同受深圳美术馆系列活动"画梦"之邀），他们完全不认识对方。

社会"联系密切，互相借用社会资源，共同应对画廊经营和自我经营等多方面的问题，已经形成了一个相对成熟的"艺术/商业"共同体。笔者在2007年的大芬村调查过程中结识"艺雅"画廊的主人WZX，并由他介绍认识了其他几位大芬村原创画家，就此进入他们的群体网络。作为成长中的年轻画家，自我预期和现实处境共同影响了他们的行为，使其表现出强烈的双重策略色彩：在取得经济利益的同时收获艺术声誉。

1. 社会网络与人物介绍

位于图15中心位置的是这个大芬村原创共同体的核心成员（6人）①，他们分别是WZX、CWY、XC、CJ、ZXM和小P，同为自己创作并经营原创画廊的大芬村画家。从空间来看，这6家画廊分布比较集中，都在老围D区偏南的一条巷子里，前后不过100米；中心外围分布着与核心成员有联系的各类艺术/商业机构，可分为国内美术学院（包括广州美院、中国美院、湖北美院、四川美院）、评论人和策展人（LC）、海外画廊（新加坡M画廊、香港N画廊）、国内画廊（798画廊A、798画廊B）和国内公立美术机构（深圳美术馆）。它们通过各自直接联系的大芬村画家对这个群体发生作用，同时也获得（物质和象征意义）反馈。以下将以人物为核心介绍网络内的社会经济联系。

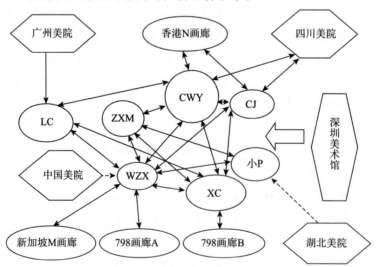

图15　大芬村某原创画家群体社会网络

---

① 不包括外围一些联系较少的原创画家。

　　WZX 来自福建，1982 年生人。从 2001 年开始，他以进修生的身份跟着中国美院的一位教授学习油画，后经朋友介绍于 2003 年来到大芬村，但与美院教授一直保持联系①。在家庭资助下，WZX 在老围三巷开了一间名为"艺雅"的画廊。初期（2003～2005 年）他主要经营大芬村常见的行画和其他原创画家的作品，但随着自己作品日渐积累，从 2007 年开始转为比较纯粹的个人画廊，兼营原创群体内其他人的作品（如 CJ 的"美人"系列和 XC 的"荒诞人像"系列）。在经历过一段时间的茫然之后，WZX 于 2006 年开始创作"莲蓬与读书仙童"系列作品②，并成功在深圳美术馆与深圳商报举办的"画梦"系列展览③中与大芬村另一位原创画家 ZLH 一起举办了人生中的第一次画展"莲蓬与花"。而在此之前，他已经通过网络和上门参观的个人藏家与新加坡 M 画廊取得了联系。M 画廊的主人 X 是在大芬村做行画收购的中间商，但从 2006 年开始他转型在新加坡经营艺术画廊。在偶然发现 WZX 的"莲蓬与读书仙童"后，迅速购入了他所有的作品，并与 WZX 签订了为期 2 年的合同：规定每年 WZX 提供给 M 画廊 5 幅油画，并保有垄断权。这批在新加坡大受欢迎的作品让 WZX 获得了到新加坡展览的机会：X 从 2007 年年末开始在新加坡当代中国艺术收藏圈内进行宣传（包括组织评论会、发放宣传画册和组织小范围的媒体报道等），并计划于 2008 年夏在 M 画廊进行包括 WZX 在内的一个当代中国年轻艺术家群展（遗憾的是，后因故 WZX 未能成行）。展览和市场的成功为 WZX 带来了更大的自由空间。2009 年冬，他开始创作"史前动物"系列油画，并在 2010 年 1 月全部（包括未完成的三件）被 M 画廊订购——此时原合同已经过期，WZX 拒绝与 M 签订新的"包养合同"。在积累一定名气后，他认为"包养"已经不利于自己与 X 议价或寻找更好④的买家/藏家。同时与 WZX 有联系的还有一家北京 798 的画廊

---

①　事实证明，与中国美院的联系对 WZX 的一系列展览或外部宣传活动的正面作用明显：WZX 在对外传播（包括名片和网络资料）时会强调美院学习经历，很少提及在大芬村的经历。

②　据他自己说，这一系列的灵感来自住家旁边的大芬村幼儿园与故乡夏末的枯荷。

③　这是深圳在政府支持下的文化产业打造措施之一。按照官方的宣传，自 2007 年 2 月开启的"画梦"活动"旨在为一些有梦想、有资质的深圳民间画家提供艺术关怀，助他们实现梦想，为他们办画展，同时以发现与挖掘民间艺术力量为己任"。

④　在调查过程中，WZX 对他认为的"好"有明确界定：价格较高、有一定艺术品位和宣传能力，并最好在大陆以外的地区销售。

A：他们也展出并销售过 WZX 的仙童系列作品。2008 年在赴新加坡未果后，WZX 计划到 798 发展。但在画廊 A 停留一段时间后，因为考虑人流量太小且艺术圈子规则复杂而选择回到大芬村。因为较好的艺术感觉和助人的习惯，WZX 人际关系极佳，他几乎与这个原创群体内所有重要成员都有着直接密切的联系，成为实际意义上的网络核心：通常他会在自己的画廊内展出朋友们的作品，并且有保留地推荐自己的国内外资源给他认为具备发展潜力的原创画家。在 2007 年的调查中，他的画廊里同时展出着 XC、CJ 以及 CWY 的多幅作品。但是，对于本群体之外的其他大芬村原创画家和画工，他又表现出明显的防备意识。画廊内禁止拍照，同时他也十分警惕有不认识的同行过来参观。这一举措被 WZX 解释为对版权的保护。在大芬村，临摹对象已经从世界名画转向了周边的原创作品。如果稍不注意，很快一幅精心构思的作品就会出现在大芬村的各个角落。

CWY 是重庆人，90 年代毕业于四川美院。他于 2000 年初来到大芬村，经历过一般大芬村原创画工的所有职业过程。2004 年，他在老围 B 区开设了"川美学生作品销售中心"，作为自己工作室的同时，面向大芬村游客展出和销售川美毕业生创作的油画和小型雕塑。这一举措具有双重意义：随着旅游经济的发展，有经济能力选购高价艺术品的大芬村游客日渐增多，但他们很难在大芬村寻找到合适的对象。川美学生的毕业作品虽然还谈不上是名作，但至少凝聚了创意和良好的技法。从商业策略的角度来说，销售学生作品的做法给 CWY 带来了较高的经济收入——其中包括大量出售的自己的作品；从象征意义来看，CWY 给人一种川美教师或工作人员的错觉，这一方面使他的作品就地取得了良好的销路，另一方面也开拓了更为广阔的个人艺术发展空间。几乎与 WZX 同时，2007 年 CWY 与香港 N 画廊建立了类似的合同关系，并成功赴港参加群展，第二次展览还在洽谈中。这种看似单纯的文化活动带来的经济收益是不言而喻的。虽然未能获得具体的数字，但从已经放弃行画经营 2 年的 CWY 于 2009 年放弃了环境较差的原工作室，在 WZX 的画廊附近租下一个更大的店面，开始参与到老围东面的原创聚群中这一变化，也可以透视其经济收益的增加。因为年龄的关系，CWY 在这个群体内具有较高的威信，群体成员经常在他的画廊聚会，商讨共同发展。在他的带领下，画家们在画廊经营中互相展示，拓宽影响力，并成功策划了一系列"名利双收"的活动。通过他的介绍，另一名核心成员 CJ 选择放弃研究生学习，于 2007 年从川美毕业后直接来到大芬村。和 WZX 一样，因为优厚的家庭条件，CJ 并没有经历过行画加工的过程，直接当起了老板。他这间名叫"Red Star"（简称 R）的画廊同样位于老围 D 区。因为日渐繁荣的原创经营，CJ 没有经历过混合经营阶段，从开业至今画廊主要经营自己的作品，同时展销小群体内朋友们的画作。与自己的师兄"借用"母校的象征意义不同，CJ 与川美的联系更为直接和紧密：他会定期回校给学生们介绍大芬村市场的情况，并在校内展览自己的作品。与很多原创画家不同，CJ 毫不掩饰自己身处大芬村的事实，只是他坚持做自己的原创作品。对所有大芬村的原创作者而言，作品最终走向市场这一点毋庸置疑，但根据市场要求来创作或者生产行画则是让多数人纠结的问题。CJ 的幸运在于他大受市场欢迎的"美人"系列①正是自己真实艺术观念的表现——这种个人创作与常规的不谋而合是所有艺术家都梦寐以求的；即使在香港买家没有订单的时候，CJ 也可以依赖父母的资助生活②。

ZXM 和小 P 同为湖北美院的旁听生，但是他们来大芬村（同为 2003 年）之前并不认识。同 CWY、LJP 一样，他们最初在大芬村做行画，一直到 2006 年（小 P）和 2007 年（ZXM）才开了属于自己的画廊。与很多经营者将画廊从行画专营逐步转向原创不同，他们的画廊都经历了相反的过程：原本完全经营自己的原创作品，但发现经营无法维持，于是转向"行画＋原创"的混杂方式。ZXM 早期的"玫瑰－女体"系列作品主要交由 CWY 经营，但销售情况并不理想。在开设自己的画廊后，情况得到了很大的改观。虽然 ZXM 认为产生这一差异的原因在于 CWY 的画廊位置不佳，无法吸引更多游客——而游客恰恰是他目前作品的主要消费者，但这也可能与展览空间的布局有很大关联。一幅作品的展示方式和空间感觉与作品本身同样重要。对于以第一印象来判断作品好坏的普通消费者来说尤其如此。在 CWY 的画廊里，大量的原创油画都被竖立堆积在墙角，或者随意挂在门后；而在 ZXM 的画廊里，每一幅作品都拥有良

---

① CJ 的这一类作品均价在 2 万元左右，主要通过香港 N 画廊向海外消费者出售。XC 戏称 CJ 为"印钞机"。

② 而在大芬村，与 1985 年生人的 CJ 同龄的画工们正在为订单日夜疲于奔命。

好的采光角度，整体装饰元素也充满了"原创"意味①，这些都会影响作品的市场结果。通过 WZX 和 ZXM 的介绍，小 P 在画廊开张半年后加入了这个原创群体。与之前独立经营相比，群体的资源给他的经营带来了巨大的改观。当年与 XC 一起在圆明园"寻找真正生活"的一个朋友留在了北京，并在 798 开了一家自己的艺术画廊。小 P 的两幅作品通过这一关系得以在 798 展出，并卖给了一名台湾的个人藏家。这次商展的成功让小 P 备受鼓舞。他决定在大芬村安心创作、经营画廊，同时不断拓宽与外部艺术机构的联系以获得更大的发展。

在核心圈之外还有一个重要的人物：LC。这位广州美院的老师是一名业余的艺术评论人和策展人。2006 年通过一次偶然的机会，他在大芬村闲逛时结识了 WZX、CWY 和 XC，就此进入大芬村这个原创群体的生活。与 LY 一样，出于对学院艺术家圈内复杂人际关系的不满，LC 对大芬村画家之间融洽的社会交往十分欣赏，而他们颇具创意的作品和相对较低的价格也使他看到了商机。虽然几次策划都以失败告终②，但到目前为止他还在继续努力将大芬村的原创画家们推向更广阔的艺术和市场空间。

密切的互动合作与观念交流使我们大芬村这个原创群体构成了现实意义上的"艺术世界"。在对它的观察和分析中，我们可以发现三个明显的特征。第一，群体成员间经济和象征资源高度共享。通过密切的社会交往，画家们不仅整合了大芬村内的资源（展示空间、订单来源等），而且调动起专业院校、国内外画廊和其他艺术机构的外部资源和信息，充分体现了集体行动的力量。第二，大芬村原创画家在经营过程中并不面临"市场"与"艺术"的矛盾。客观上，他们的经营和合作的确同时带来了"价格"与"美学评价"③收益，体现了明显的双重策略色彩；主观上，他们认可"价格"与"艺术价值"之间的正向关联。第三，日渐增加的艺术策划与展览经历使他们开始了解艺术价值运作的社会逻辑，

---

① ZXM 对画廊采用灰色调的装饰，家具非常简单，并放弃了大芬行画画廊常见的工夫茶具和老板桌，左侧的墙面书架上放满了各类艺术读物，这些空间的元素都在传递着作者与行画市场不同的信号。但有趣的是，ZXM 并没有意识到这一点，他认为是消费者与自己的不谋而合。

② 后文提到的"原创地图"和独立美术馆都是 LC 组织开展的活动。

③ 主要是在海外的艺术画廊和相关评论中。

并在保证经济收益不受损的前提下，进行小范围的尝试①。也正是由于这个原因，画家们虽然工作生活在大芬村，但出于良好象征意义的考虑而努力"去大芬化"。

2. 两个集体事件

（1）流产的"原创地图"

关于"原创地图"活动的想法形成于 2007 年 12 月 19 日 XC 与 LC 在"翀"画廊的一次谈话。在交谈中他们提到，目前大芬村旅游经济发展得很好，来往的游客越来越多，其中有不少是艺术爱好者和藏家。但是他们来到大芬村后发现这里和宣传中提到的油画村完全不同，依然是行画主导的天下。而对少数做原创的画家来说，因为他们的画廊深藏在街巷里，且非常分散，根本无法吸引有购买能力和原创偏好的游客。受到大芬村整体改造的启发，LC 提出可以在朋友圈搞一个"原创地图"活动。具体做法是，首先集结一批纯粹做原创的画廊，给每家都编号，贴上统一设计图样的标牌；然后印制标有"原创地图"（或大芬原创联盟）的小册子，在大芬村主要的路口分发，吸引游客。这一方案从 2008 年春节后开始实施。有着原创核心成员的 20 家大芬村原创画廊参与进来。但在当年 5 月，方案进行到一半的时候就自行流产了。究其原因，主要有两点：第一，各个画廊在编号问题上产生了分歧，画家们认为序列编号暗示了画廊和作者的艺术水平高低，对消费者存在误导，对参与者也不公平；第二，方案设定要求所有的画廊在店面的主要展示空间只能摆放自己或集体内的原创作品，但这一点显然是很多混杂经营的画廊不愿意接受的。到目前为止，大芬村的原创画廊仍然维持着分散经营的状态。

（2）广州"联展"与大芬村"独立美术馆"

因为"原创地图"活动的失败，LC 组织 XC、WZX、CWY、CJ 和 ZXM 于 2008 年 9 月在广州美院附近的一家朋友的私人画廊里举行了第一次联展。这是一次大芬村画家从未参与过的正式展览。由于深谙艺术策划和商业运作的技巧，LC 同时邀请了包括网络媒体、学员教师和广州本地的原创中间商在内的多人出席。在开幕酒会的当天，XC 的两幅作品就被不知名的买家购入；WZX、CWY 和 CJ 的绝大多数画作也在后续的展览

① WZX 选择到 798 发展就是这方面的一个典型案例。

过程中被出售，价格比在大芬村的平均水平高了近一倍①。即使没有售出任何一幅作品，ZXM 依然十分兴奋，因为他的作品第一次出现在印刷品里。虽然所有的参展画家都来自大芬村，但在联展中没有出现任何大芬村的符号：所有的画家都被称为"旅居深圳的独立艺术家"。对此 LC 有自己的考虑：因为大芬村在艺术圈内臭名昭著，一旦艺术家或作品被贴上"大芬"的符号档次就无法提升；同时，很多受邀的评论人和媒体也不会对大芬村的艺术有任何兴趣。这一成熟艺术世界里司空见惯的逻辑对 CWY 和 XC 来说并不陌生，但对 CJ 和 WZX 来说就有些难以接受了。虽然并不愿意强调大芬村的符号，但刻意隐瞒的策划行为让这两位年轻的画家深刻感觉到市场与艺术的关系并不像他们理解的那么和谐与自然。同时被改变的还有画家们的教育背景。几乎所有画家都被与美术院校建立了过强的联系：WZX 和 ZXM 的进修身份被改成了正式毕业生。与当代法国艺术家刻意忽略院校背景相反，中国当代艺术界认可的常规中教育背景依然是重要的因素。评论人、媒体和市场价格的提供者（买家）在无法获得其他信号的时候，学历背景成为一个重要的参考因素；而对于这一环节之后的画家们来说，新的价格纪录调整了他们的心态和行为，也影响着潜在消费者的选择。广州联展的成功让大芬村画家们欢欣鼓舞。LC 的下一个策划目标是建立与官方背景浓厚的大芬美术馆不同的大芬独立美术馆。2007 年开始谈判的租赁合同事宜目前已经接近妥善，在内部装修整理完毕后，大芬村的原创群体将拥有第一个真正意义上的集体产业。

如果只是追求市场收益，如传说中的普通画工和画廊老板，那么要做的只是遵循一般工业品的生产和经营逻辑；如果只是追求纯粹的艺术价值，如人们刻意构建的"梵高"，要做的只是跟随内心去创作，一切留待时间去检验。但对包括大芬村在内的多数艺术市场里的行动者而言，简单的二分选择并不存在：无论最终的目的是更高的价格还是更好的专业评论，行动都必须是在二者之间的权衡，好在它们并不隔绝。因为从最开始就被抛于主流艺术世界之外，他们很早就放弃了对专业评论的奢望，并在经济实践中逐步认可了市场与艺术之间互为佐证的关系——而这恰恰是处于高度信息不对称劣势位置的消费者们所期待的理想状态。

---

① 画家们并不愿意透露具体出售价格，但在大芬村他们的作品价格是相对透明的：WZX，20000~50000 元人民币/幅；XC，8000~30000 元人民币/幅；CWY，10000~20000 元人民币/幅；CJ，20000 元人民币/幅；ZXM，5000~10000 元人民币/幅。

与20世纪90年代初中国当代艺术的诸多名家迎合欧美对"后革命时代"人们的"东方学"式想象一样，大芬村的原创画家也因无力改变而适应着环境。艺术评论者通常看不到二者之间潜在的联系，即它们都是艺术家们对艺术世界里既有常规的遵循。唯一的区别在于，时代的议题从"政治"转向了"市场"。

六　结论与讨论

由于存在不同类型的艺术商品，看似统一整体的艺术品市场呈现分层特征。笔者认为分层艺术品市场模型能够帮助我们更好地理解艺术品交易的现实过程，并分析其中不同的运作逻辑；对于最富原创性且尚受争议的艺术品而言，仅仅关注其交易的终端过程是不够的，从广义的市场过程出发，本文关注了不同从业者（包括艺术群体和市场群体在内）之间的微观互动，提出"价值－价格"关系的互动分析模型，丰富了原有视角下的艺术品市场研究。

同时，这一针对地方性行业市场的考察可能引发以下讨论，分别为：对产业集群理论和信号传递模型的微观机制补充，以及不同价值体系之间的关系问题。

1. 分层艺术品市场模型与产业集群模型

本研究发现，大芬村油画艺术品市场中的经营主体间存在形式多样的合作与相互依赖，使整个地区市场呈现松散的组织特征，具体表现为订单的分配、生产与销售环节的分工等诸多方面。大体上讲，这一现象与"产业集群"（industrial cluster）类似，但在微观的行动分析中，对大芬村的考察却提供了另外的启示。

1998年，迈克·波特教授在其著名的 *The Competitive Advantage of Nations* 一书中对世界各地普遍存在的生产集群现象进行了系统分析（Porter, 1998）。他将其定义为"横向或纵向联系的多个产业"，具体而言是指在特定区域集中，具有竞争与合作关系，并交互关联性的各类市场经营或服务提供者组成的群体①。在提出概念后，波特进一步指出产业集群

---

① 在中国很多地方，类似的现象层出不穷：从浙江的乡镇的纽扣加工业集群、珠三角的小电器"专业镇"到北京中关村的科技产业园区，概莫能外。

得以维持的四大条件：资源禀赋（包括人力资源、物理条件、知识资源、资本资源和设备资源等）、市场需求、本地产业配套与稳定的政策环境。很明显，产业集群一旦形成，意味着在一定空间范围内产业的高度集中，这有利于降低企业交易成本，带来规模经济效益，进而提高地方产业的市场竞争力。

如果将大芬村视为一个油画产业（或广义的文化产业）集群，它的确在微观和宏观两个层面显示出理论预计的良好结果：不同层次和类型的油画经营者之间分工协作，共担风险，最大限度地降低了交易成本，促成了大芬村"世界第一油画村"的产业美名。但如果将艺术象征意义纳入考虑，情况则未必如此。对于原创画廊经营者而言，大芬市场的整体繁荣的确带来了经营的便利和安全。但因为产业和地域已经在艺术同行和消费者中形成了强烈的行画刻板印象，所以当他们在力图建构艺术价值和提高市场议价能力时，大芬村恰恰是需要回避和掩盖的信息。对于外部的艺术画廊（如798画廊）和原创艺术家而言，经营者们并没有因为大芬村的规模经济效益就一概蜂拥而至，这一方面可能因为选择大芬村能带来交易成本下降的空间有限，另一方面则主要因为对自身象征意义的重视；对于地方文化产业发展而言，大芬村的行画集群带来了文化市场的繁荣，但同样是因为象征意义的先天缺陷，它很难在原有的基础上实现产业的升级发展。

这些问题在传统的产业集群优势分析中并没有涉及。分层艺术品市场模型对此的补充在于：在文化和艺术等象征意义（尤其带有价值判断）浓厚的市场领域，集群带来的交易成本下降并非个体经营者选择在此发展的唯一考虑。如果集群本身传递的象征意义与既有常规冲突，那么个体经营者会在下降的交易成本量和为象征意义损失所付出的额外成本间进行权衡，并选择离开或强化市场分层。如果考虑到对象征意义的非经济理性偏好，那么问题则更为复杂。

2. 艺术品市场互动分析模型与信号传递模型

基于多方面行动参与的互动视角模型的核心内容（不确定的艺术价值）使艺术品市场与信息经济学中不对称信息环境下的"逆向选择"（adverse selection）问题产生联系。Akerlof在1970年发表的论文《柠檬市场：质量的不确定性和市场机制》中指出，市场内存在于代理人与委托人之间的信息不对称会导致市场出现逆向选择，最终出现"劣币驱逐良币"的市场低效率结果（Akerlof, 1970）。这种信息不对称的情况往往出现在产品质量具有高度不确定性的市场内①。1973 年，Spence 在 *Job Market Signaling* 一文中提出了解决这一困境的办法：信号传递模型（signaling model）（Spence, 1973）。通过分析劳动力市场内教育水平作为信号传递手段的作用，他指出不对称信息条件下行动者需要找到有效的市场信号以避免逆向选择的局面。

艺术品交易中的产品质量基本可认为是艺术价值②。对于绝大多数消费者（或潜在消费者）而言，艺术价值与求职人的实际工作能力一样无法度量，所以需要找到其他的信号特征。在（艺术界认为的）理想状态下，权威独立评论人的判断和艺术家个人良好的声誉（包括展览经历、获奖情况、大众媒体评价等）成为良好的信号来源，这正好解释了为什么在艺术世界里的各类行动者要通过各种渠道来展示（或塑造）艺术价值，最终获得更高的市场回报。这与大型公司通过生产限量商品，或热心公益事业来展示其实力以吸引消费者对产品质量的信任是同一逻辑。反过来，大众以（同类或同作者）作品的历史价格作为辨别艺术品艺术价值信号的行为，也可以从中得到启示：由于专业知识壁垒、话语权的分散③以及对评价客观性的怀疑，价格成为另一个信号来源——对于以转手交易为目的的购买者来说更是如此，购买行为需要考虑"美学评价"话语与历史价格的综合效应。一个有趣的问题是，尽管艺术品市场内存在解决信息不充分的途径，但从交易的历史结果来看，仍然出现了大量贬值的艺术品，即可视为某种逆向选择的结果；更重要的问题在于，这种结果往往不能在短时间内显现出来。笔者认为这一现象的成因在于艺术品的质量信息（艺术价值）是一个具有高度不确定性的社会建构物。在一般商品市场内，有待确定的信息（如商品质量、雇员工作能力等）是可以被实际观测和有效度量的，具备更为一般的标准。随着工作年限的增加，受教育水平与工资收入之间的关联度将让位于更为实质的业绩考核，所以假定某一公司对一类岗位的招聘经验证实受教育水平不再是合适的能力信号，那么可以选择更换，雇员也会随之提供新的信息。但对于艺术品市场而言，艺术价值无法被客观度量，而是生成于"美学评

---

① 艺术市场内这一特征十分明显。

② 同时也存在其他目的的选择，如对一类艺术品的收集偏好等。

③ 在以解构为特点的当代艺术领域更是如此。

价"，所以除非美学常规发生变化，否则消费者只能持续依赖评级信号与价格信号的结合。这也许正是信号理论在艺术品市场碰到的一个边界：即使在有充分信号提供的前提下，"劣币驱逐良币"仍然无法被确定，只是在历史上表现为不时发生。

3. 艺术价值与市场价格关系的一般意义

在对大芬村原创画家的经营案例的描述中，笔者解释了艺术价值与市场价格之间的关系：因为艺术价值的高度不确定性和可建构性，无论艺术家或其他行动者出于"市场－艺术"偏好连续统的任何位置，其客观结果都是二者之间的互为标准。对于中国当代艺术这样一个常规发育并不完善的领域，这一点尤其明显——评论界的判断并不能相对独立于市场结果而存在，即使少数评论人主观上刻意远离市场，但消费者和大众却仍然以价格作为衡量艺术品艺术价值的实际标准。从理论上讲，艺术价值与市场价格间应当存在独立的内涵和评价标准，正如药品市场内价格不能成为药物疗效的评价标准一样。但二者的区别在于，药物疗效的评价具备一套相对确定的医学理论，由已被广为接受的实验科学作为支撑；同时，普通大众也能在消费的实际过程中自行判断效用大小，从而确定是否"物有所值"。但对艺术品市场而言，无论是专业评论还是终端消费者，其效用确定的标准都是社会建构的结果。如果建构的过程必然发生在社会互动中，那么几乎不可能完全屏蔽市场（价格）逻辑的"污染"。这一针对艺术品市场的观察揭示出一个重要的理论假设：对于任意一个自身判断标准含糊（或缺乏外部直接证据）且具有效用（可购买）的价值体系而言，一旦进入市场，价格可能渗透其内核，从单纯的信号转变为判断标准本身。

参考文献

房龙，1989，《人类的艺术》，衣成信译，中国文联出版公司。

盖格尔，1999，《艺术的意味》，艾彦译，华夏出版社。

林松，2003，《中国油画市场二十年》，《艺术市场》第 7 期。

吕澎，2007，《二十世纪中国艺术史》，北京大学出版社。

马海平，1997，《论艺术作品的商品性和艺术市场的特殊性》，《美术观察》第 7 期。

普拉特纳，2005，《意大利佛罗伦萨的地方性艺术市场——经济人类学个案研究》，《广西民族学院学报》（哲学社会科学版）第 6 期。

王晓梅，2007，《论中国艺术品市场阶段性发展及其价值价格形成机制》，《现代财经》第 9 期。

徐陶，2005，《艺术的定义——分析美学专题研究》，北京大学硕士学位论文。

于长江，2005，《不期而遇——社会学对于艺术的几个切入点》，《美术研究》第 2 期。

于长江，2008，《从圆明园到宋庄：对艺术群落人文处境的多维透视》，《艺术评论》第 11 期。

于志学，2004，《书画作品的双重性——谈艺术品的艺术价值与价格》，《艺术市场》第 2 期。

Akerlof, George A. 1970. "The Market for 'Lemons': Quality Uncertainty and the Market Mechanism", *The Quarterly Journal of Economics*, 84, 3.

Baumann, Shyon. 2007. "A General Theory of Artistic Legitimation: How Art Worlds Are Like Social Movements", *Poetics*, 35, 1.

Becker, Howard S. 1974. "Art As Collective Action", *American Sociological Review*, 39, 6.

Becker, Howard S. 1978. "Arts and Crafts", *The American Journal of Sociology*, 83, 4.

Becker, Howard S. 1982. *Art Worlds*. Berkley: University of California Press.

Becker, Howard S. 1990. "'Art Worlds' Revisited", *Sociological Forum*, 5, 3.

Becker, Gary S. 1976. *The Economic Approach to Human Behavior*. Chicago: University of Chicago Press.

Bourdieu, Pierre. 1984. *Distinction: A Social Critique of the Judgments of Taste*. Cambridge, MA: Harvard University Press.

Caves, Richard E. 2000. *Creative Industries: Contracts Between Art and Commerce*. London: Harvard University Press.

Chanel, Olivier. 1995. "Is Art Market Behaviour Predictable?" *European Economic Review*, 39, 3 - 4.

Frey, Bruno S. 1997. "Art Markets and Economics: Introduction", *Journal of Cultural Economics*, 21, 3.

Gans, Herbert. 1963. *The Urban Villagers*. New York: The Free Press.

Gérard - Varet, L. A. 1995. "On Pricing the Priceless: Comments on the Economics of the Visual Art Market", *European Economic Review*, 39, 3 - 4.

Getzels, J. W. & Csikszentmihalyi, M. 1969. "Aesthetic Opinion: An Empirical Study", *The Public Opinion Quarterly*, 33, 1.

Goetzmann, William N. 1993. "Accounting for Taste: Art and the Financial Markets over Three Centuries." *American Economic Review*, 83, 5.

Grampp, William D. 1989. *Pricing the Priceless: Art, Artists, and Economics.* New York: Basic Books.

Heilbrun, James & Gray, Charles M. 2001. *The Economics of Art and Culture.* Cambridge: Cambridge University Press.

Karttunen, Sari. 1998. "How to Identify Artists? Defining the Population for 'Status – of – the – Artist' Studies", *Poetics*, 26, 1.

Klamer, Arjo. 1996. *The Value of Culture: On the Relationship Between Economics and Arts.* Amsterdam: Amsterdam University Press.

Mattick, Paul. 2003. *Art & Its Time: Theories and Practices of Modern Aesthetics.* London: Routledge.

Menger, Pierre – Michel. 1999. "Artistic Labor Markets and Careers", *Annual Reviews Sociology*, 25, 1.

Montias, J. M. 1990. "Socio – economic Aspects of Netherlandish Art from the Fifteenth to the Seventeenth Century: A Survey", *The Art Bulletin*, 72, 3.

Moulin, Raymonde. 1987. *The French Art Market: A Sociological View.* New Brunswick, N. J. : Rutgers University Press.

Porter, Michael E. 1998. *The Competitive Advantage of Nations.* New York: Free Press.

Pratt, Andy C. 2004. "The Cultural Economy: A Call for Spatialzed 'Production of Culture' Perspectives", *International Journal of Cultural Studies*, 7, 1.

Raphael, Max. 1980. "Proudhon, Marx, Picasso : Three Studies in the Sociology of Art", *Brill Academic Publishers*, 12, 5.

Rengers, Merijn & Velthuis, Olav. 2002. "Determinants of Prices for Contemporary Art in Dutch Galleries, 1992 – 1998", *Journal of Cultural Economics*, 26, 1.

Scott, Allen J. & Power, Dominic. 2004. *Cultural Industries and the Production of Culture.* London: Routledge.

Silver, Harry R. 1981. "Carving up the Profits: Apprenticeship and Structural Flexibility in a Contemporary African Craft Market", *American Ethnologist*, 8, 1.

Spence, Michael. 1973. "Job Market Signaling", The Quarterly Journal of Economics, 87, 3.

Velthuis, Olav. 2003. "Promoters Versus Parasites: Art Dealers, Auction Houses, and the Contested Potential of Art As an Investment", Paper presented at Constance International Conference on the Social Studies of Finance, Konstanz, Germany, May 16 – 18.

Velthuis, Olav. 2007. *Talking Prices: Symbolic Meanings of Prices on the Market for Contemporary.* NY: Princeton University Press.

Wolff, Janet. 1993. *Aesthetics and the Sociology of Art.* Ann Arbor: The University of Michigan Press.

图书在版编目(CIP)数据

开放边界的经济社会学 / 刘世定等著. -- 北京：
社会科学文献出版社，2020.7
ISBN 978 - 7 - 5201 - 6697 - 3

Ⅰ.①开… Ⅱ.①刘… Ⅲ.①经济社会学 - 文集
Ⅳ.①F069.9 - 53

中国版本图书馆 CIP 数据核字(2020)第 088517 号

开放边界的经济社会学

著　者 / 刘世定　〔法〕劳伦斯·罗兰 - 伯格(Laurence Roulleau-Berger)　张文宏 等

出 版 人 / 谢寿光
责任编辑 / 杨桂凤
文稿编辑 / 马甜甜

出　　版 / 社会科学文献出版社·群学出版分社 (010) 59366453
　　　　　　地址：北京市北三环中路甲 29 号院华龙大厦　邮编：100029
　　　　　　网址：www.ssap.com.cn
发　　行 / 市场营销中心 (010) 59367081　59367083
印　　装 / 三河市尚艺印装有限公司

规　　格 / 开　本：787mm × 1092mm　1/16
　　　　　　印　张：18　字　数：291 千字
版　　次 / 2020 年 7 月第 1 版　2020 年 7 月第 1 次印刷
书　　号 / ISBN 978 - 7 - 5201 - 6697 - 3
定　　价 / 118.00 元

本书如有印装质量问题，请与读者服务中心 (010 - 59367028) 联系